Grundkurs Philosophie
Ethik

GRUNDKURS PHILOSOPHIE

Band 7
Ethik

Von Matthias Lutz-Bachmann

Reclam

Für Sebastian und Anna Cecilia

RECLAMS UNIVERSAL-BIBLIOTHEK Nr. 18474
Alle Rechte vorbehalten
© 2013 Philipp Reclam jun. GmbH & Co. KG, Stuttgart
Gesamtherstellung: Reclam, Ditzingen. Printed in Germany 2013
RECLAM, UNIVERSAL-BIBLIOTHEK und
RECLAMS UNIVERSAL-BIBLIOTHEK sind eingetragene Marken
der Philipp Reclam jun. GmbH & Co. KG, Stuttgart
ISBN 978-3-15-018474-5

www.reclam.de

Inhalt

Einleitung

Dieses Buch ist der siebente Band einer siebenteiligen Einführung in die Grundlagen der Philosophie. Die ersten fünf Bände sind der theoretischen Philosophie gewidmet (Logik, Metaphysik und Naturphilosophie, Philosophie des Geistes und der Sprache, Erkenntnistheorie und Wissenschaftstheorie, Philosophie des Sozialen), die beiden letzten Bände – vom Umfang her gesehen fast ebenso lang wie die ersten fünf Bände – befassen sich mit der praktischen Philosophie (Ethik und politische Philosophie). Einer verbreiteten Auffassung zufolge befasst sich die theoretische Philosophie mit beschreibenden (= deskriptiven) Sätzen und Einstellungen zur Welt, während sich die praktische Philosophie mit wertenden (= normativen) Sätzen und Einstellungen zur Welt beschäftigt. Doch werden wichtige Teildisziplinen der theoretischen Philosophie, beispielsweise Logik, Semantik (= Bedeutungstheorie) und Wissenschaftstheorie, nicht selten als normative Theorien aufgefasst. Aus diesen Gründen sollte die Unterscheidung zwischen theoretischer und praktischer Philosophie vorsichtiger gefasst werden. Theoretische Philosophie beschäftigt sich vornehmlich mit Aktivitäten und Ideen, die mit der Art und Weise zusammenhängen, wie wir die Welt *auffassen* und auf sie *reagieren* – mit dem Fühlen, dem Denken, dem Argumentieren und dem Erklären, aber auch mit unseren Ideen von der Natur, vom Geist und vom sozialen Bereich (dabei geht es unter anderem auch darum, was *angemessenes* Fühlen, Denken, Argumentieren oder Erklären ist). Die praktische Philosophie hingegen beschäftigt sich vornehmlich mit Aktivitäten und Ideen, die mit der Art und Weise zusammenhängen, wie wir die Welt *verändern und verbessern wollen* – mit moralischem oder politischem Handeln, aber auch mit unseren Ideen vom guten Leben, von Freiheit und Verantwortung, vom besten Staat oder vom moralischen Standpunkt. Aus dieser Perspektive lässt sich die Unterscheidung zwischen theoretischer und praktischer Philosophie an die Differenz zwischen zwei grundlegenden geistigen Beziehungen zur Welt ankoppeln – dem Meinen und dem Wünschen: Unsere Meinungen sollen so sein, wie es die Welt verlangt – unsere Meinungen weisen, wie man auch sagt, eine *Wort-auf-Welt-Ausrichtung* auf; dagegen soll die Welt so sein, wie es unsere Wünsche verlangen – unsere Wünsche weisen eine *Welt-auf-Wort-Ausrichtung* auf.

Die Bände dieser Reihe liefern einen *Überblick* über die *wichtigsten* Teildisziplinen der Philosophie und stellen ein *ausführliches Kompendium* dar, das die wichtigsten Begriffe und Positionen *aller wichtigen Teildisziplinen* der Philosophie präsentiert – und zwar in einer möglichst knappen, genauen und verständlichen Form. Der damit verbundene inhaltliche und formale Anspruch unterscheidet die Darstellung sowohl von allgemeinen Einführungen in die Philosophie als auch von speziellen Einführungen in einzelne philosophische Teildisziplinen. Der riskante Versuch, einen derart umfassenden und zugleich kurz gefassten Überblick zu liefern, ist in didaktischer Hinsicht dadurch motiviert, dass es in der Philosophie sehr viele Details zu lernen gibt, dass es aber zugleich auch wichtig bleibt, nicht den Blick auf das Ganze zu verlieren.

Die Präsentation und Diskussion des umfangreichen Stoffes ist primär systematisch. Doch werden in diesem systematischen Rahmen auch die einflussreichsten historischen Positionen behandelt. Philosophische Vorkenntnisse werden nicht vorausgesetzt. Die Begriffsbildungen und Positionen werden sukzessive eingeführt und in nummerierter Form zusammengefasst. Wer ernsthaft in den präsentierten Stoff einsteigen will, sollte sich darum bemühen, diese Explikationen so weit wie möglich zu internalisieren. Von ihrer Anlage her ist diese Einführung daher ein *Grundkurs zum Fach Philosophie*, der auch für ein

Selbststudium und als Hintergrundinformation für philosophische Proseminare benutzt werden kann.

Jeder der sieben Bände enthält ein umfängliches Sachregister, ein Literaturverzeichnis, das jeweils grundlegende Literatur und spezielle Literatur zu jedem der einzelnen Kapitel und zum Teil auch zu jedem Kapitelabschnitt angibt. Zu den einzelnen Kapiteln werden am Ende eines jeden Bandes Übungsaufgaben gestellt, die den Lernprozess unterstützen und zugleich auf die konkrete Anwendbarkeit der eingeführten Explikationen und Positionen verweisen. Die Anlage der Bände beruht unter anderem auf langjährigen didaktischen Experimenten und Erfahrungen mit Grundkursen zur theoretischen und praktischen Philosophie, die von den Autoren am Institut für Philosophie (und zum Teil auch am Institut für Politologie) der Goethe-Universität Frankfurt am Main durchgeführt worden sind.

Vorwort

Der Grundkurs Philosophie führt in übersichtlichen Einzelbänden in zentrale Probleme der theoretischen und der praktischen Philosophie ein. Den Texten der gesamten Reihe liegen jeweils lebendige Erfahrungen in Vermittlung und Diskussion der Fragestellungen in universitären Lehrveranstaltungen zugrunde. Das spiegelt sich auch in Aufbau und Struktur dieser Einführung in die philosophische Ethik wider. Sie ist Teil des von meinem Kollegen Wolfgang Detel gestarteten Projekts und folgt formal in wichtigen Hinsichten den Vorgaben, die vom Reclam Verlag für die gesamte Reihe konzipiert wurden und auf eine Verwendung auch in zukünftigen Lehrveranstaltungen zielen. Der Stoff ist dementsprechend so aufgebaut, dass Studierende bereits in den ersten Semestern ihres Studiums, also auch ohne große Vorkenntnisse im Fach, durch die Lektüre zu einer eigenständigen Beschäftigung mit den Fragen der philosophischen Ethik angeregt werden. Dabei folgen die einzelnen Kapitel und Abschnitte auch einem didaktischen Aufbau, wobei die Fragestellungen in verschiedenen Durchgängen vertiefend diskutiert werden.

Grundsätzlich verfolgt der Band die Absicht, nicht primär ein stoffliches Wissen über ethische Grundpositionen, etwa aus der Geschichte oder der Gegenwart der Philosophie, zu vermitteln, sondern lädt seine Leser dazu ein, die hier vorgelegten Überlegungen und Vorschläge nachzuvollziehen und sich selbst auf die Spur der philosophischen Arbeit, nämlich der eigenständigen Reflexion erster Definitionen, ethischer Modelle und Grundbegriffe zu begeben. Damit werden andere Informationsquellen und Hilfsmittel wie Lexika, Textsammlungen oder zusammenfassende Überblicksdarstellungen zur Geschichte der Ethik nicht überflüssig. Mit diesem kleinen Band möchte ich in zentrale Anliegen der philosophischen Ethik einführen und einen Vorschlag vorlegen, wie die philosophische Ethik heute, durchaus im Rückgriff auf wichtige Einsichten in den verschiedenen, zur Diskussion gestellten Modellen der Ethik, systematisch ihre Aufgabe wahrnehmen kann, Antworten auf die Frage zu prüfen, worin die Moralität oder moralische Richtigkeit unseres Handelns als Menschen und moralfähige Lebewesen liegen könnte.

Mein Dank gebührt den Studierenden, die stets engagiert und kritisch an den Grundkursen in Frankfurt teilgenommen haben, den Tutoren und den Mitarbeitern, ohne die ich den »Grundkurs Ethik« nicht hätte entwickeln und durchführen können, sowie Frau Ursula Johannsen und Philipp Schink für die Unterstützung bei der Erfassung und Korrektur des Textes.

1. Erste Definitionen

1.1. Philosophische Ethik

Die philosophische Ethik zählt zu den Disziplinen der *praktischen Philosophie*, die sich insgesamt mit der Praxis von uns Menschen, also mit unseren *Handlungen*, mit unserem tatsächlichen Handeln, aber auch mit dem möglichen, dem gebotenen oder erlaubten Handeln sowie mit seinem Gegenteil, also verbotenem Handeln, beschäftigt, ebenso wie mit Handlungsabsichten, -zielen und -methoden, mit den zu diesen gehörigen Handlungsregeln und mit den aus den Handlungen hervorgehenden, intersubjektiv verfassten Institutionen des Handelns.

Die Unterscheidung zwischen einer *theoretischen* und einer *praktischen Philosophie* geht auf *Aristoteles* zurück, der auch als erster die praktische Philosophie in die drei Handlungsbereiche der Ökonomie (wörtlich: Lehre vom »oikos«, dem Haus), der Politik (wörtlich: Lehre von der »polis«, dem griechischen Stadtstaat) und der Ethik einteilte. Für Aristoteles war die philosophische Ethik nur ein Teilgebiet der Politik, da sich das Handeln der Menschen, das die Ethik untersucht, für ihn nur innerhalb des Stadtstaats ereignet.

Die philosophische Ethik wird in der Philosophie heute nicht mehr nur als ein Teil der politischen Theorie, sondern vielmehr als die Grundlage für die anderen Disziplinen der praktischen Philosophie betrachtet, denn sie untersucht grundständig, was es mit dem Handeln von uns – gleich auf welchem Gebiet – auf sich hat. Dabei zählen zu dem weiten Gebiet des menschlichen Handelns nicht nur äußere Aktivitäten in Raum und Zeit, sondern auch die persönlichen Überlegungen, mentale Willensprozesse, Absichten und Entscheidungen von Menschen, die oft, aber nicht immer zu äußeren Handlungen führen. Im Mit-

telpunkt des ethischen Interesses steht die Frage, ob wir
etwas tun oder nicht doch vielleicht besser unterlassen
sollen. Auch Unterlassungen können, wenn sie bewusst
und aus freien Stücken geschehen, in diesem Sinne als
Handlungen bezeichnet werden. Dabei müssen wir davon
ausgehen, dass sich unser Handeln stets in ganz besonderen, einmaligen, kontingenten (das heißt zufälligen) Handlungssituationen und -kontexten vollzieht.

Mit dem menschlichen Handeln beschäftigt sich neben
der philosophischen Ethik eine ganze Reihe von Wissenschaften und wissenschaftlichen Disziplinen wie die Sozi-
al- und Kulturwissenschaften, die Rechtswissenschaft, die
Wirtschaftswissenschaft oder die Psychologie. Auch innerhalb der Philosophie befassen sich weitere Disziplinen
mit dem Menschen als einem Handlungswesen wie etwa
die philosophische Anthropologie, die politische Philosophie oder die Religionsphilosophie. Das gilt auch für die
Theologien, die innerhalb ihrer Disziplin theologische
Ethiken entwickeln. Von allen diesen Wissenschaften und
Disziplinen unterscheidet sich die philosophische Ethik
aber dadurch, dass sie das Handeln von uns Menschen unter der leitenden Frage nach der Moralität (oder Sittlichkeit) des Handelns thematisiert, ohne dabei auf spezifische
normative Voraussetzungen zurückzugreifen, wie dies in
der Rechtswissenschaft oder in den Theologien geschieht.

Die philosophische Ethik fragt also danach, ob ein bestimmtes Handeln oder menschliches Wollen, ob eine
Handlungsabsicht oder ein Handlungsziel, eine Handlungsregel oder auch eine Handlungsweise, ob Institutionen des Handelns und der Vermittlung von handlungsre-
levanten Einstellungen, Vorbildern, Tugenden etc. als moralisch richtig oder moralisch falsch, als gut oder schlecht,
als gerecht(fertigt) oder ungerecht(fertigt), als moralisch
legitim oder illegitim bezeichnet werden können oder ob
sie gegebenenfalls gar nicht moralisch relevant sind und in
diesem Sinn als nicht moralische Handlungen (amorali-

sche im Unterschied zu widermoralischen oder unmoralischen Handlungen) keinen zentralen Platz in den Debatten der Ethik haben.

Weitere moralische Urteile über unsere Handlungen, die die philosophische Ethik prüft, kommen in der Anwendung der Prädikate »geboten«/»verboten«, »erlaubt«/»nicht erlaubt«, »gerecht«/»ungerecht«, »billig«/»unbillig« oder »angemessen«/»unangemessen« zum Ausdruck. Dabei wendet die philosophische Ethik, wiederum anders als zum Beispiel die Rechtswissenschaft oder die Theologien, nicht bereits feststehende oder zumindest aus anderen Quellen bezogene Maßstäbe auf die zu untersuchenden menschlichen Handlungen und Handlungsabsichten, Handlungsregeln oder Handlungsweisen an, um im Lichte dieser vor- oder außerethischen Maßstäbe dann zu entscheiden, welche Handlungen, Absichten, Institutionen etc. moralisch, unmoralisch oder nicht moralisch sind. Vielmehr sucht die philosophische Ethik ihrerseits nach den grundlegenden Kriterien für die Moralität (oder moralische Richtigkeit), und es gehört zu ihren wichtigsten Aufgaben, diese Kriterien und damit den Maßstab der Moralität allererst zu begründen. Zugleich muss die ethische Reflexion dabei helfen, das moralisch Richtige in einer besonderen Situation des Handelns zu erkennen.

Daher ist die philosophische Ethik als diejenige Disziplin zu bestimmen, die unser menschliches Handeln unter dem Gesichtspunkt der Moralität untersucht. Dieser »moral point of view« ist vielfach bereits dem Handeln selbst eingeschrieben (vgl. hier 3.1.), wird aber in der ethischen Reflexion ausdrücklich thematisiert. Diese Reflexion ist durch den Grundzug der Selbstreflexivität bestimmt, da der Ethiker hierbei nicht neutral abseitssteht, sondern im Prinzip mit seinem eigenen Handeln selbst unter die »Gegenstände« der Erkenntnis seiner Disziplin fällt. Die philosophische Ethik sucht und thematisiert, prüft und bewertet (selbst-)reflexiv die Gründe dafür, eine besondere

Handlung, individuelle Handlungsabsichten, spezifische
Arten des Handelns oder allgemeine Handlungsregeln etc.
als moralisch richtig, legitim und gut, als moralisch falsch,
illegitim, schlecht, böse oder unmoralisch bzw. als moralisch nicht relevant oder nicht moralisch zu bezeichnen.

Diese Suche nach einleuchtenden Gründen veranlasst
die philosophische Ethik dazu, stets auch Beiträge zu einer umfassenden *Theorie der Moralität* zu entwickeln.
Doch diese Theorie muss einerseits dem Gegenstand ihrer
Untersuchung, der menschlichen Praxis, angemessen sein,
und daraus folgt, dass nur dann, wenn dies gelingt, die
Theorie der Moralität eine *praktische Theorie* genannt
werden kann. Manche Philosophen sprechen auch von einer *praktischen Ethik* und betonen damit die Angemes-
senheit der Theorie für die Erfordernisse des Handelns.
Andererseits müssen die gesuchten Gründe in dem größe-
ren Zusammenhang mit den anderen Wissenschaften und
den weiteren Disziplinen der Philosophie als vernünftig
gerechtfertigte Gründe erscheinen.

Solche Einsichten müssen dem Umstand Rechnung tragen, dass die philosophische Ethik nicht primär aus einer
objektivierenden, distanzierten Einstellung heraus die
Gründe überprüft, die Handelnde für oder gegen die Be-
hauptung der Moralität einer Handlung, von Handlungsabsichten, von Handlungsarten oder Handlungsregeln
vorbringen; diese Haltung entspräche der Beobachterperspektive einer deskriptiv verfahrenden Wissenschaft.

Vielmehr muss die Ethik die Gründe auch aus einer
Perspektive der Interaktionsteilnehmer, aus der Perspektive der Handelnden selbst und der an dem Gespräch über
den Gesichtspunkt der Moralität Beteiligten hermeneutisch rekonstruieren, (selbst-)reflexiv würdigen und kritisch beurteilen können. Diese Einstellung entspricht der
Teilnehmerperspektive, die man auch als Akteursperspektive bezeichnen kann. Der Ethiker ist nämlich seinerseits
auch ein in den Handlungskontext seiner Lebenswelt ein-

gebundener Akteur und ein von den Resultaten seiner ethischen Reflexion in seinem Handeln Mitbetroffener. Daher bedarf es in der philosophischen Ethik methodisch neben der verobjektivierenden Analyse komplexer äußerer Sachverhalte aus der Perspektive der dritten Person auch der hermeneutisch-sinnkritisch, selbstreflexiv-begründend und dialogisch-kommunikativ verfahrenden Perspektive der ersten und zweiten Person, in der erst die Handlungsmaximen, Handlungsziele und -absichten der anderen Menschen angemessen verstanden, in ihrer praktischen Bedeutsamkeit bewertet und hinsichtlich ihrer moralisch-normativen Berechtigung oder Gültigkeit argumentativ überprüft werden können. Dabei genügt es aber nicht, wenn die philosophische Ethik nur allgemeine Prinzipien oder generelle Handlungsmaximen im Lichte umfassender Gründe einsichtig zu begründen vermag. Als eine praktische Theorie muss sie den Handelnden, also jeden von uns, der sein Handeln ethisch reflektiert und sich fragt, was er in moralischer Hinsicht tun oder lassen soll, zugleich in die Lage versetzen, das moralisch Richtige auch im Hinblick auf die spezifische, individuelle Handlungssituation zu bestimmen.

Daher schließt das Programm der philosophischen Ethik nicht nur die Reflexion auf die Fragen der theoretischen Rechtfertigung der Moral bzw. ihrer allgemeinen Begründung im Sinne einer *Grundlegung* der ethischen Modelle, Grundbegriffe oder allgemeinen Prinzipien ein, sondern auch eine Beschäftigung mit den Fragen der *Anwendung* der Modelle, Grundbegriffe oder allgemeinen Prinzipien auf die konkreten Einzelfälle und unterschiedlichen Situationen unseres Handelns. In diesem Sinn kann man innerhalb der philosophischen Ethik die Fragen ihrer theoretischen Grundlegung von den Fragen ihrer Anwendung unterscheiden. Man kann diese Teile der Ethik auch als »allgemeine Ethik« und als »angewandte Ethik« bezeichnen. Entsprechend dieser Unterscheidung steht im Mittelpunkt der angewandten Ethik die Beschäftigung mit besonderen Sachbereichen oder spezifischen Handlungszusammenhängen. So haben sich in jüngerer Zeit innerhalb der angewandten Ethik (vgl. hierzu Kapitel 4) unterschiedliche Bereichsethiken mit zum Teil hochspezialisierten Anwendungsdiskursen herausgebildet, so zum Beispiel die biomedizinische Ethik, die ökologische Ethik, die feministische Ethik, die Wirtschaftsethik, die Rechtsethik, die Tierethik, die Technikethik oder die Medienethik.

Die philosophische Ethik wird mit gutem Grund auch einfach als *Moralphilosophie* bezeichnet. Mit dieser Bezeichnung wird ausdrücklich gesagt, dass sich die Ethik als Teil der Philosophie der Erkenntnismethoden der Philosophie und ihrer weiteren Einsichten bedient. Zugleich wird festgehalten, dass sie »die Moral« als ihren Erkenntnisgegenstand oder ihr Thema behandelt. Damit wird der Begriff »Ethik« gleichzeitig vom Begriff »Moral« unterschieden: Die Ethik wird als Reflexionsform, als Theoriegestalt oder als Disziplin auf Moral als den Gegenstand ihrer Untersuchungen bezogen.

Nicht alle, aber doch die meisten Philosophen folgen in ihrem Sprachgebrauch dieser Terminologie; wenngleich zutrifft, dass der griechische bzw. lateinische Terminus, der den Begriffen zugrunde liegt, auch andere Lesarten zuließe. So hat das dem Begriff »Ethik« vorausliegende griechische Wort »ethos« die mehrfache Bedeutung von »gewohnter Ort des Lebens«, »Sitte«, »Charakter«, während das lateinische Wort »mos« (Plural: »mores«), das dem Begriff der Moral zugrunde liegt, für »Sitte«, »Brauch« oder »Charakter« steht. Was mit den Begriffen jeweils gemeint ist, muss im einzelnen dem genauen Zusammenhang entnommen werden, in dem sie verwendet werden.

In unserem Zusammenhang steht das im Begriff der Moralphilosophie verwendete Wort »Moral« (für das im Deutschen auch nach wie vor das leicht altertümliche Wort

»Sitte« zur Verfügung steht) für den Bereich der moralischen Handlungen sowie für die das Handeln der Menschen leitenden Wertmaßstäbe, Überzeugungen, Handlungsregeln und die sozialen Institutionen, in denen sich aus der Sicht der Handelnden deren Wertpräferenzen und normative Einstellungen artikulieren. Als »Moral« wird daher im folgenden im Unterschied zu bloßer Gewohnheit, Üblichkeit, Brauch oder Tradition das intersubjektive, soziale und institutionelle Gefüge von Handlungen, Handlungsregeln und Handlungspräferenzen bezeichnet, dem aus der Sicht der Teilnehmer der Anspruch und der Charakter der Moralität zu- oder aber auch kritisch abgesprochen werden kann. In diesem Sinn reflektiert die philosophische Ethik oder Moralphilosophie die Moralität der Moral und überprüft, sucht oder entwickelt Gründe für deren Bestätigung oder Kritik, praktische Anerkennung oder Veränderung. Entsprechend hat die philosophische Ethik als methodisch angeleitete Disziplin der Philosophie ihren Ausgangspunkt in der Moral. Die Ethik geht nämlich aus der Moral als einer gelebten Ordnung, einem System oder Zusammenhang von Handlungen und aus der Interaktion von Handelnden hervor, weil und insofern diese selbst bereits in ihrem Handeln einen Anspruch auf Moralität (oder moralische Richtigkeit) erheben, und es ist eine Aufgabe der Ethik, dies in ihren Analysen des Handelns herauszuarbeiten. Ein solcher Anspruch reklamiert nichts Geringeres als Legitimität für die Geltung seiner Handlungsregeln und steht damit zugleich unter dem Vorbehalt der Begründung dieses Legitimitätsanspruchs. Spätestens bei einem Konflikt innerhalb der gelebten Moral, sei es zwischen miteinander unvereinbaren Forderungen oder Geboten (der sogenannten moralischen Pflichtenkollision), zwischen Handlungsmaximen ein und derselben Person (Maximenpluralismus) oder zwischen den legitimen Absichten oder tatsächlichen Interessen unterschiedlicher Handlungsprotagonisten, besteht die Notwendigkeit zu ei-

ner ethischen Reflexion über das Problem des moralischen
Konflikts und die Erfahrung von moralischer Differenz.
Aus dieser Differenzerfahrung von Moralität resultiert
auch die Entstehung und Entwicklung der unterschiedlichen Ansätze und Beiträge zur philosophischen Ethik in
der Geschichte der Philosophie, in denen sich auch unterschiedliche moralische Erfahrungen widerspiegeln. Daher
ist es vernünftig, im Hinblick auf die philosophischen Ethiken mit einem irreduziblen Pluralismus von Begründungen
und konkurrierenden Entwürfen zu rechnen.

Dabei ist mit dem Begriff von Moralität ein Anspruch auf
moralische Richtigkeit von Handlungen und Handlungsabsichten, Handlungsregeln oder Handlungskomplexen verbunden, den die Handelnden zunächst selbst für ihr eigenes
Tun oder Unterlassen behaupten, sei es explizit oder auch
nur implizit. Der Begriff »Moralität« bezeichnet somit zuerst eine Einstellung, die Menschen in unterschiedlichen Le-
benskontexten und Moralsystemen veranlasst, ihr eigenes
Handeln und dessen Grundsätze als gut (lat.: bonum) oder
als moralisch richtig zu bewerten – sei es als gut im Sinne
von »wertvoll«, sei es als gut im Sinne von »empfohlen«, sei
es als unter bestimmten Bedingungen »geboten« oder sogar
als »unbedingt geboten«. In diesem Sinn muss eine Bedeu-
tungsvielfalt des moralischen Prädikats »gut« angenommen
werden, die sich für die Begründung der philosophischen
Ethik als systematisch bedeutsam erweist. Entsprechendes
gilt auch für die Abweichung vom moralisch Richtigen oder
gerade für die Sicht auf das Handeln als moralisch falsch, als
schlecht, als böse oder als Verstoß gegen eine moralische
Pflicht (lat.: malum). Bereits aufgrund dieser Einstellung unterscheidet sich ein Moralität (oder moralische Richtigkeit)
beanspruchendes Handeln grundlegend von anderen Handlungstypen, deren Erfolg oder Gelingen in einer Sprache
technischer Funktionalität, pragmatischer Zwecke, ökonomischer Effizienz oder strategisch-instrumenteller Handlungsrationalität beschrieben und begründet wird. Dement-

sprechend unterscheiden sich auch die von der philosophischen Ethik gesuchten Gründe für die Moralität (oder moralische Richtigkeit) eines Handelns von den Gründen, die den Erfolg und das Gelingen anderer Handlungstypen bestimmen. Dabei kann allerdings nicht von vornherein ausgeschlossen werden, dass Kriterien für moralische Richtigkeit mit Kriterien des Erfolgs technisch-instrumenteller Rationalität zusammenfallen oder jedenfalls mit ihnen so zusammengehen, dass das moralisch Richtige auch als funktional gut, pragmatisch erfolgreich und nützlich erscheint. Gleichwohl müssen diese Gesichtspunkte systematisch betrachtet auch voneinander unterschieden werden können (vgl. 3.3.).

In jedem Fall ist die Reichweite und Art der Begründung für »moralische Richtigkeit« von den Gründen für den Erfolg anderer Handlungstypen zu unterscheiden: Der Gesichtspunkt »Moralität« (oder »moralische Richtigkeit«) zeigt einen *evaluativen* und einen *normativen* Charakter: Er bewertet und schätzt, er erlaubt, empfiehlt und gebietet bestimmte Handlungen. Indem er Handlungen bewertet (evaluiert), stellt er deren Richtigkeit oder Unrichtigkeit entweder im Sinne einer Empfehlung und eines Ratschlags oder im Sinne eines Vorbilds heraus. Normative Stellungnahmen im engeren Sinn sind Handlungsaufforderungen, die die Adressaten zu einer mehr oder weniger verbindlichen, einer bedingten (hypothetischen) oder unbedingten (kategorischen) Regelkonformität anhalten. Zumindest aber sind die Adressaten von normativ vorgestellten Aufforderungen, die die Form von Geboten oder Verboten annehmen können, gefordert, sich begründet zu deren Anspruch zu verhalten, sei es im bewussten, vernunftgeleiteten und freien praktischen Nachvollzug, sei es in einer begründeten Kritik und Zurückweisung der erhobenen Verbindlichkeitsansprüche.

Schnell wird deutlich, dass der Anspruch auf Moralität (oder moralische Richtigkeit), der innerhalb der Hand-

lungswelt einer Moral erhoben und im Fall von moralischen Konflikten von einer philosophischen Ethik reflexiv
geprüft werden muss, aber auch gerechtfertigt werden
kann, auf ein von den Handelnden selbst intersubjektiv
getragenes System von Werten, Normen
und Handlungsprinzipien zielt. Dieses System trifft dabei
entweder auf eine freie Zustimmung der Betroffenen oder
aber unterliegt aus guten Gründen der Kritik. Diese Sicht
der Moralität und der Aufgaben der Ethik setzt allerdings
eine bestimmte Deutung von uns Menschen voraus, dass
wir uns nämlich als soziale (oder, wie Aristoteles sagen
würde, als politische) Lebewesen verstehen, die sich einer
intersubjektiven Sprache und Vernunft bedienen können,
kraft deren wir uns in unserer Lebenswelt nicht nur reak-
tiv verhalten, sondern auch aktiv handeln. Daraus folgt für
Moral und Ethik: Wir besitzen nicht nur die Fähigkeit,
unsere Handlungsobjekte, -ziele und -vollzüge zu wählen,
sondern wir können auch die Handlungsregeln und die
Maximen unseres Handelns aus freier Einsicht reflexiv erkennen, wählen, bejahen und befolgen oder deren Kriterien für Richtigkeit auch verwerfen. In diesem Sinn setzt
das hier skizzierte Verständnis einer Moralität des Handelns bereits ein bestimmtes Konzept von moralischer
Autonomie von uns Menschen kraft unserer praktischen
Vernunft voraus.

Diese Überlegungen greifen in der Sache schon auf Kapitel 3 vor, in dem ethische Grundbegriffe erläutert werden. Dort soll aufgezeigt werden, dass mit dem genannten
Gesichtspunkt der Autonomie nicht nur eine wichtige
Voraussetzung für die Begründung des Anspruchs auf
Moralität bezeichnet wird, sondern dass mit der Autonomie im Sinne einer unbedingt geforderten (also gesollten)
wechselseitigen (intersubjektiven) Anerkennung der moralischen Freiheit der Handelnden zugleich ein grundle-
gendes normatives Kriterium der philosophischen Ethik
selbst bezeichnet ist. Dies kann als das grundlegende, un-

verzichtbare und in diesem Sinn *notwendige* normative Kriterium für die Moralität des richtigen oder guten Handelns und die Qualität der dem Handeln zugrunde liegenden Maximen und Prinzipien bezeichnet werden. Wie gezeigt werden soll, erfüllt es für sich genommen aber noch nicht alle normativ relevanten Gesichtspunkte für das moralisch richtige oder gute Handeln. Aus diesem Grund muss es allein als noch *nicht hinreichend* bezeichnet werden (vgl. 3.3.).

In den Darstellungen zur Geschichte der philosophischen Ethik ist die Einsicht in das ethisch zentrale Kriterium der Autonomie des Menschen mit der Philosophie *Kants* verknüpft, und dies zu Recht. Doch war Kant nicht der einzige und auch nicht der erste Ethiker, der diese Einsicht formuliert hat. Bei ihm liegt die Einsicht in die Unhintergehbarkeit des Prinzips der Autonomie in einer spezifischen Form ausgearbeitet vor, die der Anlage seiner gesamten Philosophie entspricht. Kant sieht dabei die Moralität (oder Sittlichkeit) des Menschen in dessen Übereinstimmung mit dem Sittengesetz, das die bei ihm sogenannte reine praktische Vernunft dem subjektiven Willen des Menschen gebietet. Frühere philosophische Ethiken hingegen vertraten Konzepte einer Moralität der Moral, die systematisch nicht auf dem Prinzip der Freiheit im Sinne der subjektiven Autonomie der Menschen aufbauen, sondern auf einer als objektiv vorgegeben gedachten natürlichen Ordnung.

Drei klassische Beispiele aus der Philosophiegeschichte der Antike seien dafür genannt:

(1) So deutete *Platon* die Moralität der Moral im idealen Staat als das Resultat einer durch die Einsicht in die Ideen des Guten und des Gerechten gleichsam objektiv oder theoretisch grundgelegten Praxis, für die die Philosophen als die Könige im Staat die Gesetze geben sollen.

(2) Demgegenüber sah *Aristoteles* die Moralität des moralischen Handelns der freien Staatsbürger als

eine praktische Aufgabe: Sie besteht ihm zufolge darin, dass es den (wenigen) Freien in einer antiken Sklavenhaltergesellschaft gelingt, auf der Grundlage von Besitz, Tugend und Selbstbeherrschung (Autarkie) das eigene, an der objektiv vorgegebenen Natur orientierte Streben und Handeln beständig so zu verbessern, dass sie im Stadtstaat ein geglücktes Leben in der Gemeinschaft mit Freunden führen. Auch hier wird die Moralität als eine zwar einerseits an subjektiven Präferenzen, doch andererseits zugleich an objektiven moralischen Vorgaben orientierte Praxis verstanden.

(3) Das für die philosophische Ethik bis heute einflussreiche Konzept von Moralität der Philosophie der *Stoa* zielt stärker noch als das von Aristoteles auf eine Übereinstimmung des Menschen in seinem Streben und Handeln mit der ewigen Ordnung des Kosmos. An diese soll sich der Mensch, folgt man stoischer Ethik, angleichen: Er soll diese Ordnung verinnerlichen, um aus deren objektiven Gesetzen seine moralische Identität zu erwirken. Durch die Einsicht in die Notwendigkeit der die Welt und den Kosmos beherrschenden Gesetze werde der Mensch moralisch frei und zeige sich als Bürger einer kosmopolitischen Weltordnung.

Alle drei Entwürfe von Ethik unterscheiden sich deutlich von Kants Idee der moralischen Autonomie des Menschen. Es bleibt zu diskutieren, inwiefern diesen Ethikentwürfen der Vorwurf einer Heteronomie gemacht werden kann (vgl. hierzu 2.3.).

1 Philosophische Ethik

Die philosophische Ethik ist Teil der praktischen Philosophie und behandelt Fragen und Probleme des menschlichen Handelns. Sie fragt insbesondere nach der Moralität (oder moralischen Richtigkeit) des Handelns und sucht nach Kriterien der Begründung von Moralität im Licht der Unterscheidung von moralisch richtig oder gut, moralisch falsch oder schlecht sowie gerecht oder ungerecht.

Als eine praktische Theorie zielt sie auf eine Erkenntnis, die um der moralischen Praxis willen gesucht wird. Dabei ist sie gehalten, neben objektiven Sachverhalten und Handlungsumständen auch die Teilnehmerperspektive (bzw. Akteursperspektive), das heißt die Perspektive der am Handeln beteiligten ersten und zweiten Person, einzunehmen.

Versteht man sie als Moralphilosophie, überprüft, begründet und kritisiert die philosophische Ethik den Anspruch von Moral auf Moralität (oder moralische Richtigkeit). Die Ethik bezieht sich dabei kritisch-reflexiv auf den Anspruch auf Moralität und muss deshalb von der Moral unterschieden werden.

Das zu begründende Kriterium der Moralität des Handelns unterscheidet sich von den Kriterien des Erfolgs oder Gelingens anderer Handlungstypen wie etwa ökonomischer Effizienz oder strategisch-instrumenteller Handlungsrationalität. Dies artikuliert sich bereits in den gängigen Bezeichnungen moralischen Handelns als gut und richtig, als gesollt und geboten, als wertvoll und empfohlen.

Die Moralität, die gelebte Moralsysteme für sich beanspruchen, besitzt einen evaluativen (wertenden) und einen normativen (vorgebenden) Grundzug. Sie erlaubt oder bewertet nicht nur Handlungen, sie for-

dert zugleich zu ihnen auf oder gebietet/verbietet sie
als moralische Pflicht. Dies begründet hypothetische
und kategorische normative Handlungsregeln (vgl.
hierzu S. 82–89).

Moralität ist recht verstanden auf die moralische Autonomie der Menschen bezogen. »Autonomie« meint
deren subjektive Fähigkeit, moralische Ansprüche auf
die Richtigkeit von Handlungen, Handlungsmaximen, Handlungsperspektiven und Handlungsinstitutionen mit den Mitteln der praktischen Vernunft
selbstreflexiv zu überprüfen, zu bestätigen oder auch
zu kritisieren.

Dieses Verständnis von Moralität entspricht einer
Einsicht, wie sie etwa in der praktischen Philosophie
Kants formuliert worden ist. Fehlt der Rückbezug
der Moralität auf Autonomie, dann wird »Moralität«
zu einem Konzept objektiv vorgestellter Richtigkeit,
an das sich die Menschen, wenn sie moralisch sein
wollen, nur anpassen können. Damit stellt sich das
Problem der Heteronomie in der Ethik, das in unterschiedlicher Weise im Hinblick auf Platon, Aristoteles und die Stoa zu diskutieren ist.

1.2. Metaethik

Von der Ethik im Sinne einer auf das Handeln bezogenen
praktischen Theorie muss die Metaethik unterschieden
werden. Sie beschäftigt sich, anders als die Ethik, nicht
unmittelbar mit dem Handeln unter dem Aspekt seiner
Moralität (oder moralischen Richtigkeit), sondern vielmehr mit dem logisch-semantischen Sinn und der ontologischen (auf das Sein bezogenen) Bedeutung der Prädikate, die in der Moral verwendet und in der Ethik reflektiert

werden. Es sind die Prädikate wie »gut« und »böse«, »moralisch richtig« oder »moralisch falsch« und die mit diesen Prädikaten gebildeten Aussagen. Die Metaethik trifft also selbst keine inhaltlichen Aussagen über die moralische Qualität von Handlungen, denen gegenüber sie sich gewissermaßen neutral verhält. Auch trägt sie nur indirekt zur Begründung ethischer Theorien bei, indem sie etwa über die logisch-semantische Analyse ethischer Aussagen und moralischer Handlungsinterpretationen an einer Ausarbeitung des grundbegrifflichen Rahmens ethischer Theorien mitwirkt. So zählt sie zwar im Gesamtbild der Philosophie zur Ethik als eine Form ihrer theoretischen Reflexion; die Metaethik selbst hat aber keinen praktischen Grundzug. Ihr Ziel ist nicht eine moralisch richtige oder gar bessere *Praxis*, sondern eine *theoretisch* tiefer ansetzende oder breiter reflektierte Theorie. Als theoretische Reflexion über die Ethik denkt sie »über« die Ethik nach: So erklärt sich auch ihr Name »Metaethik« (griech.: »meta« für »nach«/»über«).

Metaethische Reflexionen lassen sich in allen bedeutsamen philosophischen Ethiken nachweisen. Doch erst mit der Entwicklung der Wissenschaftstheorie und Sprachphilosophie des 20. Jahrhunderts, vor allem im Rahmen der Entstehung des *logischen Positivismus* und der *analytischen Philosophie*, ist der Ausdruck »Metaethik« als Bezeichnung für eine theoretisch motivierte Reflexion auf die Logik ethischer Aussagen und deren Realitätsbezug bekannt geworden. Von der Metaethik werden somit die Fragen thematisiert, die die sprachlichen, ontologischen und epistemologischen (die Erkenntnistheorie betreffenden) Aspekte ethischer Aussagen betreffen.

Ein zentrales Feld metaethischer Debatten bildet seit jeher die Frage, ob und wie der Anspruch der Moralität menschlicher Handlungen in ethischen Theorien erkenntnistheoretisch oder aussagenlogisch gerechtfertigt werden kann. Dieses Untersuchungsprogramm der Metaethik hat nicht selten auf der Seite der Vertreter der Ethik die Gegenfrage ausgelöst, ob und inwiefern die Metaethik ihrerseits überhaupt in der Lage ist, den Versuch der Ethik angemessen zu würdigen, die Moralität der moralischen Handlungen zu prüfen, zu kritisieren oder zu begründen; denn hierzu bedürfte es – so das Argument – der Einnahme eines praktischen »moral point of view«, eines moralischen Standpunktes, und damit der Einnahme einer Teilnehmer- oder Akteursperspektive. Genau dies aber entspricht nicht dem Selbstverständnis und Programm der meisten Vertreter einer Metaethik.

Dieser Besonderheit der Metaethik, dass nämlich von ihr die Perspektive der Handelnden selbst nicht eingenommen wird, sondern aus methodischen Gründen ausgeblendet bleibt, korreliert ein Genauigkeitsproblem der Ethik, das aus der unvermeidlichen Zirkularität der Ethikbegründung resultiert; denn die ethische Reflexion der Ansprüche der Moral auf Richtigkeit ist selbst Teil einer moralischen Lebenswelt und vollzieht sich, wie wir gesehen haben, in einem nicht unerheblichen Umfang als Selbstreflexion von uns Handelnden auf unsere eigene Moralität. Durch diesen Umstand ist jede ethische Theorie mit dem logischen Problem einer bis zu einem gewissen Grad unvermeidlichen *Zirkularität* ihrer Reflexionsprozesse konfrontiert, die den Vollzug, nicht aber notwendigerweise die Begründung des Ethischen betrifft. Auf dieses methodische Problem der philosophischen Ethik antwortet die Metaethik mit ihrem Versuch, gleichsam von außen auf die Sprache der Ethik und die in ihr verhandelten moralischen Probleme des Handelns zu blicken.

Bereits *Aristoteles* hat dieses methodische Problem in seiner Ethik erkannt und mit einer metaethischen Reflexion zu kontrollieren versucht. So thematisiert er im *Ersten Buch* seiner *Nikomachischen Ethik* das Erkenntnisproblem der Ethik und die sich daraus ergebenden Grenzen ihres Erkenntnisanspruchs. Einerseits ist es für Aristoteles notwendig, dass der Ethiker über praktische Erfahrung im Handeln verfügt und in der Ethik über sich selbst und sein eigenes Handeln nachdenkt. Deshalb tritt er in der Ethik nicht wie der Naturforscher oder Mathematiker mit einem verobjektivierenden Blick von außen an das Objekt seiner Überlegungen heran. Andererseits muss er sich, soll die ethische Theorie ihr Ziel nicht verfehlen, mit der nötigen Allgemeinheit zur Frage der Kriterien des moralisch Guten äußern. Auf diesem Weg gelangt die Ethik in ihrem Erkenntnisvollzug Aristoteles zufolge jedoch niemals über einen nur vorläufigen Grad von wissenschaftlicher Allgemeinheit und Präzision hinaus. Ihre Einsichten sind im Prinzip niemals abgeschlossen, und ihre Erkenntnis des moralisch Richtigen oder Gebotenen ist nur in einer Art Umriss oder Annäherung darstellbar. So macht Aristoteles Ernst mit der Einsicht, dass jedes Handeln in seiner Einmaligkeit kontingente, zufällige Züge besitzt, während die ethische Theorie des Handelns sich bemüht, wenigstens in den entscheidenden Punkten gewisse allgemeine Regelmäßigkeiten und Regularitäten zu formulieren.

Im Zentrum der Debatten der zeitgenössischen Metaethik steht die Frage, ob der Anspruch auf moralische Richtigkeit, den die Ethik zu untersuchen hat, rational angemessen überprüft und kognitiv eindeutig entschieden werden kann. Auf diese Frage hat die Metaethik grundsätzlich unterschiedliche Antworten gegeben, die trotz ihrer verschiedenen Bezeichnungen untereinander einige Gemeinsamkeiten oder Grundannahmen teilen. Die Rede ist hier im weiteren nun von den gegensätzlich auftretenden Positionen des Kognitivismus und Nonkognitivismus, Realismus und Antirealismus in der Metaethik.

Als *Nonkognitivisten* werden diejenigen Metaethiker bezeichnet, die die These vertreten, dass der Anspruch auf moralische Richtigkeit für Handlungen oder Handlungsregeln weder kognitiv eindeutig erkannt noch rational abschließend begründet werden kann, während die Vertreter des *Kognitivismus* genau diese Möglichkeit bejahen. Beide kontroversen Positionen gehen allerdings von einer gemeinsamen Auffassung aus: Sie besagt, dass wir exakte wissenschaftliche Erkenntnisse nur von den Objekten der räumlich-physikalischen Welt mit Hilfe des Programms der empirisch forschenden Wissenschaften gewinnen können. Ausgehend von dieser empiristischen Prämisse, die in der Wissenschaftstheorie oder Epistemologie begründet wird, führen sie darauf aufbauend ihre Debatten über den Gewissheitsgrad ethischer Erkenntnis und kommen zu den bezeichneten unterschiedlichen Auffassungen: Der Kognitivismus, der von einer rationalen Begründungsmöglichkeit der ethischen Aussagen ausgeht, und der Nonkognitivismus, der gerade dies leugnet und so einem ethischen Irrationalismus das Wort redet, stehen gegeneinander. Eine in der Ausgangskonstellation vergleichbare Lage lässt sich für die aktuelle Auseinandersetzung in der Metaethik zwischen *moralischen Realisten* und *Antirealisten* aufzeigen. Die hier geführte Diskussion über die Frage, ob es moralische Gegenstände »gibt« – entweder so oder doch nur ein wenig anders als die Objekte in der realen Außenwelt –, geht von Problemen der theoretischen Philosophie und Epistemologie aus, deren Einsichten auf das Feld moralischer Aussagen und ethischer Begründungen übertragen werden. In allen diesen Debatten der Metaethik ist die Frage nach dem »moral point of view« und dem Praxisbezug allenfalls indirekt präsent.

Zur Gruppe der Metaethiker, die einen nonkognitivistischen Ansatz vertreten, werden so unterschiedliche Autoren des 20. Jahrhunderts wie *Alfred J. Ayer* und *Charles L. Stevenson* gezählt. Sie schließen in ihren Ausführungen an die Prämissen des *logischen Positivismus* an und teilen dessen grundsätzliche sinnkritische Zurückweisung des Erkenntnisanspruchs der Ethik als unwissenschaftlich. Daher führen sie auch moralische Einstellungen, Aussagen oder Handlungsregeln ohne Ausnahme auf die subjektiven Gefühle zurück, die die moralischen Urteile in der Tat üblicherweise begleiten und moralische Handlungen faktisch motivieren und auslösen. Deshalb schreibt man ihnen auch die Position eines *Emotivismus* (aller Moral liegt Emotion zugrunde) zu.

Auf seine Weise hatte bereits *David Hume* in der Philosophie des 18. Jahrhunderts mit seiner allgemeinen Theorie der moralischen Gefühle (»moral sentiments«) zu einer solchen Position beigetragen. Auch eine *Mitleidsethik*, wie sie im Anschluss an *Schopenhauers* Metaphysik in seinem Hauptwerk *Die Welt als Wille und Vorstellung* vertreten wird, führt nicht nur die das Handeln bewegenden Emotionen, sondern alle möglichen Gründe für die angenommene Richtigkeit moralischen Handelns, also die Moralität, strikt auf die Gefühle der Menschen zurück.

Damit wird zugleich der Geltungsanspruch des Moralischen insgesamt auf nur eine Quelle, nämlich ausschließlich die Kraft der Gefühle, reduziert. Eine Begründung außerhalb dieses Gefühlsbezugs erscheint aus primär theoretischen, also nicht aus ethisch-praktischen Gründen unmöglich, seien es anthropologische, seien es metaphysisch-ontologische Annahmen. Dieser metaethischen Position genügt es, dass Menschen diese Gefühle tatsächlich haben, um sie bereits aufgrund dieses Faktums für moralisch hinreichend gerechtfertigt, somit für legitim oder für ethisch gut zu halten. An diesem Beispiel können wir sehen, wie eine metaethische Theorie an die Stelle der philosophischen Ethik tritt und die Metaethik die Theorieform der praktischen Reflexion verdrängt.

Eine weitere Begründung oder Rechtfertigung im Sinne eines Aufweises ethisch-praktischer Richtigkeit der auftretenden Gefühle, der vorhandenen Einstellungen und faktisch ausgeführten Handlungen aber wird nicht gegeben. Dieser Reduktionismus erscheint bereits aus methodischen Gründen nicht plausibel.

Der metaethische Emotivismus sieht sich nämlich mit der Frage konfrontiert, ob er die Geltung moralischer Aussagen nicht in einer logisch zweifelhaften Weise restlos auf die Entstehung (oder »Genesis«) der diesen Aussagen zugrunde liegenden Einstellungen reduziert.

Ein anderes Problem betrifft den Umstand, dass Menschen ganz unterschiedliche Emotionen an den Tag legen, wenn sie mit vergleichbaren moralischen Herausforderungen im Handeln konfrontiert sind. Was könnten wir ethisch begründet den Tätern von Auschwitz oder des Pol-Pot-Regimes noch sagen, wenn sie – methodisch ganz im Sinn des metaethischen Emotivismus – versuchen, ihr Handeln dadurch zu rechtfertigen, dass sie bei ihrem Handeln eben andere Empfindungen hatten als ihre Opfer? Der Rekurs auf die tatsächlichen Gefühle, die sich bei Menschen angesichts moralisch relevanter Herausforderungen einstellen, scheint also moralisch nicht ausreichend zu sein und kann als ein ethisches Theorieangebot nicht überzeugen. Auf dem Weg über eine Theorie der moralischen Gefühle lässt sich nämlich keine philosophische Ethik entwickeln, da sich aus der empirischen Beobachtung der Herausforderungen des menschlichen Handelns noch keine allgemein einleuchtenden, praktisch begründeten und auf diesem Weg intersubjektiv verbindlichen Aussagen gewinnen lassen.

Ein anderer Vertreter einer nonkognitivistischen Position ist *Richard M. Hare* mit seiner metaethischen Theorie des *Präskriptivismus.* Hare schlägt vor, alle moralischen Äußerungen, Sätze oder Bewertungen ausnahmslos auf die Semantik von Vorschriften (Präskriptionen) wie Empfehlungen, Gebote oder Verbote zurückzuführen. Deren Ziel ist es nicht, rational zu überzeugen und Gründe für moralisches Handeln anzuführen, sondern menschliches Verhalten zu disponieren und anzuleiten. Eine genaue Untersuchung der Thesen von Hare kann deutlich machen, dass er in einem Punkt durchaus recht hat, nämlich mit seiner Annahme, dass dem Attribut »moralisch richtig« oder »moralisch gut« ein spezifischer Aufforderungscharakter eingeschrieben ist. Man kann hier auch von einer normativen Dimension des Ethischen sprechen. Doch räumt Hare der Möglichkeit einer rationalen Erörterung guter Gründe für Handlungen, Handlungsregeln oder Handlungsprinzipien, deren kognitiver Zugänglichkeit und deren argumentativer Überprüfbarkeit aus metaethischen, in der logischen Semantik liegenden Gründen nicht den ihnen gebührenden Platz ein. Es ist zudem mehr als fraglich, ob bei allen für die philosophische Ethik ausschlaggebenden Gründen, die für oder gegen die Ansprüche einer moralischen Einsicht sprechen, eine Semantik des Präskriptiven, der Vorschrift und der unmittelbaren Aufforderung zum Handeln herausgearbeitet werden kann. Anders als die meisten moralischen Urteile liegen die ethischen Gründe, die in einer Argumentation für oder gegen einen Anspruch auf Moralität von Handlungen geltend gemacht werden können, ihrerseits nicht in einer gebietenden oder verbietenden, sondern in einer argumentativen Sprache vor, aus der nicht unmittelbar Handlungsanweisungen folgen.

Der von *David K. Lewis* und *Ralph B. Perry* vertretene *Naturalismus* repräsentiert die dem Nonkognitivismus in der Metaethik widerstreitende Position des metaethischen *Kognitivismus.* Anders als die Vertreter des Nonkognitivismus vertreten sie die These, dass moralische Aussagen wissenschaftlich-rational begründet werden können. Doch geschieht dies um den Preis, dass sie die Bedeutung der moralischen Prädikate (»richtig«, »gut«, »gerecht« etc.) ausnahmslos aus den Prädikaten einer empirischen Beschreibung der Welt physikalischer Objekte ableiten. Damit ebnen sie die Differenz zwischen empirisch zutreffend, also »wahr«, und moralisch richtig, also »gut«, ein. In diesem Sinn wird ihre metaethische Position auch als »naturalistisch« beschrieben.

Als Einwand gegen die Annahme eines Naturalismus mag hier ein kurzer Hinweis auf *George E. Moore* genügen, der in seinen Schriften das Problem eines »naturalistischen Fehlschlusses« in der Ethik behandelt hat, indem er nachweist, dass aus der Beschreibung eines Sachverhalts mittels empirisch-deskriptiver Begriffe keine Aussagen über die moralische Richtigkeit von Handlungen und keine ethische Rechtfertigung abgeleitet werden können. Von einigen Ethikern wie etwa dem analytischen Philosophen *William K. Frankena* ist in Frage gestellt worden, ob die bei Moore verwendete Bezeichnung eines »naturalistischen Fehlschlusses« (»naturalistic fallacy«) überhaupt zutreffend ist. Weniger pointiert könnte man in diesem Zusammenhang daher auch von einem »deskriptivistischen Fehler« sprechen, den derjenige begeht, der aus einer zutreffenden Beschreibung eines Handelns bereits dessen moralische Richtigkeit glaubt ableiten zu können.

Eine andere Debatte innerhalb der zeitgenössischen Diskussionen der Metaethik stellt der Streit zwischen *Realisten* und *Antirealisten* dar. Im Unterschied zur eher erkenntnistheoretisch oder wissenschaftstheoretisch und logisch-semantisch motivierten Auseinandersetzung zwischen Kognitivisten und Nonkognitivisten geht es hier um die Frage, welcher *ontologische*, also seinsmäßige Status moralischen Aussagen zukommt: Beziehen sich moralische Aussagen und die entsprechenden ethischen Theorien auf Objekte oder auf Tatsachen, die unabhängig von unserem Handeln und unseren Urteilen bestehen? Die Position des moralischen Realismus bejaht diese Frage in unterschiedlicher Weise und mit unterschiedlichen Begründungen, während die Vertreter des Antirealismus diese Frage verneinen. Auch für diese Debatte ist es kennzeichnend, dass die Frage nach der Moralität des Handelns und deren ethischer Begründung mit Bezug auf außer- und nichtethische Problemlagen geklärt werden soll, sei es durch die Analyse unseres moralischen Sprachgebrauchs, sei es durch die Analyse mentaler Akte oder gar metaphysischer Sachverhalte.

Für die philosophische Ethik sind diese Debatten der Metaethik von hoher Bedeutung, hängt von ihrem Ausgang doch mitunter ab, ob und inwiefern eine ethische Theorie schlüssig ist und philosophisch begründet werden kann. Doch geht es wie gesagt in diesen Diskussionen der Metaethik, wenn überhaupt, dann nicht primär um eine Analyse der Handlungen unter dem Gesichtspunkt eines »moral point of view«, also eines aus der Teilnehmerperspektive sowie der Sicht des Beobachterstandpunkts gleichermaßen einschlägigen und relevanten Gesichtspunkts der Moralität in der Welt der Handlungen, zu der der Ethiker selbst gehört.

Genau das ist aber, wie wir gesehen haben, die Aufgabe einer philosophischen Ethik als einer praktischen Theorie (vgl. 1.1.). Sie realisiert ihr Programm, indem sie ausgehend von einer Analyse moralischer Aussagen nach dem Eigensinn des moralischen Handelns fragt. Auf diesem Weg sucht die philosophische Ethik nach einleuchtenden und allgemein begründeten Kriterien für die Unterscheidung eines moralisch betrachtet »richtigen« Handelns sowohl von unmoralischem als auch von nichtmoralischem Handeln. Indem die Ethik diese Erkenntnis sucht, nimmt sie selbst den »moral point of view« reflexiv und kritisch in ihre Arbeit auf – eine Perspektive, die bereits dem moralischen Handeln (zumindest dem subjektiven Anspruch der Teilnehmer nach) eingeschrieben ist. Zu entscheiden, ob dieser Anspruch von seinem Selbstverständnis nach moralisch Handelnden aber zu Recht erhoben wird oder nicht, ist das *kritische* Geschäft der philosophischen Ethik. Sie wird daher zu Recht von Kant auf dem Weg über eine »Kritik der praktischen Vernunft« begründet.

2 Metaethik

Von der Ethik ist die Metaethik zu unterscheiden. Sie beschäftigt sich nicht selbst unmittelbar mit dem menschlichen Handeln unter dem Gesichtspunkt seiner Moralität (oder moralischen Richtigkeit). Die Metaethik erörtert, präzisiert und reflektiert die in Ethik und Moral verwendeten Termini und versucht, den logischen Sinn und die Bedeutung von Prädikaten wie »gut«, »schlecht«, »böse«, »gerecht«, »legitim« etc. zu bestimmen. Als eine Reflexion über den Sinn und die Bedeutung der Prädikate und Aussagen in Ethik und Moral ist die Metaethik eine theoretisch argumentierende philosophische Disziplin, die über ihre Einsichten zugleich auf die Ethik zurückwirkt und auf diesem Weg stets mit der Ethik verbunden bleibt.

Diese Verbindung zwischen Ethik und Metaethik zieht eine Reihe von methodischen Fragen nach sich. So sieht sich die Metaethik mit dem Problem konfrontiert, dass ihre Ergebnisse zwar auf die ethische Theoriebildung Einfluss nehmen, sie selbst allerdings aus methodischen Gründen nicht den »moral point of view« einnehmen kann, der aus Sicht der Handelnden aber entscheidend ist. Diesem Defizit der Metaethik entspricht aufseiten der Ethik das methodische Problem einer gegenstandsbegründeten Ungenauigkeit oder Offenheit ihrer Begriffe sowie der Zirkularität und Unabschließbarkeit ihrer Begründungen.

Die Positionen der Metaethik reflektieren ihren Ausgangspunkt in Fragen der theoretischen Philosophie – sei es in Fragen der Wissenschaftstheorie, der Erkenntnistheorie, der Ontologie oder der Philosophie des Geistes, etwa in den Debatten zwischen metaethischem Nonkognitivismus und Kognitivismus oder in der Auseinandersetzung zwischen einem metaethisch begründeten moralphilosophischen Realismus und dem Antirealismus.

Die dem Nonkognitivismus zuzurechnenden Positionen des Emotivismus und des Präskriptivismus stimmen beide in der wissenschaftstheoretisch begründeten These überein, dass moralischen Aussagen kein rational begründeter Anspruch auf Begründbarkeit zugesprochen werden kann. Sie sind geeignet, Charakteristika des moralischen Handelns zu würdigen; doch scheinen sie selbst das theoretische Problem einer reduktionistischen Interpretation des Moralischen nicht überwinden zu können und führen zu Konsequenzen, die aus der Sicht einer praktischen Theorie des Moralischen kaum akzeptiert werden können.

Gleiches trifft auch auf die Position eines metaethischen Naturalismus zu, der zwar einerseits die rationale Erkennbarkeit des Gehalts moralischer Aussagen bejaht, doch andererseits dafür den epistemologisch nicht akzeptablen Preis einer naturalistischen Herleitung der moralischen Begriffe zahlt, der ihm den logischen Vorwurf eines naturalistischen Fehlschlusses (oder deskriptivistischen Fehlschlusses) einhandelt.

Auch in den gegenwärtigen Debatten der Metaethik zwischen Realisten und Antirealisten über den Realitätsgehalt moralischer Aussagen zeigt sich, dass im Zentrum der Auseinandersetzungen Probleme der theoretischen Philosophie und nicht die Fragen einer praktischen Theorie wie der Ethik stehen, die ausgehend von einer Analyse moralischer Aussagen nach dem Eigensinn des moralischen Handelns fragt und Kriterien zu begründen sucht, wie ein moralisch als richtig gedeutetes Handeln von moralisch falschem

Handeln unterschieden werden kann. Indem die Ethik genau diese Einsicht sucht, nimmt sie den »moral point of view« reflexiv und kritisch in ihre Überlegungen auf, der bereits dem moralischen Handeln eingeschrieben ist.

1.3. Methoden der Ethik

Die philosophische Ethik nimmt sich der Aufgabe an, das Handeln von Menschen unter dem Gesichtspunkt der »Moralität« – das heißt der Suche und Kritik der Gründe für die moralische Richtigkeit des Handelns – zu untersuchen, indem sie diejenigen Begründungen überprüft, die bereits innerhalb der Moral gegeben werden. Als eine praktische Theorie schließt die Ethik dabei auch *methodisch-kritisch* an moralische Begründungsversuche an.

Im Hinblick auf die hier relevanten *moralischen Gründe* für die Annahme der Richtigkeit moralischen Handelns lassen sich vier Typen unterscheiden: Eine einzelne Handlung kann moralisch gerechtfertigt werden (1) im Rekurs auf eine *bereits praktisch etablierte bzw. approbierte Moral*, (2) durch den Verweis auf bestimmte als moralisch bedeutsam erachtete *soziale Tatsachen oder Ereignisse*, (3) unter Bezug auf ein die Handlung begleitendes oder auslösendes moralisches *Gefühl* oder (4) unter Hinzuziehung des *Gewissensfalls*.

Eine philosophische Ethik muss methodisch in der Lage sein, diese spezifisch moralischen Begründungen angemessen aufzunehmen und kritisch zu überprüfen; sie muss die Frage diskutieren und mit guten Gründen entscheiden, ob und, wenn ja, in welchem Umfang sie im jeweiligen Einzelfall auch ethisch gerechtfertigt und allgemein begründet werden können. Im Zusammenhang mit dieser

Aufgabenstellung lassen sich *analytische, hermeneutische, transzendentale* und *diskursive* Methoden der philosophischen Ethik voneinander unterscheiden.

(1) Der am häufigsten angewandte Typ der *moralischen* Begründung einer Handlung oder Handlungsregel besteht darin, dass diese auf eine *allgemein approbierte moralische Ordnung* zurückgeführt wird. In diesem Fall gilt eine Handlung oder Handlungsregel als moralisch gerechtfertigt entweder deshalb, weil sie im Rahmen einer überlieferten Moral bereits ausdrücklich als gut bewertet wird oder weil sie sich problemlos in den Horizont von allgemein geschätzten Wertvorstellungen integrieren lässt. Eine wichtige Funktion erfüllen in diesem Zusammenhang auch moralische Vorbilder, Autoritäten und Traditionen, die im konkreten Handlungsfall Orientierung geben. Diese Art von moralischer Begründung ist einerseits für das menschliche Handeln von größter Bedeutung und lebenspraktisch in vielen Fällen unverzichtbar. Doch wird andererseits schnell deutlich, dass ein solcher Rekurs auf eine bereits eingespielte Moralordnung für eine *ethische* Begründung nicht ausreicht; denn damit begeben wir uns entweder in eine zirkuläre Begründungsaporie, oder wir verschieben die Begründung. Dass dieser Typ einer moralischen Begründung nicht ausreicht und nach einer ausgreifenden, über die Binnenperspektive einer gelebten Moral hinausreichenden weiteren ethischen Rechtfertigung verlangt, wird auch an den Veränderungen und Widersprüchen deutlich, die innerhalb moralischer Ordnungssysteme auftreten können. Die mit ihnen einhergehenden moralischen Bewertungskonflikte sind nur durch eine kritische Distanz zu den jeweiligen Ansprüchen einer bestimmten Moral und

durch eine Überprüfung der Gründe möglich, die hier für die Richtigkeit von Handlungen, Handlungsmaximen, Handlungsregeln oder -einstellungen vorgelegt werden. Es ist genau diese Aufgabe einer methodisch verfahrenden, kritischen Prüfung im Licht allgemeiner Prinzipien und praktischer Einsichten, die als das Programm der philosophischen Ethik bestimmt wurde. Diese allgemeinen praktischen Prinzipien, die das Ziel der ethischen Erkenntnis ausmachen, muss der moralisch Handelnde allerdings stets wiederum auf die besondere Situation seines Handelns beziehen. Dazu benötigt er nicht nur praktische Vernunft, sondern auch Erfahrung, Klugheit und bestimmte Handlungsdispositionen, wie sie etwa ethische Tugenden vorgeben (vgl. hierzu 3.2.).

(2) Ein anderer Typ einer *moralischen* Begründung von Handlungen zeigt sich im *Hinweis auf bestimmte Tatsachen oder Ereignisse*, mit denen die Handelnden die Evidenz einer moralischen Rechtfertigung ihres eigenen Tuns verbinden. Das Faktum etwa der Hilfsbedürftigkeit eines Menschen, die konkrete Not von Erdbebenopfern oder auch nur die einfache Bitte eines Freundes um Unterstützung in einer besonderen Lage sind Beispiele dafür, dass eintretende Ereignisse oder bestimmte Tatsachen bereits als solche bestimmte Handlungen wie spontane Hilfeleistungen als moralisch richtig ausweisen.

Zu diesem Typ der moralischen Begründung von Handlungen durch einen Rekurs auf bestimmte Tatsachen zähle ich auch den Hinweis auf mögliche *Handlungsfolgen*, die eine Handlung als moralisch richtig oder falsch ausweisen sollen. Hierzu gehört auch das Utilitätsprinzip, das als Position des *Utilitarismus* eine spezifische ethische Fassung darstellt (vgl. 2.2.). In der Struktur der Begründung für die moralische Richtigkeit einer Handlung ist auch hier die Referenz auf einen Zustand oder der Bezug auf eine Tatsache von ausschlaggebender Bedeutung.

Auch bei diesem Typ der moralischen Rechtfertigung einer Handlung im Rekurs auf vorliegende oder durch das Handeln erst herzustellende soziale Tatsachen, bedeutsame Fakten oder Ereignisse ist es offensichtlich, dass einer solchen moralischen Argumentation gute Gründe vorausgehen, die nicht explizit gemacht werden. So liegt zum Beispiel der Beurteilung der spontanen Hilfeleistung als einer moralisch richtigen Handlung ein Moralprinzip als »guter Grund« zugrunde. Es besagt, dass allen Menschen, die ohne eigene Schuld in eine schwere Not geraten, aus der sie sich allein nicht befreien können, unbedingt (oder auch unter bestimmten Bedingungen) geholfen werden soll. Doch geht es darum, zu überprüfen, ob dieses Moralprinzip richtig ist, ob es unbedingt oder bedingt gilt und, vorausgesetzt, dass es gilt, wen es moralisch zu welchem Handeln verpflichtet, dann genügt es nicht, auf das bloße Faktum zu verweisen, dass jemand auf fremde Hilfe angewiesen ist. Es reicht auch nicht aus, darauf zu verweisen, dass ein gezieltes Handeln Schaden minimieren, einem Mangel abhelfen oder auch Nutzen stiften kann. Denn nur dann, wenn aufgezeigt werden kann, dass moralisch einleuchtende Gründe dafür bestehen, in einem ganz speziellen Fall einen bestimmten Schaden zu begrenzen und Nutzen (für wen?) zu mehren, kann von einer ethisch überzeugenden Argumentation gesprochen werden: Der bloße Verweis auf soziale Tatsachen, Ereignisse oder Resultate, die ein zielgerichtetes Handeln erreichen kann, ist als solcher noch kein Beleg für moralische Richtigkeit. Stattdessen bedarf es auch in diesem Fall einer weitergehenden ethischen Reflexion, die die im jeweiligen Handlungskontext gegebene moralische Begründung kritisch prüft, sie gegebenenfalls modifiziert und im Licht von allgemeinen Prinzipien und praktischen Einsichten aus der Perspektive der Handelnden begründet und für unterschiedliche Handlungskontexte und Situationen zu konkretisieren versucht. Darüber hinausgehend ist es eine Aufgabe für die ethische Reflexion, die vorgelegten Begründungen und situativen Konkretisierungen der philosophischen Ethik in einem ethischen Diskurs kritisch zu überprüfen (vgl. 2.4.; 3.5.).

(3) Recht verbreitet ist noch ein weiterer Typ einer *moralischen* Begründung, nämlich der Rekurs auf die Ebene der *Gefühle* oder *Empfindungen*. Prominent ist in diesem Zusammenhang vor allem das *Mitleid* oder die *Sympathie*, auf die einige philosophische Lehren die gesamte Ethik zurückführen. Überzeugend ist hier, dass wir ohne hinreichende Motivation, zumal in moralisch relevanten Handlungskontexten, in der Regel nicht moralisch richtig oder zumindest nicht hinlänglich und angemessen handeln. Doch kann kein noch so intensives Gefühl oder starkes Motiv für sich allein betrachtet den Anspruch erfüllen, die moralische Richtigkeit (Moralität) eines Handelns oder allgemein von Handlungsregeln zu begründen; denn wir Menschen zeigen in der Tat sehr unterschiedliche Gefühle. Aus dem bloßen Faktum eines (noch so starken) Gefühls kann keine argumentative Kraft für die beanspruchte moralische Richtigkeit abgeleitet werden. Aus Erfahrung wissen wir jedoch, dass das subjektive Gefühl, moralisch im Recht zu sein, häufig einer unparteiischen, intersubjektiven Überprüfung dieser Empfindung nicht standhält. Das gute moralische Gefühl, das jemand bei seinem Handeln besitzt, und sogar die subjektiv

beste Absicht, der jemand folgt, sind als solche noch keine hinreichenden Argumente dafür, dass hier auch ein aus guten Gründen gerechtfertigtes, gegebenenfalls allgemeiner Einsicht gemäß begründetes Handeln vorliegt. Deshalb sind diese Gefühle zwar vielleicht moralisch relevant, aber nicht ethisch hinreichend.

(4) Ein hiermit sachlich verwandter Fall liegt in der *moralischen* Begründung eines Handelns und häufiger noch eines Unterlassens einer Handlung unter Bezugnahme auf das *eigene moralische Gewissen* des Handelnden vor. Hier treffen wir auf den Typ einer moralischen Rechtfertigung, die ganz aus der Perspektive der ersten Person Singular vorgetragen wird und auf diese Weise deren moralische Autorität und Identität artikuliert. Zu Recht berufen wir uns als Handelnde in Grenz- und Krisensituationen, in denen es nicht selten auch um Fragen von Tod und Leben geht, auf unsere Gewissenseinsicht, die uns unbedingt gebietet, etwas zu tun bzw. zu lassen.

Mit guten Gründen wird in der Ethik, aber auch in der Theologie und im Recht die Bedeutung des moralischen Ausnahmefalls gewürdigt. Moderne Rechtsstaaten zeichnen sich auch dadurch aus, dass sie den Gewissensfall in besonderen Handlungszusammenhängen anerkennen (hierzu zählte in der Vergangenheit der BRD etwa die Frage der Wehrdienstverweigerung). Doch muss mit Blick auf den Gewissensfall auch festgehalten werden, dass dieser vierte Typ einer moralischen Begründung keinen Ersatz für eine allgemeine ethische Rechtfertigung oder eine Kritik bietet; denn wir können uns auch in unseren persönlichen Gewissensentscheidungen irren, also eine Entscheidung für oder gegen ein bestimmtes Tun oder Unterlassen fällen, die auf falschen Prämissen basiert.

Als Begründung ist somit auch ein Rekurs auf das persönliche Gewissen ethisch betrachtet nicht ausreichend. Im Gegenteil zeigt sich gerade hier, dass wir im Gewissensfall darauf verzichten, weitere ethische Gründe für den moralischen Anspruch eines Tuns oder Unterlassens aufzuführen, und zwar nicht etwa deshalb, weil dies prinzipiell nicht möglich wäre, sondern weil wir die Umstände und Bedeutung des anliegenden Falls für die moralische Identität einer bestimmten handelnden Person und ihrer Lebensgeschichte würdigen: Wir erkennen an, dass in bestimmten, eng definierten Fällen moralischer Grenz- und Konfliktfragen niemand *gezwungen* werden darf, *gegen* sein Gewissen zu *handeln*. Dies kommt einem Verzicht auf weitere diskursive Begründung gleich, obwohl diese – ethisch betrachtet – durchaus möglich wäre, aber einem Handelnden in einer speziellen gegebenen Situation eben nicht zugemutet werden kann. Die moralphilosophische Tradition spricht daher auch davon, dass wir niemanden gegen die Imperative seines Gewissensurteils zu einem Handeln zwingen dürfen, wie umgekehrt jeder seinem Gewissen folgen soll, selbst dann, wenn das Urteil des Gewissens irrt. In diesen besonderen Fällen, die eine auf den Menschenrechten basierende Rechtsordnung anerkennt, muss seitens der handelnden Person allerdings der Nachweis erbracht werden, dass bei ihr tatsächlich ein Gewissensnotstand vorliegt, der den Ausnahmefall rechtfertigt. Dies anzuerkennen ist aber nicht gleichbedeutend damit, dass die im Modus des Gewissensurteils gefällten moralischen Entscheidungen nicht noch einmal ethisch reflektiert, geprüft und beurteilt werden könnten. Das zu tun fällt aber genau in den Aufgabenbereich einer philosophischen Ethik.

Moralische Begründungen bilden also eine wichtige, für das Handeln unverzichtbare Grundlage, die zur Lebendigkeit der moralischen Identität von Handelnden und zum Gelingen von moralischen Lebenswelten einen praktisch unersetzlichen Beitrag leisten. An dieser Stelle stoßen wir, so *Charles Taylor*, auf die Quellen unseres moralischen Selbst. Dennoch erlauben die vier genannten Typen moralischer Begründungen, die selten isoliert, sondern vielmehr häufig in Kombination miteinander auftreten, als solche noch keine abschließende Antwort auf die Frage nach der moralischen Richtigkeit eines bestimmten Handelns, von Handlungsabsichten, von Werten, Präferenzen und allgemeinen Handlungsregeln. Aus dem Blickwinkel der philosophischen Ethik greifen die hier angeführten vier Arten *moralischer* Gründe alle zu kurz und verlangen jeweils nach einer weitergehenden *ethischen* Reflexion.

Angesichts der spezifischen Einschränkungen, die – bei aller Wertschätzung und unterschiedlichen Anerkennung – gegenüber allen genannten vier Typen moralischer Begründung gemacht werden können, ist es die Aufgabe der philosophischen Ethik, Argumente für oder gegen den Anspruch der Moral auf Moralität (oder moralische Richtigkeit) zu entwickeln, die über die genannten Begrenzungen hinausgehen: über den Binnenraum einer gelebten und gegebenenfalls von vielen angenommenen Moral oder moralisch bewährten Tradition, über spezifische, als moralisch relevant erachtete Tatsachen oder mit dem Handeln intendierte Fakten, über das Vorliegen oder gar das Fehlen von Gefühlen wie Mitleid und auch über die inneren Evidenzen eines Gewissensurteils aus der Perspektive der moralischen Identität eines Handelnden in der Autorität der ersten Person.

Doch wenn auch genau dies die Aufgabe der philosophischen Ethik ist, sich nicht auf die jeweilige Binnensicht eines moralischen Bewusstseins von Handelnden (und somit von uns selbst) einschränken zu lassen, so ist die Ethik doch zugleich gehalten, die in den vier Typen von moralischen Gründen aufscheinende Wirklichkeit, ja Konkretheit des Moralischen im Handeln in ihrer Reflexion aufzunehmen und nicht zu zerstören. So müssen sich die verschiedenen philosophischen Ethikentwürfe ihrerseits daraufhin kritisch überprüfen lassen, ob und inwiefern es ihnen gelingt, die praktische Perspektive der Moral, also die Perspektive der um moralische Richtigkeit in ihrem stets konkreten, in besondere Situationen eingelassenen Handeln bemühten Menschen, aufzunehmen. Die Ethik prüft Gründe, so und nicht anders handeln zu wollen, im Licht einer allgemeinen Reflexion – nämlich daraufhin, ob das, was sie als moralisch richtig (gerechtfertigt) und somit als gut, geboten oder zumindest bewährt und erlaubt betrachtet, auch in einer ethischen Betrachtung mit guten Gründen zu Recht als gut, geboten oder erlaubt bezeichnet werden kann. Zu diesem Zweck bedienen sich philosophische Ethiken unterschiedlicher Methoden; von diesen beschreibe ich hier kurz vier Methoden, die alle auf ihre Weise bei der Grundlegung der philosophischen Ethik eine wichtige Rolle spielen: die *analytische*, die *hermeneutische*, die *transzendentale* und die *diskursive* Methode, die mit unterschiedlicher Gewichtung auch in den philosophiegeschichtlich überlieferten Modellen der philosophischen Ethik (vgl. Kapitel 2) verwendet werden.

(1) Die *analytische Methode* der Ethik kommt dort zum Einsatz, wo die Aussagen der Moral, speziell deren Begründungen, auf ihre logische Konsistenz, sprachliche Kohärenz und allgemeine Verstehbarkeit hin untersucht werden. Dabei geht die sprachanalytische Ethik im Anschluss an *George Edward Moore* oder *Ludwig Wittgenstein* von der »Normalsprache« oder Umgangssprache aus. Insofern sich die analytische Ethik aber in ihren Untersu-

chungen auf eine reine Beschreibung des moralischen Sprachgebrauchs beschränkt, verbleibt sie innerhalb der *Grenzen einer Metaethik* und nimmt
die ethische Aufgabe, wie ich sie bestimmt habe,
nicht wahr. Anders verfährt eine analytisch ansetzende Ethik, die sich bemüht, moralische Urteile in
ein widerspruchsfreies System von Aussagen und
Regeln zu bringen, um auf diesem Weg die Ansprüche moralischer Aussagen auf ihre Moralität oder
moralische Richtigkeit zu überprüfen. Die in diesem Sinne analytische Methoden verwendende
Ethik folgt dem *logischen Prinzip der Widerspruchs-
freiheit und Konsistenz* moralischer Aussagen als einem zentralen Kriterium ihrer (möglichen) vernünftigen Rechtfertigung.

(2) Die *hermeneutische Methode* verfolgt das Prinzip
des angemessenen, um Richtigkeit bemühten Verstehens moralischer Aussagen und Handlungen als Teil
einer sittlichen Lebenswelt. Sie hebt ab auf die jeweilige Individualität, Singularität oder Konkretheit, in
der das moralische Bewusstsein von Handelnden als
Moment der geschichtlichen, sozialen und kulturel-
len Wirklichkeit einer jeweiligen Handlungswelt begegnet. Sofern sich die Ethik der hermeneutischen
Methode um des besseren Verstehens der Moral willen bedient, kann sie die praktische Individualität
und *Vielfalt des Moralischen* in ihre Überlegungen
integrieren; doch genau dann, wenn sie sich in der
Artikulation der Vielheit und Differenz des Moralischen verliert und die Frage nach einer Begründung
des Moralischen jenseits der Binnenperspektive der
Moral aufgibt, kapituliert sie vor der spezifischen
Aufgabe der ethischen Reflexion und Kritik an den
Ansprüchen der Moral. Dies geschieht nicht selten
unter dem Vorzeichen eines radikalisierten Moral-
pluralismus, der sich der Frage einer Begründungs-

pflicht des moralischen Lebens verweigert. Die hermeneutisch gewürdigte Vielfalt des Moralischen steht somit in einer methodisch durchaus sinnvollen Spannung zur Universalität der Ethik und ihrem Anspruch auf eine allgemeine Begründung der Kriterien für die Moralität unseres Handelns.

(3) Diese Spannung wird bei der Anwendung der *transzendentalen Methode* in der Ethik noch deutlicher. Ihr geht es (im Anschluss an Kant) um eine Klärung der Bedingungen der Möglichkeit moralischer Erfahrungen bzw. moralischen Handelns im Licht eines praktischen Prinzips, das allem moralischen Wollen, Urteilen und Handeln begründungslogisch zugrunde liegt. Das von der transzendentalen Methode gewählte Verfahren ist das einer Reduktion oder Zurückführung moralischer Erfahrung auf das von dieser Erfahrung bereits vorausgesetzte oberste moralische Prinzip, das zum Beispiel Kant in seiner Ethik (vgl. 2.3.) als die praktische Autonomie der Vernunft, das heißt als die Freiheit des Menschen zur moralischen Selbstgesetzgebung bezeichnet. Mit diesem Verfahren einer Reduktion oder einer Zurückführung konkreter, als moralisch richtig qualifizierter Handlungen auf ein einziges, diesen zugrunde liegendes Prinzip, das Kant in der Unabhängigkeit des Willens von aller Heteronomie, also in seiner Autonomie oder Selbstgesetzgebung, identifiziert, ist die von der philosophischen Ethik gesuchte Einsicht in einen obersten praktischen Geltungsgrund aller Moral verbunden.

Doch besteht bei einer Beschränkung der philosophischen Ethik *allein* auf die transzendentale Methode die Gefahr, dass sie die Vielfalt des moralischen Anspruchs und die Komplexität der Wirklichkeit des Handelns nicht in ihrer ganzen Breite, Pluralität und Kontingenz erfasst und die Komplexität der Fragen dramatisch ausblendet. Aber gerade angesichts dieser Komplexität ist die Ethik im Sinne ihres kritischen Programms gefordert, die Gründe zu prüfen, die für oder gegen die Annahme der moralischen Richtigkeit von besonderen Handlungen, von allgemeinen Handlungsregeln und sozialen Handlungsinstitutionen sprechen. Wollte eine Ethik ausschließlich transzendentallogisch verfahren, würde sie ihre Aufgabe nur zum Teil erfüllen können und wäre angesichts der Wirklichkeit der moralischen Herausforderungen unangemessen abstrakt. Daher verlangt die transzendentale Methode in der Ethik nach den anderen Verfahrensweisen. Sie selbst ist aber ihrerseits unverzichtbar, soll nicht das Programm einer kritischen Prüfung moralischer Ansprüche auf Richtigkeit aufgegeben werden. Beide Perspektiven lassen sich in einem diskursiven Verfahren der Ethik miteinander verbinden.

(4) *Diskursive Methoden* können die unterschiedlichen Schwächen kompensieren, die sich einstellen, wenn eine philosophische Ethik entweder nur analytisch, nur hermeneutisch oder nur transzendental verfahren wollte. Als »diskursiv« kann eine Ethik dann bezeichnet werden, wenn sie sich darum bemüht, über die Ebene einer sprachlogischen Betrachtungsweise oder analytischen Behandlung moralischer Aussagen, der hermeneutischen Verstehensbemühung und der transzendentalen Rekonstruktion von Prinzipien moralischen Handelns hinauszugehen, um Fragen einer ethischen Rechtfertigung der Moral in einem intersubjektiven Diskurs *argumentativ* zu behandeln.

Innerhalb eines diskursiv-argumentativen Verfahrens gibt es eine Reihe unterschiedlicher ethischer Ansätze. Zu ihnen zählt beispielsweise die von *Jürgen Habermas* und *Karl-Otto Apel* herausgearbeitete *Diskursethik*, die den kantischen Ansatz einer transzendentallogischen Suche nach einem ersten ethischen Prinzip kommunikations- und handlungstheoretisch deutlich erweitert (vgl. 2.4.). Aber auch gegenüber einem dem Diskursprinzip verpflichteten Konzept einer philosophischen Ethik muss die Frage gestellt werden, ob das formale Prinzip, das auch sie für den ethischen Diskurs herausarbeitet, als solches hinreichend ist, um das Programm der philosophischen Ethik umzusetzen – nämlich unter Aufnahme der praktischen Vielfalt der moralischen Probleme des Handelns, auch aus der Sicht der Handelnden selbst, einsichtige Gründe dafür vorzulegen, die moralische Qualifikation eines bestimmten Handelns oder Unterlassens als »gut«, als »erlaubt«, als ethisch »gerechtfertigt« oder als »normativ verpflichtend« (oder eben gerade als das Gegenteil) zumindest der Möglichkeit nach zu bestimmen (vgl. hierzu 2.4.; 3.3.; 3.5.).

3 Methoden der Ethik

Als eine praktische Theorie schließt die philosophische Ethik in ihrer Suche nach Gründen und Kriterien für eine Überprüfung der Moral auf ihre Moralität (oder moralische Richtigkeit) methodisch-kritisch an die Begründungsversuche an, die bereits innerhalb der Moral begegnen. *Vier Typen einer moralischen Rechtfertigung* können voneinander unterschieden werden, die doch alle eine *ethische* Rechtfertigung nicht ersetzen können: (1) der Rekurs auf die Ordnung einer praktisch bewährten Moral, (2) der Verweis auf moralisch bedeutsame Tatsachen, (3) der Bezug auf ein spezifisches moralisches Gefühl und (4) die Inanspruchnahme des Gewissensfalls.

Die moralische Rechtfertigung einer Handlung durch ihre Zurückführung auf die *Ordnung einer praktisch bewährten Moral* (1) reicht in Konfliktfällen nicht aus. Die zugrunde liegende Argumentation ist zudem meist zirkulär. Deshalb ist eine ethische Überprüfung und Rechtfertigung erforderlich.

Die moralische Rechtfertigung einer Handlung durch einen Verweis auf *moralisch bedeutsame Tatsachen* (2) kann nur dann überzeugen, wenn spezifische moralische Gründe oder Regeln vorausgesetzt sind, die ihrerseits nach einer ethischen Überprüfung und Rechtfertigung verlangen.

Die moralische Rechtfertigung einer Handlung durch deren Bezug auf ein spezifisches *moralisches Gefühl* (wie Mitleid oder Sympathie) ist nicht geeignet, eine Handlung oder deren Regel hinreichend zu begründen (3); denn aus dem Vorliegen eines Gefühls kann kein Anspruch darauf abgeleitet werden, einzelne Handlungen oder Handlungsregeln zu rechtfertigen. Dies gilt auch für sogenannte moralische Gefühle, zumal Menschen bei ihrem Handeln sehr unterschiedliche Gefühle zeigen. Daher bedarf auch die moralische Rechtfertigung einer Handlung durch deren Bezug auf ein moralisch genanntes Gefühl einer ethischen Rechtfertigung.

Die Inanspruchnahme des *Gewissensfalls* (4) ist zur Rechtfertigung der moralischen Richtigkeit eines Handelns, meist aber im Zusammenhang einer Handlungsunterlassung in bestimmten Ausnahmefällen moralisch und auch ethisch durchaus zulässig. Da wir uns in unseren moralischen Gewissensurteilen allerdings auch irren können, ohne dass deshalb der Gewissensfall seine moralische Bindungskraft und Legitimität verlieren würde, ist auch eine ethische Überprüfung des moralischen Gewissensurteils grundsätzlich möglich und angezeigt.

Die *analytischen Methoden* der Ethik zielen auf die
Übersetzung moralischer Urteile in ein System lo-
gisch-semantisch widerspruchsfreier Aussagen und
Regeln mit dem Ziel, die Ansprüche moralischer
Aussagen auf ihre Moralität (oder moralische Rich-
tigkeit) zu überprüfen.

Die *hermeneutischen Methoden* der Ethik zielen auf
ein angemessenes Verstehen der Individualität, Singularität, Vielfalt, Pluralität oder Konkretheit des jeweiligen moralischen Handelns (im spezifischen Kontext
einer besonderen Handlungssituation) mit dem Ziel,
seinen jeweiligen Anspruch auf Moralität (oder moralische Richtigkeit) zu prüfen.

Die *transzendentale Methode* der Ethik zielt darauf,
das den moralischen Handlungen jeweils zugrunde
liegende moralische Prinzip in einem geltungskriti-
schen Verfahren auf seine Moralität (oder moralische
Richtigkeit) hin rational-vernünftig zu überprüfen.

Die *diskursiven Methoden* der Ethik schließlich zielen auf eine Integration von analytischen, hermeneutischen und transzendentalen Methoden in Form eines ethischen Diskurses, der die Aufgabe wahrnimmt,
die Ansprüche von moralischen Handlungssubjekten
auf eine ethische Rechtfertigung moralischen Handelns, moralischer Handlungsmaximen und moralischer Handlungsregeln in der Form einer intersubjektiven Argumentation mit dem Ziel einer allge-
meingültigen Einsicht einzulösen.

2. Ethische Modelle

Im folgenden Kapitel werden vier Modelle der philosophischen Ethik vorgestellt. Sie repräsentieren nicht nur vier unterschiedliche systematische Antworten auf die Frage nach überzeugenden Kriterien, um den Anspruch auf Richtigkeit moralischen Handelns zu prüfen, sondern auch die in der Philosophie wichtigsten schulbildenden Positionen der Ethik – in dem bisher beschriebenen Sinn. Sie stimmen innerhalb gewisser Grenzen miteinander darin überein, dass die Ansprüche der Moral auf Richtigkeit allgemein vernünftig, also kognitiv nachvollziehbar begründet werden können.

Im einzelnen handelt es sich (1) um die *Tugendethik,* deren Begründer *Aristoteles* ist, (2) um die Position des *Utilitarismus,* wie sie vor allem von *Jeremy Bentham* und *John Stuart Mill* entwickelt wurde, (3) um die *deontologische* (oder deontische) *Pflichtenethik,* wie sie uns in der praktischen Philosophie *Kants* begegnet, und (4) um die *Diskursethik* von *Karl-Otto Apel* und *Jürgen Habermas.* Allen diesen ethischen Modellen gelingt es, überzeugende Argumente für den von ihnen jeweils präferierten Vorschlag zur ethischen Prüfung der Moralität der Moral vorzulegen; doch weisen alle Vorschläge auch spezifische Schwierigkeiten auf, die hier ebenfalls vorgestellt werden sollen. (Im dritten Kapitel, das in ausgewählte ethische Grundbegriffe einführt, komme ich auf die jeweiligen Stärken und Probleme dieser vier unterschiedlichen systematischen Positionen wieder zurück und werde versuchen, durch eine integrative, zwischen diesen Modellen vermittelnde Position, Lösungen anzudeuten, die für eine philosophische Ethik in der Gegenwart weiterführende Einsichten bereithalten.)

2.1. Die Tugendethik des Aristoteles

In Übereinstimmung mit der bislang definierten Aufgabenstellung einer philosophischen Ethik hat *Aristoteles* in seinen drei überlieferten Schriften zur Ethik (*Eudemische Ethik*, *Große Ethik*, *Nikomachische Ethik*; da die *Nikomachische Ethik* am ausführlichsten ist und auch die mit Abstand größte Wirkung erzielt hat, beziehe ich mich hier nur auf diese Schrift) eine ethische Theorie vorgelegt, die bis heute relevant ist. Unter dem programmatischen Titel einer »Tugendethik« formuliert sie wichtige systematische Einsichten, die für die ethische Diskussion von zentraler Bedeutung sind.

Für Aristoteles ist die philosophische Ethik eine praktische Theorie im strengen Sinne des Begriffs, das heißt, sie reflektiert das Handeln der Menschen, nimmt auf die im Handeln selbst gewonnenen Erfahrungen Bezug und will vermittels begrifflicher Einsicht und Analyse der für das moralische Handeln konstitutiven Elemente dazu beitragen, dass die Handelnden ihr eigenes Handeln besser gestalten können; denn das Ziel der Ethik ist, wie Aristoteles sagt, nicht einfach eine bessere Einsicht (oder eine Theorie), sondern eine im moralischen (und nicht etwa nur technischen) Sinne bessere Praxis. Hierzu bedarf es aber einer Ethik, die eine praktische Theorie ist: Die Adressaten der Ethik sollen durch die Lektüre der philosophischen Ethik über die wirklich wichtigen Ziele ihres Lebens, nämlich das wahrhafte Glück, das die Menschen in ihrem Handeln erreichen können, und die dafür angemessenen Haltungen und Einstellungen philosophisch aufgeklärt werden. So sollen sie ihr eigenes Lebensziel besser erreichen, genauso wie die Bogenschützen, die ihre Ziele dann besser treffen, wenn sie sie tatsächlich sehen können (Nikomachische Ethik I 1, 1094a 22–24). Damit beschreibt Aristoteles nicht nur das Ziel oder die Absicht, die er mit der Abfassung einer Ethik verbindet, sondern auch das Programm einer praktischen Theorie. Sie nimmt auf das Handeln des Menschen, das jeweils unter konkreten, singulären Umständen stattfindet, Bezug, um auf diese Weise bestimmte Konstanten und Regelmäßigkeiten herauszuarbeiten, die für das Gelingen des moralischen Handelns erforderlich sind. Dies geht aber nicht ohne Erfahrung, die nur diejenigen Akteure, die im Handeln bereits klug geworden sind, würdigen können, auf dass sich diese praktische Theorie als ein Beitrag zur moralisch besseren Praxis auswirken kann.

Mit diesen Ausführungen bereits zu Beginn seiner Ethik reduziert Aristoteles seine Morallehre jedoch nicht auf eine Hermeneutik des Handelns oder eine Common-Sense-Theorie des moralisch Bewährten, die etwa nur dem Üblichen, Konventionellen oder gar Nützlichen das Wort redete, wie es manche konservativen (Neo-)Aristoteliker heute nahezulegen versuchen. Denn die Ethik des Aristoteles bemüht sich sehr wohl um den Aufweis eines, wenn auch eher schwachen, normativen Prinzips der Begründung des moralisch Richtigen. Die Richtigkeit einer moralischen Praxis kann nämlich nicht einfach nur aus ihrem Gelingen erwiesen werden, und so verhält sich die Ethik des Aristoteles auch durchaus kritisch gegenüber der Lebenspraxis seiner Zeitgenossen in Griechenland, wiewohl nur in moderatem Umfang. So kritisiert Aristoteles etwa die bei seinen Mitbürgern weitverbreitete Auffassung, dass das Glück des Lebens durch Lustgewinn, Erwerb von Reichtum oder Erringen von politischer Macht und gesellschaftlichem Ansehen erreicht werden könnte. Die hinter solchem Handeln stehenden Einstellungen sind für Aristoteles nicht ethisch zu rechtfertigen; sie sind nicht moralisch gut, da sie sich allesamt als ungeeignet erweisen, den Menschen ein tatsächlich geglücktes Leben zu ermöglichen, eine Kritik, die bis heute nichts von ihrer Aktualität verloren hat.

Ausgesprochen kritisch geht Aristoteles mit der Ethik

seines Lehrers *Platon* ins Gericht, insbesondere mit dessen Lehre vom Guten. Das Gute wird bei Platon in der theoretisch-spekulativen Form einer Idee vorgestellt. Aristoteles wirft nun seinem Lehrer vor, dass er die Moralphilosophie nicht angemessen von der Erkenntnisform der theoretisch verfahrenden reinen oder spekulativen Erkenntnis unterschieden hat. Aus diesem Grund verfehle er mit der spezifisch praktischen Verfassung auch die Handlungsperspektive der Teilnehmer.

Mit Aristoteles' Kritik an Platon sind zwei für die philosophische Ethik bis heute wegweisende Einsichten verbunden: erstens der Vorschlag des Aristoteles, die Ethik – auf der Grundlage einer Analyse der menschlichen Handlungen – ausgehend von den Erfahrungen der praktisch Handelnden zu entwerfen und möglichst unabhängig von theoretischen Annahmen über die Welt im Ganzen zu konzipieren. Das in der Gegenwart beispielsweise von *Günther Patzig* vertretene Konzept einer »Ethik ohne Metaphysik« hat insofern in Aristoteles einen seiner methodischen Vorläufer. Zweitens vertritt Aristoteles für die Resultate der Ethik einen, gemessen an den Exaktheitsidealen der theoretischen Wissenschaften (wie etwa der Mathematik), weniger »exakten« Erkenntnisanspruch. Er nennt ihre Erkenntnis ein »Typos- oder Umrisswissen« (Nikomachische Ethik I 1, 1094 a 25; 1094 b 24–26). Damit ist bei Aristoteles nicht gemeint, dass die Ethik nur zu vagen und letztlich unverbindlichen Wahrscheinlichkeitsaussagen kommt, sondern dass sie den Handelnden, also uns Menschen, nicht in allen denkbaren Details und in jeder Hinsicht sagen kann, was von uns in unserem konkreten, singulären Handeln jeweils verlangt ist. Hier müssen wir uns vielmehr stets selbst unter kontingenten Bedingungen und ohne letzte Gewissheit entscheiden. Doch gibt uns die Ethik gleichsam einen Kompass der Orientierung an die Hand. Damit spricht Aristoteles der Ethik methodisch gesehen nicht die Fähigkeit ab, uns wahre

Einsichten über das Handeln unter dem Aspekt der moralischen Richtigkeit zu vermitteln, wohl aber verweist er auf die mit Blick auf die Komplexität und Variabilität der menschlichen Handlungswelt unvermeidbare Allgemeinheit oder Abstraktheit der ethischen Einsicht. Diese ist aber dem spezifischen Erkenntnisgegenstand ethischer Erkenntnis, der Suche nach dem Konzept oder nach Kriterien moralischer Richtigkeit, durchaus angemessen. Auch diese Einsicht des Aristoteles ist für die Beurteilung der Leistungsfähigkeit der philosophischen Ethik von grundlegender Bedeutung.

Aristoteles' Ethik setzt also mit einer Analyse der Struktur des menschlichen Handelns an, die bis heute (etwa in den Debatten der analytischen Philosophie im Anschluss an *Elizabeth Anscombe*) vorbildlich ist und philosophisch Zuspruch findet. In seinen Analysen geht Aristoteles davon aus, dass allem menschlichen Tun die Struktur eines Strebens (griech.: orexis) nach einem Ziel (griech.: telos) eigentümlich ist. Das von der Ethik mit Blick auf das menschliche Handeln gesuchte »Gute« (griech.: agathon) definiert Aristoteles infolgedessen formal als das Ziel oder das »Worum-willen« des Handelns. Mit der Zielstruktur allen Handelns verbindet er die weitergehende naturphilosophische Annahme, dass alles Lebendige nach artspezifischen Zielen strebt. So untersucht er, was das dem Menschen eigentümliche Streben ist, das sich in seinem Handeln zeigt. Offensichtlich kommen hier Erwägungen zum Tragen, die ihren Ort in der Biologie oder der Anthropologie haben und von Aristoteles bis in die Metaphysik hinein weiterverfolgt werden.

Von praktischer Bedeutung ist dabei eine Einsicht, die Aristoteles auch an anderen Stellen seines Werks (zum Beispiel in seiner »Politik«) vertieft, dass nämlich der Mensch ein mit Sprache und Vernunft, mit sinnlicher Wahrnehmung und mit der Fähigkeit zu Erinnerung und Reflexion ausgestattetes Lebewesen ist, dessen Hand-

lungsziele seinen natürlichen Anlagen entsprechen. Für
das Handeln des Menschen sind neben der sinnlichen
Wahrnehmung seine Befähigung zum Erfahrungswissen
sowie seine Vernunft grundlegend, aufgrund deren der
Mensch in seinem Handeln nicht nur technisch-instru-
mentell die richtigen, nämlich zielführenden Mittel wählen kann, sondern auch die Fähigkeit besitzt, zwischen
unterschiedlichen Zielen auszuwählen. Daher spricht
Aristoteles auch von der für das menschliche Handeln typischen Vorzugswahl (griech.: prohairesis), die aber nicht
mit einem Konzept von Willensfreiheit verwechselt werden darf. Für das hier vorausgesetzte Erfahrungswissen ist
die Art von Wissen typisch, die wir in unserem Alltags-
handeln antreffen. Es handelt sich dabei nicht um ein
künstlich erzeugtes Experimentalwissen, das etwa den
technisch geprägten Erfahrungsbegriff der Neuzeit und
Moderne kennzeichnet. Vielmehr vertritt Aristoteles die
Position einer am Handeln selbst bereits aufweisbaren
Entscheidungs- und Handlungsfreiheit, die die Grundlage
und Voraussetzung dafür bilden, dass die philosophische
Ethik überhaupt sinnvollerweise die mit einem normativen Interesse verbundene Frage nach dem richtigen Handeln stellen kann.

Für seine Antwort auf diese Frage wird eine weitere
Unterscheidung relevant, die er auch im Rahmen seiner
Handlungsanalyse einführt: nämlich die Unterscheidung
zwischen einem Handeln, dessen Ziel (telos) wie ein Resultat gleichsam außerhalb oder jenseits des Handelns
liegt, und einem Tun, das sein Ziel schon im Vollzug dieses Handelns erreicht. Im ersten Fall haben wir es Aristoteles zufolge mit einer Tätigkeit zu tun, die in einem
handwerklichen oder technischen Sinne etwas herstellt
oder macht, wofür er den griechischen Ausdruck »Poiesis« verwendet. Im zweiten Fall haben wir es mit dem
Typ eines Handelns im umfassenden Sinn des Wortes
»Praxis« zu tun, in dem der Mensch sich als Mensch mit

seinen ihm eigentümlichen Anlagen verwirklicht und im erfolgreichen Vollzug dieser Selbstverwirklichung auch weiter entfaltet oder vervollkommnet. Man kann also sagen, dass das Konzept der Praxis bei Aristoteles der weitere Begriff des Handelns ist, der das Konzept der Poiesis umgreift. Moralisches Handeln ist ihm zufolge Ausdruck dieses weiteren Konzepts der Praxis und nicht mit dem engeren Begriff der Poiesis, dem technisch-instrumentellen Handeln, zu verwechseln. Das Ziel der moralischen Praxis des Menschen liegt nicht in einem weiteren Zweck, sondern im guten Handeln selbst, im Gelingen dieser Praxis der Selbstverwirklichung. Aristoteles spricht hier von der »Eupraxia«, dem »guten Handeln« als dem durch das Handeln des Menschen alleine verwirklichten Guten, dem »guten Leben« (griech.: eu zen) oder dem »geglückten Leben«, der »Eudaimonia« (griech.: eudaimonia).

Diese Begriffe verwendet Aristoteles für seine ethische Bestimmung des Guten in einem Sinn, der das Handeln moralisch positiv *bewertet*. Dem Moralischen kommt bei Aristoteles somit auch ein *schwacher normativer* Grundzug zu. Soll, wie gezeigt wurde, das Gute formal als Ziel von Handeln im Sinne der Praxis bestimmt werden, dann kann das von der philosophischen Ethik gesuchte moralische Gute nichts anderes sein als dasjenige umfassende Ziel allen Handelns, das im Handeln eines Menschen während seines gesamten Lebens als Selbstverwirklichung und als Selbstzweck, als das Gelingen dieses Lebens selbst erstrebt wird. Gelingt es aber dem Menschen tatsächlich, sein gesamtes Leben so zu führen, dass er es auf diese Praxis der Selbstverwirklichung hin gestaltet, dann realisiert er sein Leben als »Eupraxia« und führt ein geglücktes Leben, die »Eudaimonia«.

Das ist die ethische Bestimmung des Guten im Sinne des Kriteriums für die Qualifizierung eines Handelns als moralisch richtig. Wenn zutrifft, dass das Gute, wie Aristoteles behauptet, formal als das Ziel von Handeln be-

stimmt werden muss, dann folgt daraus, dass das von der
Ethik gesuchte moralische Gute nicht anders definiert
werden kann als das Ziel allen Handelns, als der inklusive
Zweck aller Handlungszwecke. Und dieses Ziel erreicht
der Mensch nicht auf die Weise, dass er schließlich einen
Zustand erreicht, in dem er die moralische Praxis einstellen kann. Das Ziel verlangt vielmehr die Beständigkeit eines aktiv gelebten Lebens, einer »vita activa« (Hannah
Arendt), bedarf der Praxis eines fortgesetzten Handelns;
denn es besteht Aristoteles zufolge gerade in demjenigen
Handeln, in dem der Mensch nichts anderes als sich selbst
im Ganzen eines Lebens verwirklicht. Gelingt ihm dies
tatsächlich, dann führt er sein Leben insgesamt als ein gutes Leben, als Eupraxia, im Sinne eines geglückten Lebens, als Eudaimonia. Dabei wird deutlich, dass andere
Handlungsziele von vornherein nicht geeignet sind, als
moralisch wertvoll und ethisch gut qualifiziert zu werden.
So sind Lebensentwürfe, in denen es dem Handelnden in
letzter Instanz um nichts anderes als um Reichtum und
Macht, Ehre oder Lust geht, zum Scheitern verurteilt;
denn die Akkumulation von Geld, der Erwerb politischer
Macht, die Vermehrung von Ehre oder das Empfinden
von körperlicher Lust sind keine Handlungsziele, die so
verfasst sind, dass sie um ihrer selbst willen dauerhaft erstrebt und erworben werden könnten. Daher eignen sie
sich auch nicht als finale Zwecksetzung des eigenen Lebensentwurfs: Ihnen fehlt die moralische Qualität, um zur
gelungenen Selbsterhaltung oder Autarkie des Menschen
beizutragen. Festzuhalten ist also, dass sie Aristoteles zufolge weder ein geglücktes Leben im Ganzen ermöglichen
noch als Kandidaten für die Erfüllung des gesuchten Kriteriums eines im schwachen Sinn normativ Richtigen
überhaupt in Frage kommen. Auch wenn man der philosophischen Ethik des Aristoteles zugestehen kann, dass
sie gute Argumente hat, weshalb sich diese Ziele nicht zur
Bestimmung des Guten als des umfassenden Lebens-

zwecks eignen, so bleibt umgekehrt die Antwort auf die Frage, worin das Glück des Menschen besteht, ihrerseits doch reichlich vage und erscheint zirkulär; denn Aristoteles sagt, dass das moralisch Gute des Menschen in seiner Eupraxia, also in dem guten und geglückten Leben, besteht.

Erst mit seiner Lehre von den Tugenden ist Aristoteles in der Lage, die unübersehbare Unbestimmtheit seiner Ausführungen über das gute Leben als das umfassende Ziel des menschlichen Handelns näher zu qualifizieren: Die ethischen Tugenden ermöglichen es Aristoteles, seine Vorstellung vom moralisch richtigen Handeln inhaltlich genauer zu bestimmen. Er spricht dabei von den ethischen Tugenden, in Abgrenzung von den Tugenden des Körpers oder den Verstandestugenden, als den Charaktertugenden, ohne die wir nicht in der Lage sind, moralisch richtig zu handeln. Dabei definiert er die Tugenden des Charakters allgemein nicht als natürliche Anlagen, sondern als erworbene Verfassungen oder Dispositive des Menschen, die ihn dazu befähigen, entsprechend zu handeln. Die ethischen Tugenden wie »Besonnenheit« und »Maß«, »Tapferkeit« und »Gerechtigkeit« (vgl. Nikomachische Ethik II–V, 1103 a 14–1138 b 15) sind durch Übung, Nachahmung und Einsicht erworbene Handlungsdispositionen, die unseren jeweiligen Charakter prägen und die sich – gemeinsam mit der Verstandestugend der Klugheit (griech.: phronesis) – dazu eignen, das rechte Handeln, die Wahl der richtigen Handlungsziele im gegebenen Einzelfall und die zu diesen Zielen führenden Mittel und Wege näher abzuwägen (vgl. Nikomachische Ethik VI, 1138 b 16–1144 a 10). Die Tugenden sind daher zusammen mit der Klugheit und der praktischen Vernunft ihrerseits nicht nur Handlungsdispositionen, sondern zugleich auch Quellen der Einsicht in die Moralität des Handelns.

Entsprechend nehmen die Ausführungen über die ethischen Tugenden auch quantitativ betrachtet den größten

Anteil der Überlegungen in der *Nikomachischen Ethik* ein. Sie bilden den materialen Kern von Aristoteles' Moralphilosophie und gestatten es, den Bezug seiner normativen Rede vom »Guten« als dem »geglückten Leben« auf das moralische Handeln herzustellen und auf diesem Weg zu konkretisieren, was das moralisch Gute auszeichnet. Doch wird mit Blick auch auf diese inhaltliche Konkretisierung seiner Ethik eine für Aristoteles' Ethik insgesamt typische Zirkularität der Argumentation deutlich, die seiner Ethik mit gutem Grund den Vorwurf der Konventionalität eingebracht hat; denn Aristoteles kann nicht angeben, worin denn das Kriterium des Guten im Sinn des moralisch ausgezeichneten Richtigen nun besteht, ohne dabei stets auf konkrete Exemplare und gelungene Beispiele des guten Menschen zu verweisen. Für ihn ist ein moralisch guter Mensch kein anderer als derjenige, der die moralischen Tugenden besitzt. So entscheidet in letzter Instanz der Tugendbesitz über die Frage des Guten als dem gesuchten ethischen Kriterium des moralisch Richtigen, und dieses moralisch Richtige zeigt sich ausschließlich in der Weise, in der jemand sein Handeln bestimmt und sein Leben lebt.

In seiner Lehre von den ethischen Tugenden folgt Aristoteles weitgehend den Auffassungen seiner Zeit und favorisiert so das Lebensideal der Autarkie für die Besten (griech.: aristoi) in seiner Gesellschaft, das heißt der herrschenden Aristokratie im Athen des 5. Jahrhunderts v. Chr. Die philosophische Kritik am Modell der aristotelischen Tugendethik setzt daher zu Recht an vier Stellen an, die bis heute in der Debatte der Ethik eine zentrale Rolle spielen: Diese sind (1) das *Problem der Zirkularität* in der Begründung und Explikation des Guten im Sinne des gesuchten Kriteriums für moralische Richtigkeit, (2) die *Abhängigkeit der Tugendlehre von den Wertpräferenzen der Gesellschaft* (die im Falle der aristokratischen Gesellschaft zu Zeiten Aristoteles' weit entfernt ist von einer auf Freiheit und

Gleichheit aller Menschen gegründeten, normativen Konzeption von Gerechtigkeit), (3) das *Verfehlen des ethischen Anspruchs auf Universalität oder Allgemeinheit* der Prinzipien des moralisch Richtigen sowie (4) das *Fehlen der normativen Idee von moralischer Verpflichtung.*

4 Die Tugendethik des Aristoteles

In seiner Ethik kritisiert Aristoteles sowohl die Moraltheorie seines Lehrers Platon als auch die Moral seiner Zeitgenossen: Gegenüber Platon vertritt Aristoteles eine Ethik als eine »praktische Theorie«, die vom Handeln der Menschen ausgeht und ein Wissen sucht, das das menschliche Handeln in einem schwachen normativen Sinn »besser« macht. Als praktische Theorie erreicht die Ethik kein notwendiges Wissen, wohl aber ein Typos- oder Umrisswissen, das der Vielfalt und Variabilität der Handlungswirklichkeit gerecht zu werden versucht.

Alles Lebendige strebt Aristoteles zufolge nach seinen artspezifischen Zielen. Das Handeln des Menschen erweist sich als ein Spezialfall des teleologischen, also auf ein Ziel ausgerichteten Strebens, da die Handelnden um das Ziel ihres Handelns wissen und sowohl ihre Ziele als auch die zu ihnen führenden Mittel auswählen können. »Poietisches Handeln« (nach griech.: poiesis, schaffend) ist für Aristoteles dadurch bestimmt, dass sein Ziel außerhalb des Handlungsvollzugs liegt, während »praktisches Handeln« im engeren Sinn sein Ziel innerhalb des Handlungsvollzugs zu erreichen sucht. Als das umfassendste Ziel allen menschlichen Handelns bestimmt Aristoteles die im moralischen Sinn »gute Praxis«, die »Eupraxia«, oder das »geglückte Leben«, die »Eudaimonia«.

Die gute Praxis und das geglückte Leben werden bei Aristoteles deshalb als moralisch qualifiziert, weil der Mensch sich in einem so geführten Leben als Mensch verwirklicht. Dabei geht es sowohl um die moralische Vervollkommnung des Menschen als auch um das Ideal der »Autarkie« (wörtl.: Selbsterhaltung, Selbstbeherrschung). Hierzu verhelfen ihm im Handeln die »Tugenden«, allen voran die Verstandestugend der Klugheit und die Tugenden des Charakters, die sogenannten ethischen Tugenden. Worin das moralisch Gute eines guten Lebens besteht, wird exemplarisch sichtbar am Leben des guten, tugendhaften Menschen.

Die Argumentation im ethischen Modell des Aristoteles weist allerdings signifikante Schwächen auf, die in der Geschichte der Ethik immer wieder systematisch diskutiert wurden. Zu ihnen zählen (1) das Problem einer unübersehbaren *Zirkularität* in der Begründung und Explikation des moralischen Guten, (2) die signifikante *Abhängigkeit* seiner Lehre von der praktischen Vernunft und vom Besitz der Tugenden von den *Wertpräferenzen* der Gesellschaft seiner Zeit, (3) das Problem, dass seine Ethik keinen Anspruch auf *Universalität* oder *Allgemeinheit* des moralisch Richtigen begründet, sowie (4) der Umstand, dass ihr die Idee einer normativen moralischen *Verpflichtung* fehlt.

2.2. Der utilitaristische Konsequentialismus

Die vielfältigen Ansätze, die eine Spielart des ethischen Utilitarismus vertreten, stehen alle in einem kritischen Verhältnis zu den überlieferten Vorstellungen von Moral und Ethik; einige Ansätze verstehen ihren Beitrag zur

Ethik als einen bewussten Bruch mit der konventionellen Moral. So ist auch die Differenz zu dem hier als erstes diskutierten ethischen Modell der Tugendethik, wie es bei Aristoteles ausgearbeitet wurde, unübersehbar. Statt nach Kriterien des moralisch Guten für eine in sich selbst als wertvoll erfahrene Lebenspraxis und nach Tugenden, die diese Praxis ermöglichen, sucht die utilitaristische Ethik ein rational bestimmtes, universelle Geltung beanspruchendes und in einem engen Sinne zugleich auch verpflichtendes Kriterium für eine eindeutige Bestimmung des moralisch Richtigen. Dieses im eigentlichen Wortsinn normativ gehaltvolle und – seinem Anspruch nach – für jedermann akzeptable Kriterium ist aber nicht, wie im Fall des dritten Modells, nämlich dem Konzept einer deontologischen Pflichtenethik bei Kant (vgl. 2.3.), in einem ersten praktischen Prinzip der Vernunft zu finden. Es soll vielmehr anhand der Folgen bestimmt werden, die sich aus unserem Handeln ergeben. Dabei muss unter ethischen Gesichtspunkten zwischen den *beabsichtigten* und den *vorhersehbaren Folgen* unterschieden werden, wobei Letztere aus *prospektiver* (vorausblickender) Sicht des Handelnden oder *retrospektiv* (zurückschauend) mit Blick auf die tatsächlich eingetretenen Folgen betrachtet werden können. Eine grundsätzliche Schwierigkeit indiziert die weitere Differenzierung der näheren und weiteren Handlungsfolgen. Letztere können dabei im Prinzip nicht eingegrenzt werden.

Aufgrund dieser Fokussierung auf die Frage der Handlungsfolgen zählt die utilitaristische Ethik auch zum »ethischen Konsequentialismus«. Mit diesem Begriff werden generell die Ethiken bezeichnet, die das Kriterium des moralisch Richtigen aus einer Würdigung der *Folgen* des Handelns beziehen und nicht aus den Voraussetzungen oder den Einstellungen, die gewissermaßen »in« den Handelnden selbst liegen. »Utilitaristisch« heißt diese Ethik deshalb, weil sie sich dabei auf eine höchst spezifische Bewertung der Handlungsfolgen stützt, nämlich auf das *Nutzen- oder Utilitätsprinzip* (engl.: principle of utility), dem zufolge etwas als gut bezeichnet werden kann, was jemandem nützt oder was im gemeinsamen Interesse der von einer Handlung Betroffenen liegt. Dabei kann sich das »principle of utility« auf unterschiedliche Weise auf Handlungsfolgen beziehen: nämlich entweder auf ein maximales Glück im Sinne einer schlichten Lustakkumulation einzelner oder aber auf ein Konzept eines sogenannten Wohlergehens aller; beide Konzepte begegnen schon in der antiken Philosophie. Das Prinzip der Utilität selbst ist jedenfalls neutral gegenüber den genannten, im einzelnen höchst unterschiedlichen Weisen seiner Verwendung oder Auslegung.

Die klassische Position des ethischen Utilitarismus wurde, nach einschlägigen Vorarbeiten von *Jeremy Bentham* am Ende des 18. Jahrhunderts (er schrieb das Werk *Einführung in die Prinzipien von Moral und Gesetzgebung*, 1780/1789), von *John Stuart Mill* vorgelegt. 1863 erschien sein moralphilosophisches Werk, das der ethischen Richtung den Namen gab: *Utilitarismus*; ihm folgten wichtige Arbeiten von weiteren Autoren wie *Henry Sidgwicks* Buch *Die Methoden der Ethik* (1874).

In seiner Suche nach einem konsistenten, das heißt rational begründeten und daher allgemein überzeugenden Kriterium zur Bestimmung eines ethischen Prinzips für moralisch richtiges und uns zugleich verpflichtendes Handeln grenzt sich das Modell des Utilitarismus bei Mill von einem Nutzenprinzip ab, wie es uns in vielfältiger Form bereits in alltäglichen Bewertungen guten Handelns begegnet, unabhängig davon, ob wir es mit moralischem Handeln oder mit anderen Handlungsarten zu tun haben. Dem Prinzip zufolge ergibt sich der Wert einer Handlung aus dem Nutzen, den die Handlung stiftet, und nicht aus der Absicht, die jemand in seinem Handeln und mit seinem Handeln verfolgt. Das für viele unterschiedliche alltägliche

Handlungskontexte in der Tat passende und bewährte Utilitätsprinzip begegnet uns fraglos auch in spezifisch moralischen Handlungsbewertungen, so zum Beispiel wenn jemand die moralische Handlungsmaxime vertritt, dass der »Zweck die Mittel rechtfertigt«. Es kann sogar durchaus Handlungskontexte geben, in denen eine solche Maxime moralisch akzeptiert werden kann. Doch es ist eine andere Frage, die hier jetzt nicht weiter diskutiert werden soll, ob eine solche »moralische« Maxime ethisch verallgemeinert und für Handlungen und ihre Kontexte generell als moralisch korrekt und zutreffend bezeichnet werden kann.

Der ethische Utilitarismus jedenfalls ist in seinem Modell ethischer Argumentation weit von einer solchen Annahme entfernt. Zugeschrieben wird ihm eine solche Position, manchmal als polemische Karikatur, nur von seinen Gegnern. Doch kann nicht geleugnet werden, dass die hinter einer solchen Handlungsmaxime stehende Mentalität in der Alltagsmoral vieler Menschen sehr verbreitet ist, und es ist für das ethische Modell des Utilitarismus nicht immer leicht, sich in den konkreten Handlungskontexten angewandter ethischer Reflexionen vor solchen Trivialisierungen zu schützen. Manche Utilitaristen scheinen allerdings weniger interessiert daran zu sein, sich – anders als Mill – von einem schlichten ökonomischen Nutzenprinzip ethisch abzusetzen. Es ist jedoch die vorrangige Aufgabe der philosophischen Ethik, moralische Auffassungen wie diese zu überprüfen und gegebenenfalls mit guten Gründen zu kritisieren.

Von der Zustimmung zu einer solchen Fassung des Utilitätsprinzips als eines allgemeinen Prinzips der Moral ist das Modell des ethischen Utilitarismus von John Stuart Mill klar zu unterscheiden. So vertritt er die Auffassung, dass zur Begründung des ethischen Prinzips für moralisch richtiges Handeln vier Teilprinzipien in eine umfassende Argumentation integriert werden müssen. Hierzu gehört (1) das *Prinzip des Konsequentialismus*, also die moralphilosophische Annahme, dass Handlungen und Akteure von den Folgen ihres Tuns her moralisch beurteilt werden sollen. Darüber hinaus ist (2) das *Prinzip der Utilität oder des Nutzens* zu nennen, dem zufolge Handlungen, um moralisch als richtig bewertet werden zu können, in ihren Auswirkungen und Folgen einen präzise beschreibbaren Nutzen, zumindest aber einen rational zu erwartenden Vorteil im Vergleich zu anderen Handlungsoptionen vorweisen müssen. Dabei kann zwischen den vorhersehbaren und nicht vorhersehbaren, aber ethisch relevanten Folgen unterschieden werden. Dieser Nutzen soll sich (3) daran beurteilen lassen, in welchem Maß durch eine Handlung das *Glück gesteigert oder Unglück verhindert* wird, und das bedeutet für *Mill* – in der philosophischen Tradition des Hedonismus gesprochen –, in welchem Maß Freude oder Lust quantitativ und qualitativ gesteigert und dementsprechend Schmerz vermindert werden kann. Schließlich ist (4) für das ethische Prinzip des Utilitarismus ausschlaggebend, dass der objektive Zuwachs an Glück/Freude und die Abnahme von Unglück/Unlust nicht nur dem Handelnden selbst oder einigen wenigen zukommen; vielmehr gilt für ihn das *Prinzip eines allgemeinen Wohlergehens* (das sogenannte »Sozialprinzip«), das heißt, dass sich das Glück für alle von einer Handlung Betroffenen, zumindest aber für eine große Zahl, steigern lässt. Das Prinzip des allgemeinen Wohlergehens begegnet uns nicht selten auch in der Parole eines »größtmöglichen Glücks« für eine »größtmögliche Zahl«.

Es ist offensichtlich, dass die vier Teilprinzipien aufeinander aufbauen und jedes Prinzip einen weiteren, für das ethische Modell des Utilitarismus wichtigen Gesichtspunkt beiträgt. Man kann die vier Teilprinzipien, die alle zusammenkommen müssen, um im Resultat *ein* ethisches Prinzip der Beurteilung von Handlungen zu bilden, mit ihren vier Leitbegriffen so zusammenfassen: Die moralische Richtigkeit von Handlungen wird nach Maßgabe des allgemeinen *Prinzips des Konsequentialismus* durch das Zusammenspiel des *Prinzips der Utilität*, des *Prinzips des Hedonismus* (oder der Steigerung des »Glücks«) und des *Prinzips der allgemeinen Wohlfahrt* (oder des »*Sozialprinzips*«) bestimmt. Dabei soll die Prüfung der ethisch ausschlaggebenden Kriterien von einem Standpunkt der *Unparteilichkeit* erfolgen.

Kennzeichnend für das von Mill skizzierte und von den Vertretern des klassischen Utilitarismus vertretene ethische Modell ist die spezifische *Kombination* dieser unterschiedlichen Gesichtspunkte und sogar divergierender Aussagetypen zu *einer* ethischen Position. Damit ist nicht nur die Synthese der genannten vier ethischen Prinzipien zu *einem* komplexen ethischen Kriterium für die unparteiliche Überprüfung der moralischen Richtigkeit von Handlungen gemeint, sondern vor allem die Verbindung von Aussagen ganz unterschiedlichen Charakters. Dies indiziert die methodischen und sachlichen Probleme des ethischen Modells: Bei Mill werden moralphilosophische Prämissen wie die Konzentration allein auf die Handlungsfolgen mit anthropologischen Annahmen über die menschliche Natur und sogenannte natürliche Interessen, die Mills Annahme zufolge de facto alle Menschen besitzen, mit moralischen Werturteilen über höherwertige und mindere Zwecke des Handelns kombiniert. Diese ethischen und anthropologischen Prämissen werden weiterhin mit normativen Aussagen zusammengeschlossen, die die Steigerung von Lust bzw. die Verminderung von Schmerzen für alle von einer Handlung unmittelbar sowie auch vermittelt Betroffenen fordern. Diese Verbindung wird mit empirisch-deskriptiven Tatsachenerwartungen unterlegt. Erst aus dieser Kombination von Folgeabschätzungen und Evaluationen resultiert die von Mill für sein Modell des utilitaristischen Konsequentialismus beanspruchte Vernünftigkeit oder allgemeine Plausibilität. Genau besehen werden bei Mill von ihm nicht weiter hinterfragte Common-Sense-Aussagen mit der Feststellung natürlicher Interessen und mit normativen Vorgaben so verknüpft, dass daraus Handlungsimperative abgeleitet werden, die mit der Aufstellung von vermeintlich objektiven Kriterien einer Überprüfung von Nutzenannahmen Hand in Hand gehen.

Genau diese »Gemengelage« macht den ethischen Utilitarismus bis heute für viele zu einem attraktiven Modell, zumal dieser Ansatz dabei mit manchen Prämissen bricht, die in der überlieferten Tradition der Ethik anerkannt waren. Doch es ist andererseits auch ebendiese Kombinatorik, die dem Modell des ethischen Utilitarismus nicht unerhebliche Konsistenz- und Begründungsprobleme einhandelt. Diese sind auch ein Grund dafür, weshalb das Modell in der philosophischen Diskussion neben Zustimmung auf Kritik und Ablehnung, aber auch auf eine Weiterentwicklung stößt.

Für die Diskussion dieses ethischen Modells sollen hier vier Gesichtspunkte einer möglichen Kritik genannt werden:

(1) Die Ausgangsthesen des Utilitarismus sind in erheblichem Umfang begründungsbedürftig, insbesondere die These, dass aus der Einschätzung der *Nützlichkeit* einer Handlung bereits ein normativer Anspruch auf *Verpflichtung* im Handeln abgeleitet werden kann. Das Utilitätsprinzip scheint für eine Ableitung normativer Verpflichtungen ebenso wenig geeignet zu sein wie der Hinweis auf die allgemeinen Interessen oder das faktische Streben der Menschen nach Glück. Aus Annahmen über die Realität lassen sich nämlich keine normativen Einsichten gewinnen, ohne dabei gegen das logische Verbot einer Ableitung normativer Aussagen aus deskriptiven Tatsachenbeschreibungen zu verstoßen.

(2) Nicht nachvollziehbar ist insbesondere der Vorschlag, wie es möglich sein soll, dass Schmerz und

Freude, Trauer und Lust – also sowohl »positive Empfindungen« als auch »negative Empfindungen«, die Menschen *qualitativ* jeweils anders und stets individuell erleben und daher auch qualitativ unterschiedlich bewerten – in ein *quantitatives* Kalkül überführt werden, um sie mit den Empfindungen anderer Menschen glücksökonomisch abzugleichen. Dieser Vorschlag erscheint zumindest prozedural fragwürdig und rational nicht konsistent.

(3) In der Argumentation von Mill bleibt unklar, wie das Verhältnis der vermeintlich *objektiven Interessen* der Menschen zu den *tatsächlich artikulierten* Interessen der Individuen gedacht werden soll. Mills ethische Abwägung arbeitet hier mit vagen Vermutungen oder bestenfalls statistischen Wahrscheinlichkeitsannahmen. Doch sie berücksichtigt keineswegs die Interessen, die die Menschen selbst als Handelnde oder von Handlungen unmittelbar Betroffene durch ihre eigene Wortmeldung artikulieren. Bei Mill schlägt hier eine Form des *methodischen Objektivismus* aus den Sozialwissenschaften durch, der die moralphilosophische Perspektive der einzelnen Teilnehmer unberücksichtigt lässt.

(4) Mit diesem Problem ist ein weiteres verbunden, das eng mit der Frage nach der *Gerechtigkeit* verknüpft ist. Aus den Prämissen des ethischen Modells des Utilitarismus wird nicht ersichtlich, weshalb einem jeden Menschen unaufgebbare Menschenrechte und eine *moralische Würde* zugesprochen werden sollen, und zwar unabhängig von den Folgen seines Tuns. Die Relevanz dieses Gesichtspunkts zeigt sich bei einem Vergleich des utilitaristischen Modells mit dem ethischen Modell von Kant. Dieser begründet aus der Idee des Selbstzwecks eines jeden Menschen nicht nur dessen Würde, sondern auch das kategorische moralische Verbot, Menschen nur

als Mittel zu benutzen. So sind sie bei Kant auch nicht bloße Mittel für ein »allgemeines Wohlergehen«. Auf diesen Gedanken stützt Kant rechtsphilosophisch die weitere bedeutsame Einsicht in die Freiheit des Menschen als angeborenes Menschenrecht eines jeden Menschen (vgl. 2.3.).

Die hier im Vorgriff auf Kant ins Spiel gebrachten Postulate einer unverfügbaren Menschenwürde und eines angeborenen Menschenrechts auf Freiheit erscheinen als tragfähige ethische Kriterien, um die Frage nach dem moralisch Richtigen, ja grundlegenden ethischen Gesichtspunkt im Hinblick auf unser Handeln zu beantworten. Das Modell des utilitaristischen Konsequentialismus hat für sie, wie es scheint, aus den hier genannten Gründen keinen überzeugenden Ort: Jedenfalls ergeben sich diese Postulate nicht aus den Prämissen des utilitaristischen Modells.

Auf diese und weitere Problemlagen haben die späteren Vertreter des ethischen Utilitarismus mit weiteren Differenzierungen innerhalb des ethischen Modells reagiert, zumal in der zeitgenössischen Philosophie. Da eine komplexe Debattenlage vorliegt, die in dieser Einführung nicht detailliert behandelt werden kann, sei hier nur auf zwei maßgebliche Strömungen hingewiesen. So vertritt der sogenannte *Handlungs-* oder *Aktutilitarismus* (vertreten zum Beispiel von John J. C. Smart) die Auffassung, dass jede singuläre Einzelhandlung ausgehend von einer Analyse und Bewertung ihrer Folgen für die Betroffenen ethisch beurteilt werden muss. Abgesehen von der Frage, inwiefern hier nicht die bereits genannten Problemlagen wiederkehren, ist zu klären, ob sich aus einer solchen Position nicht weitere Folgeprobleme ergeben, die die ethische Plausibilität des genannten Kriteriums insgesamt in Frage stellen. So könnte jemand, der diesem ethischen

Kriterium zustimmt, das hier vertretene Moralprinzip beispielsweise so auslegen, dass es als gerechtfertigt erscheinen könnte, einem einzelnen Menschen, unabhängig davon, ob er gesund oder krank ist, auch gegen seinen Willen einige gut funktionierende Organe zu entnehmen, um
sie dann erfolgreich möglichst vielen anderen Menschen
zu transplantieren, die nur mit einer solchen Organtrans-
plantation ihren berechtigten Wunsch realisieren können,
ihr Leben fortzusetzen. Doch eine solche Argumentation
ist gewiss moralisch abwegig und enttarnt das hinter ihr
stehende ethische Prinzip, das eine solche Schlussfolgerung als möglich erscheinen lässt. Offensichtlich ist das
hier in Anschlag gebrachte Prinzip nicht in der Lage, den
moralischen Grundsatz ethisch zu begründen, dass kein
Mensch zu irgendeinem Zeitpunkt seines Lebens für das
Glücks- oder Lebensinteresse anderer Menschen instru-
mentalisiert werden darf. Die Anwendung eines rein
quantitativen Nutzenkalküls, wie im genannten Beispiel,
erscheint bei der ethischen Frage nach dem Kriterium der
moralischen Richtigkeit geradezu absurd.

Aus diesem Grund ist die Position des Handlungsutilitarismus auch innerhalb des utilitaristischen Ethikmodells
scharf kritisiert worden. Gegen den Handlungsutilitarismus hat sich der sogenannte *Regelutilitarismus* zu Wort
gemeldet (vertreten etwa von *Richard B. Brandt*). Dessen
Pointe besteht in der ethischen Annahme, dass in der moralischen Betrachtung einer Handlung nicht die Frage entscheidend ist, ob und, wenn ja, »wie viel« Glück aus einer
Einzelhandlung resultiert, sondern ob ein allgemeines
Wohlergehen aus bestimmten Handlungsregeln folgt. Es
ist leicht einzusehen, dass bei dieser Variante keine einfache Nutzenabwägung im Sinne des oben diskutierten
quantitativen Kalküls mehr vorgesehen ist. Vielmehr muss
im Sinne des Regelutilitarismus zuerst einmal geprüft werden, ob eine bestimmte Einzelhandlung denn überhaupt
einer zuvor aufgestellten Handlungsregel entspricht, und

wenn ja, im Hinblick auf welche Erfüllungsbedingungen dieser Regel. Erst wenn diese Fragen geklärt sind, sollen die für den ethischen Konsequentialismus typischen Folgenabschätzungen einsetzen.

Die Position eines Regelutilitarismus besitzt ohne Frage deutliche Vorzüge gegenüber dem Handlungs- oder Aktutilitarismus und lässt im Vergleich zu diesem wichtige Differenzierungen zu. Doch trotz dieser relativen Vorzüge bleiben nach wie vor die Gründe ethisch intransparent, weshalb wir den auf diesem Weg geprüften Regeln in unserem Handeln normativ verbindlich folgen sollten. Analoge Probleme lassen sich auch gegenüber neueren Varianten eines ethischen *Präferenzutilitarismus* (vertreten beispielsweise von *Peter Singer*; vgl. 4.3.) geltend machen: Der Schritt von einer Analyse der erwartbaren Kosten-Nutzen-Relation zu dem normativen Postulat erlaubter und nicht erlaubter, normativ gebotener oder verbotener Handlungen bzw. Handlungsregeln erfolgt hier auch ohne die Angabe hinreichend überzeugender Gründe.

Dieses Bedenken hat jedenfalls *John Rawls* zu seinem Postulat des praktischen Handlungsprinzips der *Gerechtigkeit als Fairness* veranlasst, das sich in zentralen Punkten ausdrücklich gegen den utilitaristischen Konsequentialismus wendet. Rawls geht dabei in seiner Argumentation von der Einsicht aus, dass der Gesichtspunkt des Nutzens, auch der eines kalkulierten Gesamtnutzens für eine bestimmte Population, wenn er denn überhaupt rational berechnet und für jeden zukünftigen Betroffenen abgeschätzt werden kann, selbst noch kein hinreichendes Kriterium dafür ist, einzelne Handlungen, Handlungsregeln oder auch Handlungsinstitutionen entweder für moralisch gut, geboten und richtig oder für falsch und ungerecht zu erklären. So bestimmt er die Freiheit eines jeden Menschen als ein erstes Prinzip, das vor jeder Nutzenabwägung, ja auch vor der Frage nach einem sozialen Ausgleich in der Gesellschaft einen prinzipiellen Vorrang haben soll.

5 Der utilitaristische Konsequentialismus

Das streng normativ orientierte Modell der Ethikbegründung von John Stuart Mill verbindet vier Prinzipien miteinander: (1) das allgemeine Prinzip des Konsequentialismus, (2) das Prinzip der Utilität, (3) das
Prinzip des Hedonismus und (4) das Sozialprinzip;
dabei soll die ethische Prüfung der Handlungen auf
ihre »Moralität« (oder »moralische Richtigkeit«) nach
dem strengen Maßstab der Unparteilichkeit erfolgen.
Die ethische Argumentation im Modell des utilitaristischen Konsequentialismus weist eine Reihe grundlegender Probleme auf. Sie haben, zumindest bei Mill,
methodisch auch mit denjenigen Schwierigkeiten zu
tun, die aus der Integration der vier genannten Teilprinzipien in ein ethisches Prinzip resultieren. Andererseits
bleibt positiv festzuhalten, dass der Utilitarismus ein
strenges Kriterium der Rationalität und Unparteilichkeit vertritt. Dies ändert aber nichts an folgenden vier
Problemlagen, die ethisch nicht gelöst erscheinen: (1)
Das Problem einer nicht zureichenden Begründung des
Utilitätsprinzips ist darauf zurückzuführen, dass aus
Nutzenerwägungen keine normativen Verpflichtungen
ableitbar sind. (2) Ein weiteres Problem resultiert aus
dem quantitativen Vergleich qualitativer Erfahrungen
von Handlungssubjekten – es ist nicht ersichtlich, auf
welchem Weg es möglich sein soll, höchst persönliche
Erfahrungen und stets qualitativ bestimmte Empfindungen wie Freude, Glückserfahrungen oder Schmerz
quantitativ zu messen und intersubjektiv abzugleichen.
(3) Zudem stellt sich das Problem, dass das ethische
Modell des Utilitarismus aus einer Abwägung der »Interessen aller Menschen« zu normativen Schlussfolge-
rungen kommt, ohne dass klar wird, wie die konkreten
Interessen eines jeden einzelnen Individuums Berück-

sichtigung finden. Und schließlich besteht (4) das unge-
löste Problem der Gerechtigkeit darin, dass aus den
Prämissen des ethischen Modells des Utilitarismus
nicht begründet wird, weshalb der einzelne Mensch
überhaupt als moralisches Subjekt von Freiheit, Unver-
fügbarkeit und Würde (im Sinne von Selbstzwecklichkeit) gedacht werden soll.

Die modernen Weiterentwicklungen des ethischen
Modells des Utilitarismus haben zu neuen Vorschlägen geführt, nämlich zum Handlungs- oder Aktuti-
tarismus, zum Regelutilitarismus und zum Präferenz-
utilitarismus. Der Handlungsutilitarismus wird we-
gen seiner moralphilosophisch nicht überzeugenden
Verknüpfung des Nützlichkeitsprinzips mit einer jeden Einzelhandlung von Vertretern des Regelutilitarismus kritisiert; diese schlagen vor, dass die Nütz-
lichkeitsprüfung nicht auf singuläre Akte, sondern
auf Arten und Regeln von Handlungen bezogen
wird. Doch auch beim Regelutilitarismus wie beim
Präferenzutilitarismus bleibt ungeklärt, woraus der
Anspruch auf moralische Geltung im Handeln argumentativ abgeleitet werden soll.

2.3. Die deontologische Pflichtenethik Kants

Immanuel Kants Beitrag zur Begründung eines Ethikmodells – er selbst spricht in der Terminologie der Philosophie des 18. Jahrhunderts von einer »Metaphysik der Sitten« – wird in der Philosophie unter dem auch hier gewählten programmatischen Titel einer »deontologischen (oder
deontischen) Pflichtenethik« vorgestellt. Was aber ist mit
diesem Begriff gemeint? Die Adjektive »deontologisch«
und »deontisch« sind aus dem Griechischen abgeleitet und

bezeichnen, im Rückgriff auf eine unpersönlich gebrauchte
Verbform (griech.: dei; deutsch: »man muss«, »man soll«,
»es ist nötig«), etwas »Verpflichtendes« oder »Gesolltes«.
Das Substantiv »to deon« steht also für eine praktische
Pflicht, sei es eine moralische, sei es eine rechtliche Pflicht,
und somit für das Erfordernis, etwas im eigenen Handeln
zu tun oder auch zu unterlassen. Das Wort »deontologisch« hat also sachlich nichts mit dem in der Philosophie
ebenfalls verwandten Adjektiv »ontologisch« zu tun, das
sich – parallel zum Begriff der »Ontologie«, das heißt der
philosophischen Lehre vom »Sein« oder dem »Seienden« –
auf »Seiendes« im Sinne des »Wirklichen« oder des »Realen« bezieht.

Mit dem Begriff einer deontologischen oder auch deontischen Pflichtenethik bei Kant soll also angezeigt werden,
dass dieser das ethische Kriterium für das moralisch Richtige (bei Kant »Moralität« oder »Sittlichkeit« genannt) im
Zusammenhang von besonderen moralischen Pflichten
bestimmt. Dabei sucht er nach einem ethischen Prinzip,
das rational allgemein begründbar ist und uns einen universell anwendbaren Maßstab für die Beurteilung von moralischer Richtigkeit an die Hand gibt, also nach einem
Prinzip, das selbst allgemein einsichtig ist und eine unbedingte Aufforderung enthält. Dieses rationale Prinzip
sucht und findet Kant in dem Vermögen, das er die praktische Vernunft nennt, die in uns allen wirkt: Sie erkennt
nicht nur das moralisch Gebotene, sondern gibt uns diese
Einsicht auch in Form eines »Gesetzes« für unser moralisches Handeln.

Damit ist die praktische Vernunft nicht nur als ein Erkenntnisvermögen auf dem Gebiet des Handelns ausgewiesen; sie ist auch als ein Vermögen der moralischen Gesetzgebung bestimmt. Da unsere Vernunft dabei niemand
anderem als uns selbst die Gesetzeseinsicht zum moralisch richtigen Handeln vorlegt, spricht Kant hier auch
vom Prinzip der »Autonomie«, also von der für die prak-

tische Vernunft grundlegenden moralischen »Selbstgesetzgebung«.

Von diesem ersten Prinzip der moralischen Einsicht
und Verpflichtung ist Kants kategorischer Imperativ zu
unterscheiden. Er folgt aber seinerseits aus dem Autonomieprinzip, ist mithin als ein Grundsatz aus diesem Prinzip abgeleitet. Und er gibt uns im Modell einer »unbedingten Handlungsaufforderung« einen Maßstab an die
Hand, mit dem wir im Einzelfall unseres Handelns prüfen
können, ob die subjektiven Maximen unseres Handlungs-
wollens genau dem entsprechen, was die praktische Vernunft in uns als moralisch »richtig« einsieht und darin zugleich uns als »zu tun« vorschreibt. Dabei ist es bedeutsam festzuhalten, dass Kant eine *Vielfalt* von Formeln für
den kategorischen Imperativ, also für den ethischen Über-
prüfungsmaßstab moralischer Richtigkeit, vorlegt, aber
nur *ein* oberstes Prinzip und *einen* letzten Grund für die
Moralität definiert, nämlich das genannte Prinzip der Autonomie der praktischen Vernunft.

Dieser Aufbau seiner Ethik unterscheidet das ethische
Modell von Kant deutlich von den anderen ethischen Modellen, die hier vorgestellt werden: Der Ansatz unterscheidet sich von Aristoteles' Modell, das darauf abzielt, den
normativen Vorrang des moralischen Guten aus der gelingenden Lebenspraxis des guten, weil tugendhaft handelnden Menschen abzuleiten (vgl. 2.1.). Vom Modell des utilitaristischen Konsequentialismus ist Kants Ethikkonzept
dadurch unterschieden, dass sich bei Kant die Frage nach
dem Kriterium für das moralisch Richtige nicht auf die
äußeren Handlungsfolgen und deren Nutzen für möglichst viele Betroffene bezieht (vgl. 2.2.), sondern auf die
sich im Inneren des Handelnden ereignende Bestimmung
seines »Willens« zum Handeln durch die »praktische Vernunft«. Mit Kant verbindet den Utilitarismus allerdings
dessen allgemeines ethisches Prinzip der Unparteilichkeit.
Allerdings geht Kant mit der Begründung der Forderung

nach Unparteilichkeit anders um. Dies verleiht seiner ethischen Forderung ein anderes Gewicht, denn sein ethisches Modell zielt auf die autonome, freie Einsicht des Menschen in die praktische Selbstverpflichtung, die die Form der Selbstgesetzgebung der Vernunft oder der Autonomie annimmt. So ist Kants ethisches Modell auch gegen die mögliche Verwechslung von moralischer Freiheit mit subjektiver Beliebigkeit abgegrenzt oder, um es mit Kants eigenen Worten zu sagen: Eine Verwechslung von »Wille« mit »Willkür« soll vermieden werden.

Der kantische Gedanke einer Verpflichtung zum Gehorsam gegenüber den Einsichten der praktischen Vernunft verbindet seine Ethik mit der philosophischen Schule der *Stoa*, die bereits in der antiken Philosophie Beiträge zu einer deontologischen Ethik unbedingter moralischer Pflichten ausgearbeitet hat. Das Motiv der in der Vernunft des Menschen selbst grundgelegten Einsicht in das moralisch Richtige wird in der Spätantike von *Augustinus* aufgenommen und vermittelt über die ethische Diskussion im Mittelalter (u.a. bei *Albert dem Großen*, *Thomas von Aquin* und *Johannes Duns Scotus*) in der Ethik Kants systematisch ausformuliert.

Doch muss hier auch darauf hingewiesen werden, dass Kants Beitrag zur Moralphilosophie nicht auf eine deontologische Grundlegung der Ethik reduziert werden darf, bei der konkrete Fragen des moralischen Handelns im jeweiligen Einzelfall außer Betracht bleiben. Andernfalls wäre ein Missverständnis schwer zu vermeiden, wie es uns etwa bei *Max Weber* begegnet, der Kant als einen reinen »Gesinnungsethiker« betrachtet, dem das Handeln selbst und die Übernahme von Verantwortung für die Resultate des Handelns als moralisch irrelevant erscheinen. Zu einer solchen Kantinterpretation, die bereits von den berühmten Kritikern Kants im 19. Jahrhundert befördert wurde (vor allem *Hegel* und *Schopenhauer*), muss gesagt werden, dass sie ein unzutreffendes Bild von Kant zeichnet. In der zeitgenössischen Ethik finden sich vielmehr interessante Vorschläge, die ethischen Modelle von *Kant* und *Aristoteles* stärker miteinander zu verknüpfen (etwa bei *Nancy Sherman, Onora O'Neill, Otfried Höffe* oder *Ludger Honnefelder*). Ein gegenüber früheren Engführungen erweitertes Bild des ethischen Modells von Kant lässt sich für uns heute auch dadurch gewinnen, dass wir uns nicht nur auf seine früheren Texte beziehen, in denen er das ethische Prinzip des Moralischen herausarbeitet (etwa in der *Grundlegung zur Metaphysik der Sitten*, 1785/6 und der *Kritik der praktischen Vernunft*, 1788), sondern auch das ausgearbeitete spätere Werk zur praktischen Philosophie (insbesondere *Die Metaphysik der Sitten*, 1797/8) hinzunehmen.

Die von Kant »praktisch« genannte Vernunft bezeichnet kein anderes Vermögen des Menschen als die theoretische Vernunft; die Vernunft ist das *eine* uns Menschen eigentümliche Erkenntnis- und Denkvermögen, das *praktisch* genannt wird im Hinblick auf die Fragen, die mit der Erkenntnis unseres Handelns, Strebens und Wollens zu tun haben. Mit dem praktischen Vernunftvermögen ist nach Kant zugleich unsere Fähigkeit verbunden, unser eigenes Handeln und das dem Handeln vorausgehende Wollen frei und das heißt auch unabhängig von unseren eigenen sinnlichen Affekten und Leidenschaften selbst zu bestimmen. Genau dies stellt für Kant im Fall des moralischen Handelns eine notwendige Forderung dar. Wir können diese Forderung dadurch einlösen, dass wir uns in unserer Reflexion bestimmte Vorstellungen von unserem Handeln machen und dann diesen Vorstellungen gemäß handeln. So können wir uns moralische Gesetze oder Handlungsmaximen reflexiv vorstellen, nach denen unser Wille unser konkretes Handeln im Einzelfall auch bestimmt.

Der Wille ist nach Kant das Vermögen, das unser Handeln gemäß den Einsichten der praktischen Vernunft ausrichten kann. Da wir keine reinen Vernunftwesen sind, deren Wille mit der Vernunft als identisch gedacht werden muss, sondern leibhaftige Lebewesen mit einer Vernunftbegabung, wollen wir nicht unbedingt automatisch das, was die praktische Vernunft als richtig oder geboten erkennt. Wenn nun aber das moralisch Richtige ausschließlich von der »reinen« praktischen Vernunft in uns erkannt werden kann, dann kommt im Fall des moralischen Handelns alles darauf an, dass auch unser Wille, kraft dessen wir handeln, nichts anderes will als das, was die praktische Vernunft in uns als moralisch richtig oder »zu tun« erkannt hat. So beginnt Kant seine frühe ethische Schrift, die *Grundlegung zur Metaphysik der Sitten*, mit dem programmatischen Satz, dass nichts in der Welt und sogar über diese Welt hinaus als »gut« im moralischen Sinn des Worts bezeichnet oder auch nur gedacht werden kann »als allein ein guter Wille« (Kant, Grundlegung zur Metaphysik der Sitten, Stuttgart 2011, S. 15). Unter dem »guten Willen« versteht Kant ebenjenen Willen, der gleichsam in sich nichts anderes enthält, der nichts anderes will als genau das, was die Quelle der moralischen Einsicht in uns, die »praktische Vernunft«, als das moralisch Richtige, als das »Gebotene« oder »zu Tuende« erkannt hat. Dieser Wille ist für Kant kein Willkürwille, der Beliebiges will und der sich vermeintlich frei zwischen ihm von außen vorgegebenen Zielen oder Optionen zu entscheiden hat, der »zwischen« dem Handelnden und seinen Handlungsgegenständen vermittelt und so die »Inter-essen« des Handelnden bedient, sondern für ihn ist es der rein von der praktischen Vernunft bestimmte Wille, über den wir kraft unserer praktischen Vernunft uns selbst das moralische Gesetz des Handelns geben sollen.

Den Gedanken eines Ausschlusses aller weiteren Motive, Absichten oder Einflüsse auf unseren Willen formuliert Kant in einer einzigartig radikalen Form. So unterscheidet er drei Weisen, wie wir angesichts einer erkannten Pflicht handeln können, um an diesem Beispiel den von ihm favorisierten Gesichtspunkt der Moralität paradigmatisch herauszuarbeiten:

Auf eine *erste Weise* handeln wir äußerlich pflichtkonform oder, wie Kant sagt, »pflichtgemäß«, indem wir tun, was die Pflicht von uns verlangt, aber nicht um der Erfüllung unserer Pflicht selbst willen, sondern etwa weil wir uns vor einer Strafe fürchten oder weil wir uns Lob und Anerkennung von anderen erhoffen. Dieses Handeln entspricht der äußeren Legalität: Der Handelnde erfüllt in seinem Tun äußerlich seine Pflicht, hält sich also pflichtgemäß an das ihm vorgelegte Gebot oder Verbot, hat aber nicht die Absicht, um der Einsicht in die Richtigkeit des von der Pflicht Gebotenen willen zu handeln, sondern er hat hierfür eindeutig andere Motive (beispielsweise das Lob und die Anerkennung von anderen).

In einer *zweiten Weise* handeln wir, wenn wir nicht nur äußerlich »pflichtgemäß«, sondern durchaus »aus Pflicht« handeln, es aber nicht nur aus der Pflichteinsicht allein heraus tun. Dies ist dann der Fall, wenn wir zum Beispiel das Pflichtgebot, anderen in Not zu helfen, zwar erfüllen, weil wir es als richtig einsehen (und uns nicht nur daran halten, um dadurch zu Lob und Anerkennung zu kommen wie im ersten Fall). Doch haben wir zudem noch *weitere* Motive und Gründe wie etwa die persönliche Sympathie oder Freundschaft, die uns mit den in Not Geratenen verbindet und die ein zusätzliches Motiv für unsere Hilfeleistung darstellt.

Kant ist so rigoros, dass er auch diese Weise zu handeln nicht als eindeutig und hinreichend moralisch qualifiziert anerkennt. Allein in einer *dritten Weise* handeln wir moralisch. Dies ist für Kant dann der Fall, wenn wir nicht nur äußerlich »pflichtgemäß« handeln, was natürlich stets verlangt ist, sondern wenn wir *nur* »aus Pflicht« und *allein* aus Gründen der praktischen Vernunfteinsicht und der Anerkennung der für uns bestehenden Verpflichtung handeln. Nur diese Weise der Pflichterfüllung entspricht uneingeschränkt und unzweideutig dem Kriterium der Moralität; nur für ein solches Handeln lässt Kant die Bezeichnung »moralisch richtiges Handeln« zu.

Kants scharfe Pointierung des Moralischen hat stets auch die Kritiker auf den Plan gerufen, die in ihm einen allzu rigorosen Pflichtenethiker sahen. Doch diese Sicht seiner Ethik ist nur zum Teil berechtigt; denn aus den weiteren Schriften Kants zur Moralphilosophie geht deutlich hervor, dass der Gedanke, der hier aus Gründen einer begrifflichen Schärfung des moralischen Gesichtspunkts herausgearbeitet wird und auf eine exklusive »Reinheit« des Willens zielt, später gewisse Erweiterungen und Modifikationen erfährt. Problematisch erscheint es allerdings, Kant zu einem puren Gesinnungsethiker zu machen, dem es bei der Frage nach der moralischen Richtigkeit nur um die Willensbestimmung oder die Intentionen und nicht auch um das Handeln selbst geht; denn in allen drei hier unterschiedenen Formen der Pflichterfüllung ist stets davon auszugehen, dass der Handelnde die Aufforderungen in seinem Handeln tatsächlich erfüllt. Von einer Vernachlässigung des Handelns, wie sie dem Typus des Gesinnungsethikers bei Max Weber zugeschrieben wird, kann daher bei Kant nicht die Rede sein.

Der »gute Wille«, der auf der Ebene der Vermögenspsychologie gleichsam die Kraft (oder wie Kant schreibt: die »Triebfeder«) identifiziert, die uns Menschen allein zu moralischem Handeln bewegen kann, ist dadurch definiert, dass er nichts anderes und nichts weiteres will als das und nur das, was die praktische Vernunft in uns als »zu tun« oder »zu lassen« erkennt. Sie ist somit in letzter Instanz das Organ und die Quelle für die Erkenntnis des moralisch Gebotenen, indem sie es nicht nur neutral und aus einer Beobachterperspektive heraus distanziert *erkennt*, sondern uns als »zu tun« *vorschreibt* und uns so als Teilnehmer an der Handlungswelt praktisch adressiert.

Damit ist sie die moralische Gesetzgeberin, und sie kann diese Aufgabe nur gemäß dem ihr eigenen Prinzip der Selbstgesetzgebung, der »Autonomie«, erfüllen. Kraft ihrer Autonomie verleiht sie dem Willen seine Freiheit; denn um moralisch »gut« sein zu können, muss der Wille Kant zufolge von äußeren und inneren Einschränkungen frei sein: frei von ihn beeinträchtigenden »fremden«, weil äußeren oder »heteronomen« Handlungszwecken, aber auch von inneren Leidenschaften (lat.: passiones) oder sinnlichen Antrieben. Bereits eine teilweise Unfreiheit des Willens würde einer Heteronomie der praktischen Vernunft entsprechen. Beide Formen der Beeinträchtigung müssen nach Kant aber abgewehrt werden, wenn nicht der Anspruch auf eine sittliche Unbedingtheit des Wollens und infolgedessen auch auf eine moralische Richtigkeit des Handelns verloren gehen soll.

Doch diese grundbegriffliche Analyse des praktischen Erkenntnisvermögens im Hinblick auf die Bestimmung der Moralität sagt noch wenig über deren konkrete Anwendung in der Praxis. Genau dies aber ist die Aufgabe des kategorischen Imperativs bei Kant. Er gibt uns ein jederzeit verwendbares Verfahren wie einen Kompass an die Hand, mittels dessen wir – für uns selbst und unser eigenes Wollen und Handeln wie für das Wollen und Handeln aller anderen – überprüfen können, ob das, was wir in einer bestimmten, stets konkreten Handlungssituation faktisch tun wollen, tatsächlich »moralisch« ist und tatsächlich ausschließlich der praktischen Vernunft entstammt oder ob sich in unseren Willen »heteronome«, nicht aus unserer Vernunft stammende oder von ihr bejahte Motive, Absichten und Zwecke eingeschlichen haben. Der von Kant in unterschiedlichen Formulierungen vorgelegte kategorische Imperativ ist also selbst nicht der »Geltungsgrund« oder das oberste Prinzip der Moralität und der moralischen Richtigkeit, wie manchmal fälschlicherweise behauptet wird. Dieser liegt vielmehr in der Autonomie

beschlossen, die die praktische Vernunft zu wahren hat.
Der kategorische Imperativ stellt auch nicht den gesamten
»Inhalt« der kantischen Morallehre vor, wie manche meinen. Er ist vielmehr ein angemessenes Mittel zur Kontrolle unserer Willensbekundungen und stellt in diesem Sinne
die erste moralische Handlungsregel vor, an die wir uns
zuallererst halten müssen, wenn wir sichergehen wollen,
dass wir den »moral point of view« in unserem inneren
Wollen und danach auch in unserem äußeren Handeln
nicht verfehlen. Was durch diese Überprüfungsregel in
unserem Inneren geprüft worden ist, darf als moralisch
richtig bezeichnet werden und gilt unabhängig davon,
welche weiteren Bedingungen wir im Handeln selbst noch
beachten müssen. Daher spricht ihm Kant auch keinen
»hypothetischen«, sondern einen »kategorischen« Charakter zu: Der kategorische Imperativ hilft uns zu überprüfen, ob die Handlungsregel oder Maxime, nach der wir
unser Handeln im Einzelfall ausrichten wollen, tatsächlich
unter die »Kategorie« der moralisch richtigen und das
heißt: uns normativ verpflichtenden praktischen Aussagen
fällt oder nicht.

Ethisch aufschlussreich und auch moralisch von erheb-
licher Bedeutung sind die unterschiedlichen Fassungen,
die Kant für den kategorischen Imperativ anbietet. Sie he-
ben allesamt auf ein Handeln ab, dessen Maximen oder
subjektive Handlungsregeln auf ihre Moralität überprüft
werden sollen, um im Lichte einer allgemeinen Überprüfung durch die praktische Vernunft schließlich als moralisch richtig, als konsistent und nicht selbstwidersprüch-
lich und so als unbedingt verpflichtend ausgewiesen zu
werden oder auch nicht. Darin liegt die gemeinsame Aufgabe aller Formulierungen des kategorischen Imperativs.

Die *erste* Formel zielt auf die Überprüfung einer subjektiven Handlungsmaxime im Lichte ihrer Verallgemeinerbarkeit: »Handle nur nach derjenigen Maxime, durch
die du zugleich wollen kannst, daß sie ein allgemeines Ge-

setz werde« (Kant, Grundlegung zur Metaphysik der Sitten, Stuttgart 2011, S. 53).

Unter der besonderen Voraussetzung, dass in der Philosophie des 18. Jahrhunderts unter dem Begriff der Natur im allgemeinsten Sinn das »Dasein der Dinge« nach einem allgemeinen Gesetz verstanden wurde, kann Kant den kategorischen Imperativ in einer *zweiten* Formel auch so vorlegen: »Handle so, als ob die Maxime deiner Handlung durch deinen Willen zum allgemeinen Naturgesetze werden sollte« (ebd., S. 54).

Einen weiteren, philosophisch bedeutsamen Gesichtspunkt artikuliert Kant in der *dritten* Formel seines kategorischen Imperativs, mit der er deutlich über einen (von vielen seiner Kritiker zu Unrecht monierten) »leeren Formalismus« hinausgeht: »Handle so, daß du die Menschheit sowohl in deiner Person, als in der Person eines jeden andern jederzeit zugleich als Zweck, niemals bloß als Mittel brauchst« (ebd., S. 65).

In einer *vierten* Formulierung zielt Kant auf das für das ethische Kriterium der Moralität des Handelns entscheidende Prinzip der Autonomie, das die praktische Vernunft qualifiziert und dessen Resultat sie dem Willen vermittelt: Handle so, dass »der Wille durch seine Maxime sich selbst zugleich als allgemein gesetzgebend betrachten könne« (ebd., S. 72).

In einer *fünften* Formel bedient sich Kant der Vernunftidee eines »Reichs der Zwecke«, wenn er schreibt, dass »alle Maximen aus eigener Gesetzgebung zu einem möglichen Reiche der Zwecke, als einem Reiche der Natur, zusammenstimmen sollen« (ebd., S. 75).

Diese unterschiedlichen Formulierungen des kategorischen Imperativs haben eines gemeinsam: Sie formulieren, Kant zufolge, ein Kriterium, das es dem Handelnden erlauben soll zu prüfen, ob die subjektive Handlungsregel oder Maxime, die er seinem Handeln zugrunde legen will, tatsächlich moralisch ist und insofern ethisch gerechtfer-

tigt werden kann. Dabei ist es für eine Diskussion des deontischen Modells der Ethik bei Kant nun von höchstem
Interesse, dass er nicht nur das *formale* Kriterium einer
Universalisierbarkeit der Maximen aufführt, also gewissermaßen den Standpunkt der Unparteilichkeit einnimmt,
sondern auch zwei eindeutig *materiale* Kriterien: nämlich
dass wir erstens nichts tun dürfen, was darauf hinausläuft,
dass wir einen Menschen nur als Mittel gebrauchen und
ihn nicht als einen »Selbstzweck« achten, und dass zweitens alle Maximen in einem »Reich der Zwecke« zusammenstimmen sollen, worin auf eine andere Weise die Menschen als Lebewesen anerkannt werden, die ihren Zweck
in sich selbst tragen. Aus den weiteren Ausführungen von
Kant geht hervor, dass er mit dieser Fassung des kategorischen Imperativs den Gedanken verbindet, dass der
Mensch ein Lebewesen ist, das eine »Würde« besitzt, die
sich in seiner »Freiheit«, genauer: in dem »ursprünglichen
Recht auf Freiheit« des Menschen zeigt. Mit diesen Formeln des kategorischen Imperativs wurde bei Kant zum
ersten Mal in der langen Geschichte der philosophischen
Ethik die Idee verbunden, dass Handeln ethisch betrachtet
nur dann moralisch ist, wenn es die anderen Menschen als
Träger von Würde und Freiheit, das heißt als Subjekte mit
angeborenen, ursprünglichen Rechten, also als Subjekte
mit Menschenrechten, achtet. Diese systematische Einsicht zeichnet Kants Ethik vor allen bisher behandelten
ethischen Modellen aus.

  Von diesen (und weiteren) Formulierungen des kategorischen Imperativs in der *Grundlegung zur Metaphysik
der Sitten* bleibt in Kants zweiter Schrift zur Moralphilosophie, der *Kritik der praktischen Vernunft*, nur eine als
»Grundgesetz der reinen praktischen Vernunft« vorgestellte Formel übrig. Sie hat als die klassische Formulierung Eingang in die philosophische Literatur gefunden:
»Handle so, daß die Maxime deines Willens jederzeit zugleich als Prinzip einer allgemeinen Gesetzgebung gelten

könne« (I. Kant, Kritik der praktischen Vernunft, Stuttgart 2010, S. 50). Doch dieser Umstand bedeutet nicht, dass Kant ab diesem Zeitpunkt nur noch diesen einen, auf das Kriterium der Verallgemeinerbarkeit der Handlungsmaximen zielenden Gesichtspunkt zur Bestimmung des moralisch Richtigen vertritt. Noch in der erst später verfassten »Tugendlehre« der *Metaphysik der Sitten* trägt er weitere Formulierungen des kategorischen Imperativs vor, die sich als Regeln zur Überprüfung eignen, nicht nur unseren inneren Willen, sondern nun sogar auch unser äußeres Handeln selbst auf den Gesichtspunkt der Moralität hin zu überprüfen. Diesen Gesichtspunkt der Moralität verortet er im Prinzip der Autonomie der praktischen Vernunft und in der Freiheit des Willens (in Abgrenzung von den Abhängigkeiten, also der relativen Unfreiheit der sich frei wähnenden Willkür). Dort formuliert Kant auch den für die philosophische Ethik grundlegenden Gedanken, dass jede Handlung notwendigerweise einen Zweck habe und dass auch die Zwecksetzung des Menschen als »ein Akt der Freiheit« zu sehen ist. Eine moralische Handlung liegt Kant zufolge genau dann vor, wenn »ein kategorischer Imperativ der reinen praktischen Vernunft« dem Willen einen Handlungszweck vorschreibt, der selbst unmittelbar geboten erscheint (I. Kant, Die Metaphysik der Sitten, Stuttgart 2011, S. 259). Diese wie auch weitere Fassungen des kategorischen Imperativs bei Kant lassen deutlich werden, dass es eine unzulässige Engführung seines ethischen Modells wäre, wollten wir es auf nur eine Lesart des kategorischen Imperativs, nämlich den Gedanken der Verallgemeinerungsfähigkeit unserer Handlungsmaximen oder die Unparteilichkeitsforderung, beschränken.

Die ausgeführte Moraltheorie Kants liegt in einer Vielzahl von Schriften zum menschlichen Handeln vor; sie umfasst seine kleinen politischen Schriften ebenso wie seine Geschichtsphilosophie, seine Religionslehre ebenso wie die erwähnte *Metaphysik der Sitten* aus den Jahren 1797/1798, die sich seit einigen Jahrzehnten erneut einer zentralen Aufmerksamkeit erfreut. Während es Kant in den zuvor verfassten Texten zuerst um die präzise begriffliche Bestimmung und die philosophische Begründung des Prinzips der Moralität ging und dann um den Nachweis der Wirklichkeit dieses Prinzips (mit seiner Lehre vom »Faktum der Vernunft«), entfalten die späteren Schriften den ethischen Ansatz weiter: nämlich einerseits zu einer Theorie des Rechts und der Politik, andererseits zu einer Theorie der Tugenden und des moralischen Handelns. Hier werden dann auch materiale Zwecküberlegungen deutlich. Auf diesem Weg kommt Kant zur Formulierung einer Vielfalt unterschiedlicher Rechts- und Tugendpflichten. Wer ihm also vorhält, sein ethisches Modell komme nicht über einen »abstrakten Formalismus« eines »leeren Sollens« hinaus, wie dies etwa Hegel und Schopenhauer taten, der kennt offensichtlich diese Teile der kantischen Moralphilosophie nicht oder kann sie zumindest nicht systematisch würdigen.

Andere Einwände gegen Kants Ethikkonzept sind hingegen weniger leicht zu entkräften und besitzen eine gewisse sachliche Berechtigung. Hierzu zählt der häufig kritisierte, bereits erwähnte Rigorismus Kants, der auf einem sehr »engen Konzept« des ethisch Richtigen beruht. Er steht in Gefahr, alles aus dem weiteren Bereich des Moralischen auszuschließen, was nicht dem harten ethischen Kriterium eines Handelns »allein aus Pflicht« genügt. Wir müssen allerdings zur Kenntnis nehmen, dass Kant den in seinen frühen Schriften exklusiven Gegensatz, »entweder Pflicht oder Neigung«, später selbst durchaus modifiziert hat. Auch differenziert er selbst den Begriff der Pflicht und kennt nicht nur Pflichten gegen andere und sich selbst, innere und äußere Pflichten, material und formal bestimmte Pflichten, sondern auch bedingte und unbedingte Pflichten, ganz zu schweigen von der Unterschei-

dung zwischen Rechts- und Tugendpflichten. Es sind aber
bereits die unterschiedlichen Hinsichten, unter denen
Kant, wie wir sahen, die Überprüfungsregeln des kategorischen Imperativs vorstellt, die auch schon im frühen
Werk deutlich werden lassen, dass er das Kriterium des
moralisch Richtigen, verstanden als Pflicht, weiter fasst,
als es die eine oder andere Formulierung vielleicht erwarten lässt. Von diesen Differenzierungen im Werk Kants
aus lassen sich Brücken zum Modell der aristotelischen
Ethik, ja sogar zur Ethik des Utilitarismus bauen. In Kapitel 3 werden hierzu Vorschläge gemacht. Entscheidend
aber ist, dass Kants Entdeckung des *Menschenwürdeprin-
zips* ein ethisch eindeutiges, nicht bloß rein formales, sondern auch inhaltlich gehaltvolles Kriterium an die Hand
gibt, um ein moralisches von einem unmoralischen Handeln zu unterscheiden. An diesem Kriterium sollte eine
jede Ethik gemessen werden; denn die im Würdeprinzip
enthaltene Idee eines ursprünglichen Menschenrechts der
Freiheit für alle Menschen erlaubt es, das strenge Kriterium des moralisch Richtigen unter Berücksichtigung der
Besonderheiten des politischen und rechtlichen Handelns
auf die Sphäre der Politik und des Rechts anzuwenden.

Anders als mit den Vorwürfen des »leeren Sollens« und
des »abstrakten Formalismus« verhält es sich mit dem
Einwand, dass Kants ethisches Modell auf einem »methodischen Solipsismus« aufruht und sich exklusiv von der
Vorstellung eines bereits moralisch interessierten Individuums leiten lässt, das sich selbstkritisch mit der Prüfung
seiner eigenen Handlungsmaximen, seines Wollens, seiner
Handlungsabsichten und seines eigenen Tuns beschäftigt.

Auch ein weiterer Einwand ist berechtigt: Er weist darauf hin, dass Kants Vernunfttheorie auf transzendental-
philosophischen Prämissen gründet, die aber im Licht der
heutigen Philosophie fragwürdig erscheinen. Damit ist eine
Reflexion gemeint, die die Geltungsansprüche der Erkenntnis schrittweise auf ihre geltungslogischen Vorausset-

zungen zurückführt und als Bedingung ihrer Möglichkeit freilegt. So ist für Kant in letzter Instanz das Autonomieprinzip der praktischen Vernunft als Bedingung der Möglichkeit einer sinnvollen Rede von moralischer Verpflichtung aufzuweisen. Diese transzendentallogische Verfassung des Vernunftkonzepts lasse aber, so der Einwand, die soziale Genese, die kulturelle Variabilität, die sprachliche Situiertheit und die Differenz der individuell Handelnden im Gebrauch gerade der auf die Moralität bezogenen praktischen Vernunft außer Acht. Dieser Kritik an Kants Konzept von Vernunft kann man im Prinzip zustimmen. Sie hat auch Konsequenzen für die Frage, in welchem Umfang sein ethisches Modell zur Grundlegung einer philosophischen Ethik systematisch herangezogen werden kann. Einige Motive dieser Kritik an Kant und dessen transzendentalphilosophischer Vernunfttheorie finden sich auch in der Diskurstheorie, deren ethisches Modell im weiteren kurz vorgestellt werden soll.

6 *Die deontologische Pflichtenethik Kants*

Kants Modell einer deontologischen (oder deontischen) Pflichtenethik reserviert das moralische Attribut »gut« für den Willen des Menschen, sofern dieser Wille von nichts anderem bestimmt ist als von den Einsichten der praktischen Vernunft. Damit der Wille des Menschen ein moralisch »guter Wille« sein kann, muss er, negativ gesprochen, von allen anderen Einflüssen frei (oder »rein«) gehalten werden und, positiv gesprochen, in seinem Inhalt von der Einsicht der praktischen Vernunft in das »moralische Gesetz« des Handelns bestimmt sein. Anders als bei reinen Vernunftwesen, deren Wille als restlos identisch mit ihrer Vernunft gedacht werden kann, ist der »gute Wille« im Fall des Menschen nicht anders vorstellbar denn als Resultat eines bewussten und willentlichen Prozesses im Menschen.

Zur Beantwortung der Frage, was wir uns unter einem moralischen Handeln vorstellen können, greift Kant auf den Begriff der »moralischen Pflicht« zurück. Dieser Gedanke bietet sich an, da er mit der moralischen Pflicht die Moralität in der Form eines Imperativs oder Gebots identifiziert. So unterscheidet er drei Weisen, wie Menschen ihre moralische Pflicht im Handeln erfüllen können: Sie können (1) äußerlich »pflichtgemäß« handeln, aber dabei anderen Absichten und Motiven folgen als der moralischen Einsicht; sie können (2) »aus Pflicht«, das heißt aus einer Einsicht in die moralischen Forderungen, handeln, aber dabei gleichzeitig noch weiteren Motiven folgen; und sie können (3) »aus Pflicht allein« handeln, also ausschließlich aufgrund ihrer Einsicht in das moralisch Gebotene, rein um der Pflicht willen. Nur im dritten Fall handeln wir Kant zufolge moralisch.

Das oberste Prinzip der Gültigkeit von Moral und der Begründung ihrer Moralität (oder »moralischen Richtigkeit«) ist nach Kant die in uns Menschen wirkende praktische Vernunft, die nur auf sich selbst gestellt, also »rein«, uns sagt, was das moralische Gesetz des Handelns für uns ist. Sie erkennt, was moralisch betrachtet zu tun ist, und formuliert es nicht anders als in Gesetzesform. Sie wirkt in Gestalt einer »Selbstgesetzgebung«. So erfüllt sie den Begriff der »Auto-nomie«. Der Autonomie der praktischen Vernunft korrespondiert der freie Wille in uns, der nur dadurch seine Freiheit bewahrt, dass er auf nichts anderes hört als auf die moralisch gesetzgebende, autonome praktische Vernunft. Von beidem ist der kategorische Imperativ zu unterscheiden: Ihn formuliert die praktische Vernunft, damit wir angesichts der praktischen Herausforderungen unseres Handelns prüfen können, ob das, was wir tun wollen, moralisch richtig ist, ob es also einem Willen in uns entspricht oder entspringt, der tatsächlich nichts anderes will als das, was die reine praktische Vernunft ihm gebietet.

Der kategorische Imperativ liegt bei Kant in unterschiedlichen Formeln vor. Sie erfüllen, jede auf ihre Weise, die Aufgabe, unsere subjektiven Handlungsmaximen in den unterschiedlichen Kontexten unseres Handelns auf ihre Moralität hin zu überprüfen. Zwei Formeln sind im ethischen Modell von Kant grundlegend und wegbereitend für eine systematische Ethik heute: (1) die Formulierung, dass wir nur gemäß denjenigen Maximen handeln sollen, die zugleich »als Prinzip einer allgemeinen Gesetzgebung gelten können«, und (2) die Formulierung, dass wir in unserem Handeln niemals einen anderen Menschen nur zum bloßen Mittel für unsere Zwecke machen dürfen. Aus der zweiten Einsicht folgen bei Kant als ein oberstes Moralprinzip der universelle Grundsatz der unbedingten Achtung der Menschenwürde und als Rechtsprinzip die Forderung eines Menschenrechts der Freiheit für jeden einzelnen Menschen.

Kants Rigorismus in der Bestimmung des moralischen Handelns »alleine um der Pflicht willen« und der methodische Solipsismus in der Grundlegung seines ethischen Modells bieten berechtigten Anlass, über eine Erweiterung oder auch über Modifikationen seines ethischen Modells nachzudenken. Verglichen damit erscheinen die, zumal von früheren Generationen, gegen Kants Ethik vorgebrachten Einwände eines »abstrakten Formalismus« und eines »leeren Sollens« wenig einschlägig bzw. schon von einer genaueren Würdigung seiner Texte als widerlegt.

2.4. Die Diskursethik

Unter dem gemeinsamen Oberbegriff einer Diskursethik versammeln sich in der zeitgenössischen Philosophie unterschiedliche Ansätze einer Ethikbegründung, die von einigen geteilten Annahmen auf dem Gebiet der theoretischen Philosophie ausgehen, und zwar insbesondere zur Grundlegung eines im »kommunikativen Handeln« fundierten Konzepts einer öffentlichen Vernunft. Die maßgeblichen Beiträge zur Diskursethik wurden ab der Mitte der 1970er Jahre von den zeitweilig zusammen in Frankfurt lehrenden Philosophen *Karl-Otto Apel* und *Jürgen Habermas* sowie deren Schülern vorgelegt. Gemeinsam ist den Beiträgen zur Diskursethik eine Kritik am naturalistischen Reduktionismus, der aufgrund seines unaufgeklärten methodischen Objektivismus die Sollgeltung von Normen nicht versteht und den Anspruch einer praktischen Vernunfteinsicht auf deren naturale Voraussetzungen (bzw. deren natürliche Antezedenzbedingungen) zurückführt. Dementsprechend lehnen die Vertreter der Diskursethik auch andere moraltheoretische Vorschläge ab, die darauf hinauslaufen, die von uns herausgestellte Grundfrage der Ethik nach der Richtigkeit moralischen Handelns restlos durch Erörterungen im Sinne einer Ontologie zu ersetzen. Sie teilen auch die Kritik an ethischen Modellen, die an Aristoteles anschließen, etwa am hermeneutisch verfahrenden Neoaristotelismus des 20. Jahrhunderts und am Utilitarismus. Sie kritisieren diese ethischen Modelle dafür, dass sie den von der Ethik gesuchten Gesichtspunkt des Normativen verfehlen und zugleich mit unzulänglichen Vorstellungen der Vernunft operieren.

Die maßgeblichen Differenzen in der Ausarbeitung der Diskursethik, durch die sich die Beiträge von Apel und Habermas voneinander unterscheiden, sollen hier nicht im einzelnen behandelt werden. Sie treten auch erst im weiteren Verlauf ihrer Diskussion immer pointierter hervor. In ihnen spiegeln sich die primär in den theoretischen Grundlagen der Diskurstheorie liegenden unterschiedlichen Annahmen, die bei Apel mit seinem Verständnis des Programms einer *Transzendentalpragmatik* und deren Anspruch auf eine Letztbegründung zusammenhängen, während Habermas von einem grundsätzlichen Fallibilismus (einer grundsätzlichen Widerlegbarkeit) auch im Blick auf die von ihm vertretene Konzeption einer diskursiv verfassten Vernunft ausgeht. Beide Varianten der Diskurstheorie können hier in ihren Unterschieden nicht hinreichend gewürdigt werden. Es kann nur darum gehen, das Anliegen der Diskursethik insgesamt modellhaft zu skizzieren.

Apel und Habermas bedienen sich zur Begründung der Diskursethik eines in der Philosophie bewährten Verfahrens, um Einsichten in grundlegende Prinzipien unseres Erkennens und Handelns auf dem Weg eines »rekursiven Verfahrens« freizulegen. Ausgehend etwa von philosophischen Einsichten von *Charles S. Peirce*, von *Ludwig Wittgenstein* oder von *John Austin*, identifizieren sie in der Sprachpraxis der Argumentation die grundlegenden Strukturen der menschlichen Vernunft, die niemand leugnen kann, der sich selbst argumentierend verhält. So legt Habermas in seiner *Theorie des kommunikativen Handelns* dar, dass der Basisbegriff der auf Aristoteles zurückgehenden praktischen Philosophie (vgl. 2.1.), der Begriff des zielgerichteten Handelns und Strebens, durch einen umfassenderen Begriff ersetzt werden soll, nämlich durch den Begriff eines »verständigungsorientierten Handelns«. In einer von Karl-Otto Apel, aber auch von Jürgen Habermas »transzendentalpragmatisch« genannten Analyse wird aufgezeigt, dass jeder Mensch, der unter den spezifischen Bedingungen seiner Lebenswelt handelt, bereits an einer »kommunikativen Alltagspraxis« mit anderen Menschen teilnimmt und sich so notwendigerweise mit anderen handelnden Subjekten »über etwas in der Welt« verständigt –

sei es mittels Aussagen, die Tatsachen feststellen, sei es mittels Aussagen, die sich auf praktische Fragen wie Handlungsziele, Werte, Präferenzen oder moralische Normen beziehen. Aus dieser Beobachtung ziehen die Vertreter der Diskurstheorie den Schluss, den kein theoretischer Skeptiker oder Moralrelativist in Zweifel ziehen kann, dass es nämlich keine soziokulturelle Lebensform und keine Handlungswelt gibt, die »nicht auf eine Fortsetzung kommunikativen Handelns mit argumentativen Mitteln wenigstens implizit angelegt« ist (J. Habermas, Diskursethik – Notizen zu einem Begründungsprogramm, in: ders., Moralbewußtsein und kommunikatives Handeln, Frankfurt/M. 1983, S. 110).

Mit diesem Aufweis der grundlegenden Rolle der Argumentation als strukturierendes Moment in der Welt des sozialen Handelns ist die theoretische Grundlage für die begründende Rolle des ethischen Diskurses bei moralischen Fragen des richtigen Handelns gelegt. So ist, allgemein gesprochen, der Diskurs die bei Habermas handlungstheoretisch eingeführte soziale Situation, in der von den Akteuren selbst Argumente für und gegen den Geltungsanspruch von Aussagen ausgetauscht und überprüft werden können, um im Licht der Einsichten in das »bessere Argument« eine vernünftige Entscheidung zu treffen. Diese Rolle übernimmt für die Fragen nach dem moralisch richtigen Handeln und seinen Prinzipien der »ethische Diskurs«.

Damit tritt das Modell des intersubjektiv angelegten, argumentativ verfahrenden Diskurses von ethisch reflektierenden Handelnden an die Stelle des »einsamen« kantischen Subjekts, das sein Wollen und seine Handlungsmaximen ethisch überprüft. Es ist die Aufgabe des Diskurses, vor dem äußeren Forum der an einer Debatte über strittige moralische Normen teilnehmenden Diskussionspartner »die Sollgeltung von Geboten und Handlungsnormen« (ebd.) zu überprüfen. In Analogie zur Begründung des

Prinzips der Moralität bei Kant und zu dessen Unterscheidung des obersten Moralprinzips von seiner Überprüfungsregel (vgl. 2.3.) unterscheiden auch die Vertreter der Diskursethik zwei Grundsätze oder Prinzipien: Sie nennen sie (1) den »transzendentalpragmatischen Grundsatz ›D‹« und (2) den »Universalisierungsgrundsatz ›U‹«.

Der Grundsatz »D« identifiziert gleichsam das erste, oberste oder grundlegende Prinzip des ethischen Diskurses. Es besagt, dass »nur die Normen Geltung beanspruchen dürfen, die die *Zustimmung der Betroffenen* als Teilnehmer eines praktischen Diskurses *finden* (oder *finden könnten*)« (ebd., S. 103). Aus diesem ersten Prinzip für die ethische Begründung der Geltung moralischer Normen folgt – in Analogie zur Ableitung des kategorischen Imperativs aus dem Prinzip der Autonomie oder Selbstgesetzgebung der praktischen Vernunft bei Kant – eine bindende Verfahrensregel, die Habermas entsprechend ihrer Aufgabe den »Universalisierungsgrundsatz ›U‹« nennt. Ihm zufolge kann eine strittige Norm unter den »Teilnehmern eines praktischen Diskurses Zustimmung nur finden, wenn die *Folgen und Nebenwirkungen*, die sich aus einer *allgemeinen Befolgung* der strittigen Norm für die *Befriedigung der Interessen* eines *jeden Einzelnen* voraussichtlich ergeben, von *allen* zwanglos akzeptiert werden können« (ebd.). In diesem Vorschlag zeigt sich der Kern des von Apel und Habermas vertretenen Konzepts der Diskursethik. Dabei tun sich allerdings Unterschiede zwischen beiden Vorschlägen auf, die hier aber nur am Rande interessieren. Zum besseren Verständnis des Modells der Diskursethik betrachten wir zunächst die Bedeutung und Implikationen der beiden Grundsätze »D« und »U« aus der Perspektive eines Vergleichs mit Kant und der für dessen Ethikbegründung konstitutiven Unterscheidung zwischen dem Autonomieprinzip der praktischen Vernunft und dem Überprüfungsgrundsatz in der Gestalt des kategorischen Imperativs.

Wie wir bereits festgestellt haben, tritt der für die Diskursethik zentrale Grundsatz »D« an die Stelle, die in Kants Modell der Ethikbegründung das Autonomieprinzip der praktischen Vernunft einnimmt. Als deren Funktion wurde bei Kant die Aufgabe der moralischen Selbstgesetzgebung und die Bindung des Willens des Menschen identifiziert, der nur auf diese Weise seine moralische Freiheit erhält (vgl. 2.3.). Bei der Ausformulierung des Autonomieprinzips hat Kant gefordert, dass die Einsicht der praktischen Vernunft in die moralische Richtigkeit einer Handlungsnorm unseren Willen so binden soll, dass diese Einsicht unseren Willen restlos bestimmt. Die objektiven Gesetze des vernünftigen moralischen Sollens sollen auf diesem Weg zu den subjektiven Maximen unseres Wollens werden. Damit bestimmt Kant die praktische Vernunft nicht nur als das reine *Vermögen*, das Organ oder das Medium einer rational vermittelten Einsicht in das moralisch Gesollte, dem sich der Wille des Menschen ganz öffnen soll, sondern auch als den ethisch ausgewiesenen *Geltungsgrund* des moralischen Sollens; denn die praktische Vernunft in uns *erkennt* nicht nur das Gesollte, sondern indem sie es erkennt, *gebietet* sie es und stellt es dadurch als das Gesollte für uns fest. Aus diesem Grund nennt Kant auch den ausschließlich von der praktischen Vernunft bestimmten Willen den im moralischen Sinn »guten Willen«, über den hinaus nichts als gut im Sinne des moralisch Richtigen auch nur gedacht werden kann.

Nun tritt in der Diskursethik an die Stelle der von Kant vertretenen praktischen Vernunft in einem jeden von uns die diskursiv verfasste und intersubjektiv verfahrende Vernunft von (virtuellen) Teilnehmern einer Gesprächsgemeinschaft von Argumentierenden, die sich gemäß geteilter Regeln der Argumentation miteinander über die Regeln ihres Handelns austauschen. Bei deren Erkenntnissuche nach dem moralisch Richtigen aber soll als erstes oder oberstes Prinzip der Grundsatz »D« gelten, der die moralische Gel-

tung einer Norm von der Zustimmung aller Betroffenen als
Teilnehmer am praktisch-ethischen Diskurs abhängig
macht. Inhalt des Grundsatzes »U« ist, wie diese Zustimmung prozedural zustande kommen kann und welche Kriterien dabei für die Zustimmung ausschlaggebend sind.

Für den systematischen Vergleich des Grundsatzes »D«
der Diskursethik mit dem obersten Prinzip der praktischen Vernunft bei Kant ist es nun von Bedeutung, dass
mit der Zustimmung der Diskursteilnehmer ein Willens-
akt bezeichnet ist, der sich bei jedem einzelnen Diskursteilnehmer einer vorausgehenden Einsicht in die Sollgeltung einer Norm verdankt. Der willentlich freien Zustimmung geht einerseits eine vernünftige Einsicht voraus; ihr
folgt andererseits eine Selbstverpflichtung eines jeden
Teilnehmers, sein Handeln an der von ihm anerkannten
Norm auszurichten: Fremdverstehen und Selbstverstehen,
Einsicht in argumentativ vorgetragene Gründe und deren
Prüfung, Erkenntnis der Sollgeltung einer Norm und
Selbstverpflichtung fügen sich hier in ein komplexes, pro-
zesshaft vorgestelltes Ganzes, das mit dem Begriff der Zustimmung im Grundsatz »D« umrissen wird. Die in diesem Prozess wirksam werdende, intersubjektiv verfasste
Vernunft bleibt allerdings in ihrem Vollzug leibhaftig an
die einzelnen Teilnehmer des Diskurses gebunden und
avanciert nicht zu einer verselbstständigten, gleichsam eigenständigen oder autonomen Größe, auch nicht zu einer
»übersubjektiven« Vernunft im Sinne einer von der Philosophie Hegels gedachten Sittlichkeit oder Gemeinschafts-
vernunft, die nur alle zusammen haben können. Vor solchen Abstraktionen, wie sie in unterschiedlicher Hinsicht
in der Philosophie des Deutschen Idealismus, bei Fichte
oder bei Hegel vorliegen, ist die Diskursethik gefeit. Die
Träger von Einsicht und Zustimmung, von Erkenntnis
und von Selbstverpflichtung sind und bleiben die empirischen Einzelsubjekte in den Kontingenzen ihrer jeweiligen Lebens- und Handlungswelten. Indem diese einer

strittigen Norm aus eigener, selbstgewonnener Einsicht in
die Gründe ihrer normativen Geltung zustimmen, ver-
pflichten sie sich selbst unvertretbar in ihrem Handeln.
Nur so ist das ethische Programm der »Rechtfertigung«
einer moralischen Handlungsnorm vorstellbar. Zugleich
muss festgehalten werden, dass diese Zustimmung nicht
mit einer Grundlegung oder Begründung zu verwechseln
ist, wie sie Kants Konzept der Vernunftautonomie vorsieht; denn bei Kant ist die Vernunft beides: Erkenntnis-
medium und »Grund der Geltung« des moralischen Gesetzes. In der Diskursethik wird nur mehr die Geltung der
Norm von den jeweiligen Teilnehmern eines ethischen
Diskurses intersubjektiv anerkannt und so als gültig gerechtfertigt, nicht aber geltungstheoretisch »begründet«.

Dementsprechend vertritt die Diskursethik bei Habermas auch keine Idee der Letztbegründung der moralischen Normen oder Handlungsregeln im Diskurs, wie sie
bei Apel gefordert ist, sondern das bescheidenere Programm der Rechtfertigung eines bereits bestehenden, aber
zugleich auch strittigen Anspruchs von moralischen Normen oder Handlungsregeln auf Sollgeltung. Die die
Rechtfertigung erzielende Übereinstimmung der Diskursteilnehmer im Modus ihrer geteilten Zustimmung soll tatsächlich erfolgen können. Zumindest aber, so fügt der
Grundsatz »D« hinzu, muss gesichert sein, dass alle potentiell von einer Norm oder einer Handlungsregel Betroffenen auch tatsächlich zustimmen könnten. Mit dieser
Modifikation mildert Habermas das zunächst formulierte
harte Kriterium der postulierten tatsächlichen Zustimmung ab und schraubt das Erfordernis auf das Postulat einer Art »regulativer Idee« zurück, die es der Diskursethik
zumindest im Ansatz erlaubt, der faktisch unausweichli-
chen Beschränktheit aller ethischen Diskursgemeinschaf-
ten in der Praxis Rechnung zu tragen.

Diese Modifikation entlastet den Anspruch der Diskursethik und gibt an, dass ihrem Grundsatz »D« eine

»kontrafaktische«, aber zugleich »notwendige«, das heißt unhintergehbare und allgemein vernünftige Idee zugrunde liegt. Dennoch ist mit Blick auf diese Modifikation Folgendes festzuhalten: Es besteht tatsächlich eine Diskrepanz zwischen Anspruch und Wirklichkeit, weil Normen, deren Geltung universal sein soll, da sie aus einer allgemeinen Zustimmung aller Betroffenen hervorgehen sollen, in Wirklichkeit stets nur in partikulärer Form angenommen werden können. Diese Diskrepanz verschärft sich im Falle von solchen moralischen Normen, die alle Menschen, lebende und zukünftige, betreffen. Hier übernehmen die empirischen Diskursteilnehmer eine Stellvertreterfunktion, ohne dass sie hierfür ausgewiesen oder gar besonders qualifiziert sind. Dies macht deutlich, dass die Diskursethik den universalen Geltungsanspruch von Normen – auch über die jeweilige Diskursgemeinschaft hinaus – als eine unbedingte Forderung der Vernunft denkt, ihn nicht aber in seiner Bindungswirkung nach Art eines Privatvertrags vorstellen kann, bei dem nur derjenige gebunden ist, der zustimmt. Doch selbst dann, wenn dies zugestanden werden mag, bleibt das Problem einer Rechtfertigung der Stellvertretung bestehen, und zwar nicht so sehr im Hinblick auf diejenigen Menschen, die der Norm irgendwann einmal tatsächlich zustimmen, sondern auf diejenigen, die – aus welchen Gründen auch immer – niemals als Subjekte einer Diskursgemeinschaft auftreten können. Wie wir uns aber vorstellen können sollen, dass diese Menschen in Entsprechung zu der Forderung des Grundsatzes »D« einer Norm aus eigener Einsicht »zustimmen könnten«, bleibt unklar. Diese Menschen müssen dauerhaft von anderen vertreten werden. In jedem Fall aber gestattet es die Ausweitung des diskursethischen Grundsatzes »D« nicht nur, sondern sie verlangt es sogar geradezu, dass die Frage nach der moralischen Sollgeltung von Normen nur im Rekurs auf ein Gedankenexperiment entschieden werden kann. Dieses Gedankenexperiment

besteht darin, dass eine überschaubare Zahl von Diskursteilnehmern sich vorstellen können muss, dass einer
Norm, die im Grundsatz alle Menschen betrifft, auch im
Prinzip alle abwesenden Menschen zustimmen können.
Damit rückt die Diskursethik allerdings wieder deutlich in
die Nähe derjenigen Fassungen des kategorischen Imperativs von Kant, in denen er uns auffordert, auf dem Weg
einer gedanklichen Prüfung die Verallgemeinerungsfähigkeit von Maximen zu erproben. Hier wird aus der realen
Diskursgemeinschaft eine in den Köpfen der Diskursteilnehmer imaginierte Versammlung.

Aus dem Grundsatz »D«, dem obersten Prinzip der
Diskursethik, wird, wie bereits erwähnt, die Verfahrensnorm abgeleitet, die den Namen »Universalitätsgrundsatz
›U‹« trägt. Ihre Aufgabe besteht darin, das oberste Prinzip
der Diskursethik, das Prinzip nicht der obersten »Begründung«, sondern der diskursiven »Rechtfertigung« des moralischen Sollens von Normen, für den konkreten Einzelfall einer Normenprüfung im Diskurs anwendbar zu machen. In dieser Funktion entspricht der Grundsatz »U«
präzise dem kategorischen Imperativ bei Kant. Der Universalisierungsgrundsatz nimmt denn auch bereits in seiner Bezeichnung das Motiv der Verallgemeinerungsformel
aus verschiedenen Fassungen des kategorischen Impermativs auf. Eine weitere Funktion von »U« besteht darin,
dass dieser Grundsatz erläutert, welche Fragen im ethischen Diskurs überhaupt geklärt und behandelt werden
können, und das heißt für Habermas: welche Fragen überhaupt noch zugelassen und welche Fragen aus dem ethischen Diskurs auszuschließen sind. Habermas präzisiert
diesen Gedanken so:

»Der Universalisierungsgrundsatz funktioniert wie ein
Messer, das einen Schnitt legt zwischen ›das Gute‹ und
›das Gerechte‹, zwischen evaluative und streng normative Aussagen. Kulturelle Werte führen zwar einen An

spruch auf intersubjektive Geltung mit sich, aber sie
sind so sehr mit der Totalität einer besonderen Lebensform verwoben, daß sie nicht von Haus aus normative
Geltung im strikten Sinn beanspruchen können – sie
kandidieren allenfalls für eine Verkörperung in Normen, die ein allgemeines Interesse zum Zuge bringen
sollen« (ebd., S. 113 f.).

Mit dieser Auskunft macht Habermas explizit, was bereits
mit der Formulierung des Grundsatzes »D« gesagt war, da
für den ethischen Diskurs bereits dort nur die Aufgabe einer Überprüfung von »Normen« angezeigt wird. »U«
macht deutlich, was Habermas hier genauerhin unter den
Normen versteht, die der ethische Diskurs prüfen soll. Es
sind dies für ihn nur diejenigen Sollensregeln oder Verpflichtungen, die – potentiell oder aktuell – alle Menschen
betreffen; alle anderen Fragen des moralischen Handelns
und des »richtigen Lebens« betreffen ihm zufolge nur
subjektive Vorlieben bzw. Präferenzen, also Werte, die als
Teil partikulärer moralischer Lebensformen vielleicht
nicht nur einige wenige, sondern auch Gruppen oder größere Gemeinschaften, aber niemals »alle« Menschen ange-
hen. Nur die moralischen Forderungen oder Pflichten, die
alle Menschen betreffen, sind jedoch für die diskursethische Reflexion zugelassen, da Habermas zufolge nur für
sie rationale Antworten nach Maßgabe des Universalisierungsgrundsatzes »U« zu erwarten sind.
   Es ist offensichtlich, dass Habermas damit, wie er selbst
schreibt, Fragen einer bloß subjektiven *Wertschätzung*
oder einer moralisch-sittlichen *Präferenz* aus dem ethischen Diskurs ausschließt. Weniger evident ist es allerdings, dass er sich dabei auf Kant beruft, obwohl doch gerade die ausgeführte Moralphilosophie in der *Metaphysik
der Sitten* die ethische Theorie für materiale Fragen des
Guten öffnet (vgl. 2.3.). Die von Habermas vertretene Diskursethik, die anders als die von Apel vertretene Konzep-

tion des diskursethischen Modells keinen besonderen Teil
einer angewandten Ethik vorsieht, schließt damit nicht nur
die in Aristoteles' Ethikmodell bearbeiteten Fragen nach
dem *guten Leben* und nach den *ethischen Tugenden* im
Handlungsvollzug als diskursethisch nicht entscheidbar
aus, sondern auch die Fragen des *moralisch Richtigen im
kontingenten Einzelfall*, die Fragen nach dem moralisch
Möglichen, dem *Erlaubten* oder dem *Nichtverbotenen*. Es
sind also die Fragen, die ein breites Spektrum moralisch relevanter Probleme betreffen wie zum Beispiel die Frage
nach dem im Einzelfall Angemessenen, wie die nach dem
moralisch Besseren in einer gegebenen Situation oder wie
die nach dem aus moralischer Erfahrung Empfehlenswerten, dem Bewährten oder dem Guten. Der Ausschluss dieser durchaus auch moralisch einschlägig relevanten Fragen
aus der Zuständigkeit der Ethik erfolgt allein deshalb, weil
und insofern die für das moralische Handeln bedeutsamen
Fragen von der Diskursethik definitionsgemäß nach den
Kriterien der Grundsätze »D« und »U« nicht entschieden
werden können. Doch es erscheint wenig plausibel, die
Fragen aus der Zuständigkeit der philosophischen Ethik
auszuschließen, die bislang aus guten Gründen von ihr ver-
handelt wurden (vgl. hier u. a. 3.5.).

Eine weitere Besonderheit der Diskursethik, die aus der
Formel des Universalisierungsgrundsatzes »U« hervor-
geht und die insbesondere im Vergleich zur kantischen
Ethikbegründung ins Auge sticht, ist der Rekurs auf den
Begriff des *Interesses*. Zur näheren Bestimmung der Kriterien, die von den Diskursteilnehmern zur Prüfung der
Gründe ihrer Zustimmung oder Ablehnung einer Norm
verwendet werden sollen, rekurriert der Grundsatz »U«
auf die »Folgen und Nebenwirkungen«, die die zur Diskussion stehende Norm bei deren unterstellter allgemeiner
Befolgung für die Befriedigung der »Interessen« eines jeden einzelnen bereithält. Auch dann, wenn man in einer
wohlmeinenden Auslegung dieser Passage ausschließen

kann, dass mit dieser Formulierung die partikulären Interessen aller Diskursteilnehmer auf dem kleinsten gemeinsamen Nenner gemeint sein könnten (also der »overlapping consensus« zufälliger oder gar beliebiger Interessen von Privatbürgern, wie er als Modell der politischen Kompromissfindung in der modernen liberalen Theorie erscheint), so ist dieser Hinweis auf das gemeinsame oder »allgemeine Interesse« im Kontext der Diskursethik doch einigermaßen erstaunlich; denn wenn die moralischen Normen im Diskurs daraufhin überprüft werden sollen, ob sie im allgemeinen Interesse der Beteiligten sind, dann werden sie an Einstellungen, Haltungen, Absichten und Handlungsplänen gemessen, die auf spezifische Weise außerhalb des Diskurses liegen. Der Rekurs auf die »Inter-essen« (wörtlich: das gesellschaftliche »Zwischen-sein«) zielt selbst dann, wenn wir unterstellen dürfen, dass sich unsere Sicht auf unsere Interessen im Diskurs noch einmal verändert, auf eine Sphäre jenseits des Diskurses, nämlich auf die Handlungswelt unserer gesellschaftlich-sozialen Räume und unserer Stellung in ihnen. Wenn die »Interessen« der Diskursteilnehmer aber die Kriteriologie bereitstellen sollen für die geplante Prüfung der moralischen Normen im Diskurs, so begegnet uns hier ein Vorschlag, der in der Sache, nicht in der Terminologie, an den Rückgriff der aristotelischen Idee der Gerechtigkeit auf die Idee des »bonum commune«, des »allgemeinen Guten« oder des »Gemeinwohls« erinnert. Das ist überraschend, weil mit der Sphäre der »Inter-essen« unverkennbar ein Moment der *vornormativen Kontingenz* ins Spiel kommt, das weniger an Kants Prinzip der reinen praktischen Vernunft als an Aristoteles' Begriff des Gemeinwohls oder an Hegels Vorstellung von der Sittlichkeit erinnert.

Macht Habermas das Kriterium einer Überprüfung der Normenzustimmung an den Folgen einer Norm für die Befriedigung der Interessen eines jeden einzelnen und aller zusammen fest, so unterstellt er erstens, dass es solche

allgemeinen Interessen, getragen von allen Normbetroffenen und das heißt potentiell allen Menschen, tatsächlich
gibt, und zweitens, dass in deren Licht die Kriterien für
eine Zustimmung der Diskursteilnehmer zu einer Norm
rational anerkannt werden können. Doch muss gefragt
werden: Droht hier nicht die Gefahr einer Heteronomie
des ethischen Urteils? Sie kann m. E. nur dann vermieden
werden, wenn die Diskursethik einräumt, dass der damit
in der Debatte zugelassene Rekurs auf das moralisch oder
menschlich »allgemeine Interesse« nichts anderes als ein
»Gedankenexperiment« ist und, um überzeugen zu können, darauf angewiesen ist, im ethischen Diskurs selbst
noch einmal auf seine moralische Legitimität überprüft zu
werden. Doch hierzu sagt der Universalisierungsgrundsatz »U« nichts.

Aus der Perspektive eines Vergleichs des diskurstheoretischen Modells mit dem kantischen Modell der Ethikbegründung soll hier abschließend auf die Rolle eingegangen
werden, die im ethischen Diskurs das ethisch reflektierende Einzelsubjekt spielt, das zugleich der Adressat der Sollensforderung der Normen ist. Von den Vertretern der
Diskurstheorie ist mit einleuchtenden Gründen aufgezeigt
worden, dass das Konzept der Vernunft, die in uns allen
angelegt ist und auch immer schon wirkt, im Vergleich
zum Modell bei Kant erweitert werden muss, nämlich als
ein Vermögen, das sprachlich-diskursiv verfährt, das in die
soziale und geschichtlich stets verschieden geprägte Welt
von Kultur und Gesellschaft integriert ist und das uns nur
über spezifische Handlungsvollzüge vermittelt zur Verfügung steht, wie sie exemplarisch in den Analysen der
Sprechakttheorie herausgearbeitet worden sind.

Dennoch muss festgehalten werden, dass es die konkreten individuellen Menschen sind, die als Träger der kommunikativen Vernunft und als Diskursteilnehmer ethisch
argumentieren, reflektieren und am Ende dieses Prozesses
schließlich bestimmten Normen zustimmen oder sie ableh

nen. Es sind dieselben Menschen, die als die Adressaten der Normen Selbstverpflichtungen für ihr eigenes Handeln eingehen. Dies bestätigt auch die Formel des Universalisierungsgrundsatzes »U«. Die durch die intersubjektive Vernunft erzeugte praktische Einsicht, die Anerkenntnis und die Zustimmung zu Normen bleiben somit auf das moralisch handelnde Subjekt bezogen, das auch im Hinweis auf seine intersubjektive Stellung in der sprachlich-gesellschaftlichen Interaktion mit anderen als der einzige Träger von Vernunft, von moralischer Einsicht und von individuellen Handlungsabsichten nicht verlorengeht. Im Gegenteil: Es wird gerade in seiner unvertretbaren Rolle gegenüber allen anderen als ein argumentierendes Subjekt, als ein moralische Einsichten und auch Gründe darlegendes Mitglied einer »unbegrenzten Argumentationsgemeinschaft« (Apel) und als ein im Handeln zugleich Verantwortung übernehmende moralische Person pointiert gezeichnet. Anders als bei Kant hat das moralische Fragen stellende, ethisch reflektierte Subjekt der Diskursethik stets ein individuelles Gesicht und eine unverwechselbare Biographie, und die auf dem Wege von Argumentationsverfahren gekennzeichnete Rechtfertigung von Normen durch rationale Zustimmung ist als ein intersubjektiver und vernunftgeleiteter Prozess besser nachvollziehbar als die Vorstellung, die der innersubjektiven kantischen Maximenprüfung zugrunde liegt.

Diese Einsichten der Diskursethik legen den weiterführenden Gedanken nahe, auch den Akt der Zustimmung zu einer Norm, wie ihn der oberste Diskursgrundsatz »D« als das grundlegende Moment einer möglichen ethischen Rechtfertigung vorschlägt, als einen mehrstufigen Prozess zu verstehen. Damit ist nicht nur gemeint, dass dem geforderten Akt der tatsächlichen oder doch zumindest als möglich vorgestellten Zustimmung zu einer Norm ein komplexer Prozess der argumentativen Prüfung innerhalb des Diskurses vorausgeht, sondern dass der diskursethischen Prüfung selbst noch einmal eine andere Einsicht und Zustimmung vorausgehen muss: nämlich die Erkenntnis und Anerkenntnis, dass die strittigen Normen einer pluralistisch geprägten moralischen Lebenswelt überhaupt in einem intersubjektiven, also externen Forum auf ihren Anspruch auf moralische Legitimität hin überprüft werden sollen. Erst diese Einsicht nötigt zum *Eintritt in den ethischen Diskurs.* Aber sie setzt bereits eine Zustimmung der Betroffenen voraus, und wir dürfen mit ihr rechnen, weil wir unterstellen können, dass die in der Lebenswelt Handelnden (zumindest anfangshaft) verstehen, dass sie eine Verpflichtung zur Rechtfertigung ihrer eigenen Ansprüche auf moralisch richtiges Handeln gegenüber allen anderen, aber auch gegenüber sich selbst haben, wenn sie moralisch handeln wollen. Diese normativ verpflichtende Einsicht ist gleichsam Teil unserer moralischen Lebenswelt und ergibt sich Habermas und Apel zufolge aus der verständigungsorientierten Verfassung unseres Handelns selbst. Von *dieser* ersten normativen Einsicht sind die *im* ethischen Diskurs gesuchten Einsichten in die Gründe zu unterscheiden, die zu einer Zustimmung zu einer bestimmten Norm führen.

Mit gutem Recht verweist die Diskursethik darauf, dass der Aufforderung an uns, in einen ethischen Diskurs mit anderen einzutreten, um die in der moralischen Welt strittigen Normen rational zu rechtfertigen, der Status einer moralischen Pflicht, einer normativen Unhintergehbarkeit oder Notwendigkeit zukommt, die wir nur um den Preis eines praktischen Selbstwiderspruchs missachten können. Wir können hier somit von einer *zwingenden* (infalliblen) *praktischen Notwendigkeit oder Sollensforderung* sprechen.

Anders verhält es sich mit den Einsichten in das moralisch Gebotene, die wir *im* ethischen Diskurs suchen. Diesen haftet grundsätzlich, unbeschadet ihres Anspruchs auf normative Verbindlichkeit, der Charakter einer *falli-*

blen (fehlbaren) *Einsicht* an, nicht zuletzt aufgrund des Rekurses auf die Ebene der unterstellten »allgemeinen Interessen«. Der im ethischen Diskurs unvermeidbare Rückgriff auf eine Vorstellung des »für alle gleichermaßen Guten« stellt keinen über jeden Zweifel erhabenen Schritt zwischen der tatsächlichen Partikularität dar, die jede Zustimmung in einer Diskursgemeinschaft kennzeichnet, und der von ihr angestrebten Universalität. In dieser Doppelstruktur der *Infallibilität* des Diskursprinzips selbst und der *Fallibilität* der Resultate des ethischen Diskurses spiegelt sich die doppelte Struktur des moralischen »Gewissens« der um die Moralität ihrer Handlungen besorgten einzelnen Menschen wider. Wie wir sahen, sind es exakt diese leibhaftigen Individuen, die die Diskursethik als Teilnehmer am ethischen Diskurs voraussetzt. Es sind die einzelnen Menschen, die sich in ihren moralischen Einsichten in letzter Instanz auf ihre Vernunft und ihr praktisches Wissen (und das schließt ein: auch auf ihr persönliches »Gewissen«) stützen müssen. Dies geschieht im doppelten Sinn des Gewissensbegriffs: nämlich (1) generell auf ihr moralisches Urteilsvermögen, kraft dessen sie im Grundsatz den Unterschied von moralisch »gut« und »schlecht«, »richtig« und »falsch« erkennen (das Vermögen der »synderesis«), und (2) auf die einzelnen Urteile, die das praktische Vernunftvermögen im Hinblick auf konkrete Sachverhalte fällt (die Urteile der »conscientia«). So können wir zwar in jedem einzelnen Gewissensurteil irren, doch zugleich bindet uns jede Einsicht unseres Gewissens in unserem Handeln, so dass es moralisch unbedingt geboten ist, niemals gegen die Einsichten unseres Gewissens zu handeln. Noch weniger dürften wir andere Menschen dazu zwingen; denn es ist das Vermögen der praktischen Vernunft selbst in uns, das uns grundsätzlich die moralische Differenz von »gut« und »schlecht«, »richtig« und »falsch« erkennen lässt und uns in *diesem* Sinn *praktisch infallibel* belehrt, dass wir als moralisch handelnde Wesen dieser unserer Einsicht gemäß handeln sollen (ausführlicher hierzu vgl. u. a. die Analysen von Ludger Honnefelder).

7 Die Diskursethik

Die Diskurstheorie schließt kritisch an die Philosophie von Kant an und verwirft insbesondere die Begründung seiner Theorie der Vernunft im Rahmen der Transzendentalphilosophie. Im Mittelpunkt ihrer Kritik stehen dabei der »methodische Solipsismus« Kants sowie das Fehlen der Berücksichtigung der Sprache als Medium der Vernunft. Im Rückgriff auf die Philosophie des Pragmatismus, die Sprachphilosophie Wittgensteins und die Sprechakttheorie entfaltet sie ein umfassendes Programm einer »Transzendentalpragmatik« (Apel) bzw. einer »Theorie des kommunikativen Handelns« (Habermas).

Ungeachtet der Unterschiede zwischen beiden philosophischen Ansätzen bieten sich die theoretischen Prämissen der Diskurstheorie an, das Modell der Diskursethik als einen systematischen Beitrag zur Ethikbegründung zu würdigen, der die theoretische Kritik an Kants Transzendentalphilosophie auf dessen Beitrag zur Ethikbegründung ausweitet, ohne die berechtigten Einsichten der deontologischen Ethik Kants aufzugeben. Zu diesen Motiven, die die Diskursethik affirmativ mit dem ethischen Modell bei Kant verbindet, zählt das zentrale Verständnis für die Bedeutung der Sollgeltung von Normen sowie die Einsicht in die Möglichkeit, ja in die Notwendigkeit einer vernünftigen Begründung moralischer Normen, Regeln und Handlungsmaximen. Deren normative Grundlegung sieht die Diskursethik in der kommunikativen Struktur unserer Alltagspraxis angelegt.

In der Diskursethik tritt der ethische Diskurs als eine äußere Form einer intersubjektiv verfassten argumentativen Prüfung moralischer Normen auf, deren Geltung in einer Gesellschaft – aus welchen Gründen auch immer – in eine Krise geraten ist. Der ethische Diskurs gleichberechtigt miteinander diskutierender Partner tritt somit an die Stelle des ethisch seine eigenen Handlungsmaximen kritisch reflektierenden Einzelsubjekts bei Kant. Dementsprechend nimmt der »transzendentalpragmatische Grundsatz ›D‹« die Funktion des obersten Prinzips zur Begründung moralischer Einsichten ein, die bei Kant das Autonomieprinzip wahrnimmt, während der »Universalisierungsgrundsatz ›U‹« die Rolle des kategorischen Imperativs bei Kant übernimmt.

Die Transformation der Überprüfung moralischer Einsichten vom (selbst-)reflexiv verfahrenden Einzelsubjekt auf die intersubjektiv angelegte Diskursgemeinschaft führt zu einer Reihe von spezifischen Veränderungen bei den Aufgaben der Ethik. Während Kant der praktischen Vernunft die doppelte Aufgabe einer Begründung und Gesetzgebung zuweist, erfüllt der Diskurs die bescheidenere Aufgabe einer *Prüfung und Rechtfertigung* von moralischen Normen. Die diskursive Vernunft gebietet nicht, sie ist aber darauf angewiesen, dass die Teilnehmer am ethischen Diskurs im Rahmen der Erörterung der Gründe, die für oder gegen die Sollgeltung einer Norm sprechen, im Falle ihrer argumentativen Zustimmung tatsächlich zugleich eine praktische Selbstverpflichtung im Handeln eingehen. Ob das allerdings eintritt, liegt außerhalb des Bereiches, den die Diskurstheorie selbst noch beeinflussen kann.

Ein anderes Problem resultiert aus der Diskrepanz zwischen dem Anspruch des ethischen Diskurses ei-

nerseits, die Sollgeltung von allgemeinen moralischen
Normen zu rechtfertigen, und der Wirklichkeit andererseits, in der wir stets nur mit wenigen Diskurspart-
nern den Geltungsanspruch moralischer Normen
prüfen können. Die sich anbietenden Vorschläge, wie
hier Anspruch und Wirklichkeit zur Deckung gebracht werden können (zum Beispiel die Idee der
Stellvertretung, eine »Simulation« der Verallgemeinerbarkeit), bringen das Modell der Diskursethik wieder in die Nähe der kantischen Vorstellungen von der
Prüfung der Handlungsmaximen mittels des kategorischen Imperativs.

Nicht die Unterscheidung der Fragen des Guten von
den Fragen der Gerechtigkeit, sondern deren *radikale
Trennung* erweist sich als ein Vorschlag, der die Diskursethik in größere Probleme führt; denn mit dem
Ausschluss all jener Fragen aus der Zuständigkeit der
Ethik, die nicht als Fragen einer unbedingten und von
jedermann stets geforderten Moral zu beantworten
sind, beschränkt sich das Modell der Diskursethik auf
ein Programm, das wichtige Fragen im Erkenntnis-
und Aufgabenbereich einer philosophischen Ethik –
Fragen nach der »Moralität« (oder »moralischen
Richtigkeit«) des menschlichen Handelns – ohne
Antworten lässt, die einen Anspruch auf eine allgemeine rationale Begründung erheben können.

Ein anderes Problem der Diskursethik resultiert aus
ihrem Vorschlag im »Universalisierungsgrundsatz
›U‹«, dass Normen nur dann gerechtfertigt werden
können, wenn sie »im allgemeinen Interesse« liegen.
Mit der Bindung des Kriteriums des moralisch Richtigen an die Sphäre der Interessen gehen Folgeprobleme für die diskursethische Prüfung der Sollgeltung
von Normen einher, die das Modell der Diskursethik
der Gefahr aussetzen, dass das (mit Kant gesprochen)

oberste Prinzip der Moral, das Autonomieprinzip der praktischen Vernunft, verletzt wird und heteronome Gesichtspunkte bei der Beurteilung der Moralität moralischer Handlungsnormen zugelassen werden.

Die von der Diskursethik festgehaltene Rolle der Individuen als Träger von Vernunft und Prüfinstanz für moralische Normen gestattet es, den Prozess der Zustimmung zu einer Norm als einen in sich gestuften Prozess zu verstehen, der auf zwei unterschiedlichen Formen von rationaler Prüfung und Zustimmung aufruht, nämlich (1) der Zustimmung der Menschen, in den Diskurs überhaupt *einzutreten*, und (2) der Zustimmung *im* Diskurs.

Nur die erste Form der Zustimmung erscheint ethisch unbedingt notwendig und kann eine Art von praktischer Infallibilität oder Notwendigkeit beanspruchen, während die zweite Form der Zustimmung stets nur vorläufig erfolgt und nur zu bedingt notwendigen, also stets falliblen Einsichten gelangt. Diese zwei Formen von praktischer Gewissheit korrespondieren nicht nur strukturell mit der moralischen Gewissensprüfung des einzelnen, sondern sie gestatten es, das Modell der Diskursethik auch in einer modifizierten Form moralphilosophisch weiterzudenken, so dass die erwähnten Probleme vermieden werden können.

3. Ethische Grundbegriffe

Nach der Einführung in »erste Definitionen« der philosophischen Ethik, der Unterscheidung von Ethik, Moral
und Metaethik sowie der Methoden der Ethik in Kapitel 1
und der Präsentation von vier Ethikmodellen in Kapitel 2,
die so ausgewählt wurden, dass sie eine gewisse Bandbrei-
te der heute in der philosophischen Ethik diskutierten rationalen Ethikansätze paradigmatisch vertreten, führt Kapitel 3 auf der Grundlage des bisher Gesagten systematisch in einige ausgewählte ethische Grundbegriffe ein.

3.1. Handlungen

Zu Beginn wurde die philosophische Ethik als diejenige
Teildisziplin der Philosophie bestimmt, die das Handeln
von uns Menschen, aber auch unsere Handlungsregeln
oder -maximen, unsere Handlungseinstellungen oder -ab-
sichten unter dem Aspekt der Moralität bzw. der moralischen Richtigkeit untersucht. Dabei würdigt die Ethik
insbesondere die Teilnehmerperspektive der Handelnden
selbst und nimmt auf den Bereich des spezifisch moralischen Handelns Bezug. Diese Vorüberlegungen sollten
dazu beitragen, sicherzustellen, dass sich die Ethik nicht
bereits methodisch in einer theoretischen Distanzierung
(wie etwa die Metaethik) von der Handlungsperspektive
der Teilnehmer am Handeln entfernt; denn es ist ihre spezifische Aufgabe, im bleibenden Rückbezug auf den konkreten Einzelfall, in dem das Handeln selbst stets stattfindet, reflexiv-argumentativ zu verfahren und unter Rückgriff auf die Teilnehmerperspektive nach der Einsicht in
die Gründe und Kriterien für das moralisch Richtige und
für das im Handeln normativ Gebotene zu suchen.

Die Grundlage und den Ausgangspunkt der in diesem Sinne stets praktisch orientierten Reflexionen bildet für die Ethik somit der Begriff der Handlung, mit dessen Untersuchung deshalb auch Kapitel 3 beginnt. Eine ethische Behandlung des Handelns muss stets beachten, dass bei ihrer Suche nach dem »moral point of view« und der rationalen Begründung des Anspruchs des moralischen Handelns auf Richtigkeit die Realität des Handlungsvollzugs selbst nicht verzeichnet wird. Diese besteht darin, dass das Handeln sich stets im Raum der singulären Einzelereignisse vollzieht, die vom Handelnden immer auch – neben der Frage nach den Handlungsregeln – eine Berücksichtigung der besonderen Handlungsumstände, Kontexte und möglichen Abweichungen von allgemein erwartbaren Handlungsnormalitäten verlangt. Daher bedarf es – sowohl beim moralischen Handeln als auch bei dessen ethischer Reflexion – neben der praktischen Vernunfteinsicht in das moralisch Richtige, Gute, Gebotene auch der Klugheit, die die allgemeinen handlungsleitenden und rationalen Gründe mit dem Einzelfall des Handelns vermittelt.

Was macht aber genau das Phänomen der Handlung aus? Im alltäglichen Sprachgebrauch haben wir kein Problem damit, zwischen *Handeln* und *Verhalten* zu unterscheiden. Während wir das Verhalten als eine Aktivität beschreiben, die in gewisser Hinsicht unabsichtlich oder manchmal sogar reflexartig erfolgt, verbinden wir Handlungen mit Absichtlichkeit. Auch *Unterlassungen* können daher, sofern sie absichtlich erfolgen, als Handlungen betrachtet werden, wenn auch nur in eingeschränktem Maße. Was wir in unserem alltäglichen Verständnis vom Handeln wissen, hat auf seine Weise *Aristoteles* in seinem ethischen Modell bereits in einigen Grundlinien zusammengefasst. So bilden auch seine Ausführungen hierzu (vgl. 2.1.) den Ausgangspunkt für die weiteren Überlegungen, um schließlich auch über den ethischen Ansatz des Aristoteles systematisch hinauszugehen.

In der Ethik des Aristoteles sind für das Handeln im engeren Sinn zwei Momente entscheidend, nämlich erstens das *Ziel* des Handelnden und zweitens sein *Wissen vom Ziel*. Hinzu kommt ferner, dass der Handelnde ein Wissen auch von den Mitteln des Handelns und von den besonderen Umständen haben muss. Damit unterstellt Aristoteles einen rationalen Akteur, der um sein Handeln und seine Ziele als solche weiß und sich auf diese wie auf die Mittel und Zwecke seines Handlungsvollzugs und den Kontext bewusst beziehen kann. Wir haben ferner gesehen, dass Aristoteles den Begriff der Handlung im Rahmen einer teleologischen (zielgerichteten) Ordnung des natürlichen Strebens aller Dinge in der Welt und aller Lebewesen verwendet, deren metaphysische Prämissen heute mehr denn je umstritten sind, aber jetzt hier nicht zur Diskussion stehen. Das bedeutet, dass der ethisch relevante Begriff des Handelns bei Aristoteles im sachlichen Zusammenhang einer Beschreibung der Handlungen als eines Zwecke verfolgenden Strebens »des Menschen« steht, der um die Zwecke und Ziele seines Handelns weiß, sich zu ihnen wie zu dem Vollzug (Akt) der Handlung selbst und den Handlungsmitteln mit der Fähigkeit zu praktischer Überlegung und (Vorzugs-)Wahl bewusst, willentlich und in gewissen Grenzen frei agierend verhalten kann. Aristoteles kennt aber auch den Fall einer unfreiwilligen Handlung.

Von grundlegender Bedeutung ist bei Aristoteles vor allem die Unterscheidung zwischen Handlungen, die ihren Zweck bereits in sich tragen, und Handlungen, die auf Zwecke außerhalb des Handlungsvollzugs zielen. Die erste Form des Handelns nennt Aristoteles »Praxis«, die zweite »Poiesis«. Mit Blick auf die Handelnden selbst identifiziert er die *Tugenden des Verstandes* und die *Tugenden des Charakters*, also die von ihm sogenannten ethischen Tugenden, als die entscheidenden Faktoren zur moralischen Bewertung der Handlung. Für die Begriffe des Ziels oder des Zwecks der Handlung und der Vorzugswahl ist festzuhalten, dass Aristoteles noch kein vertieftes Konzept einer Handlungsintention oder -absicht kennt, auf das sich ein modernes Konzept der Handlung zu beziehen hat.

Aristoteles legt im Rahmen der Begründung seiner Tugendethik eine wichtige Analyse spezifischer Elemente der Handlung vor. Für diese erweisen sich die von ihm getroffenen Unterscheidungen, insbesondere die Differenzierungen zwischen Handlungsziel, Vorzugswahl und Tugenden, als grundlegend (vgl. 2.1.). Doch auch unabhängig von den besonderen Prämissen, die das Konzept des Handelns bei Aristoteles mit dessen Naturphilosophie und Metaphysik verbinden, sind zentrale von ihm herausgearbeitete Aspekte des Handlungsbegriffs bis heute von systematischer Bedeutung – und werden in der zeitgenössischen Philosophie rezipiert. So unterscheidet etwa der amerikanische Philosoph *Nicholas Rescher* fünf »deskriptive Elemente« einer Handlung«: (1) das Handlungssubjekt (*wer* hat etwas getan?), (2) den Akttyp (*was* hat jemand getan?), (3) die Modalität der Handlung (*wie* wurde etwas getan: auf welche Art und Weise und mit welchen Mitteln?), (4) den Handlungskontext (*wann, wo* und *unter welchen Umständen* hat jemand etwas getan?) und (5) die Gründe und/oder Ursachen der Handlung (*warum*, mit *welchem Ziel*, in welchem *geistigen Zustand* oder aufgrund *welcher Ursachen* oder *welcher Veranlassung* hat jemand etwas getan?).

Für die ethische Reflexion auf den moralischen Gehalt von Handlungen ist mithin die Frage nach dem moralischen Charakter des Handelnden selbst, also nach seinen Tugenden, aber auch nach seinen Absichten (Intentionen) und vor allem nach dem Akttyp oder Handlungstyp von grundlegender Bedeutung. Da sich jedoch eine philosophische Ethik nicht auf die Fragen der Grundlegung der Ethik und die Begründung des Richtigkeitsanspruchs von

moralischen Handlungsregeln und Handlungstypen beschränkt, sondern auch Fragen der Prüfung der moralischen Richtigkeit einer konkreten einzelnen Handlung in
ihren Aufgabenbereich fallen, sind auch die von Rescher
genannten weiteren Elemente des Handlungsbegriffs von
zentraler Bedeutung. Was bei Rescher nicht explizit auf-
geführt ist, aber für Moral und Ethik eine hohe systematische Relevanz und sachliche Einschlägigkeit besitzt, sind
die Fragen nach den Regeln und Normen, den subjektiven
Maximen und objektiven Handlungsfolgen.

Mit Blick auf die Frage der Handlungsfolgen können
wir im Anschluss an den Philosophen *Georg Henrik von
Wright* zwischen den *Folgen* und den *Ergebnissen* von
Handlungen unterscheiden. Damit ist gemeint, dass bestimmte Resultate einer Handlung diese im Sinne der Definition des Handlungstyps oder der Handlungsart ausmachen und daher wesentlich zu ihr gehören, während andere Handlungsfolgen für eine Handlungsbeschreibung
selbst nicht zwingend mit ihr verbunden sind.

In der zeitgenössischen Handlungstheorie der Philosophie und der Sozialwissenschaften hat die Diskussion über
sogenannte basale Handlungen (engl.: basic actions) einen
breiten Raum eingenommen. Ausgelöst wurde diese Debatte durch die Frage, ob Handlungen bloße Sequenzen
von Ereignissen in Raum und Zeit bilden oder ob ihnen
eine innere Einheit zugesprochen werden kann. So wurde
die Frage diskutiert, ob sich komplexe Handlungssequen-
zen auf einfache oder basale Handlungen analytisch zurückführen lassen, die dann (in der Regel werden sie beschrieben als die Bewegung eines Körpers in Raum und
Zeit) für eine kausale Erklärung von Handlungen nach der
Art physikalischer Beschreibungen dienen könnten. So
schlägt etwa der amerikanische Philosoph *Arthur Danto*
vor, Handlungen so zu beschreiben, dass sie auf elementa-
re Operationen im Sinne von Körperbewegungen zurückgeführt werden können. Diese als »basic actions« bezeich-

neten Körperbewegungen bieten sich nicht nur dazu an, komplexe Handlungsabläufe analytisch auf einfache Teilhandlungen zurückzuführen, sondern sie eignen sich auch dazu, Handlungen als kausal verursachte Ereignisse zu deuten. In Dantos Darstellung der »basic actions« wirken diese wie Ursachen in der Welt physikalischer Gegenstände, durch die die Akteure ihre Handlungsabsichten gewissermaßen kausal verursachen.

Gegen diese Darstellung von Handlungen wendet sich *Alvin Goldman*: Für ihn bewirkt eine Handlung nicht im Sinne einer Ursache einen neuen Zustand in der Welt; neue Weltzustände sind für ihn nicht angemessen beschrieben als durch basale Körperbewegungen verursacht, sondern sie sind zu begreifen als die Folgen von Handlungen, für die die Intention des Handelnden konstitutiv ist.

Gegen Danto und Goldman insistiert *Donald Davidson* darauf, dass im Sinne einer ontologischen Feststellung in der uns umgebenden Welt nicht Handlungen, sondern nur Körperbewegungen existieren: Alles andere sei eine Frage unserer Interpretation. Diese Unterscheidung erlaubt Davidson zufolge viele mögliche Beschreibungen ein und derselben Körperbewegung, sei es aus der Perspektive des Handelnden, sei es aus der Perspektive der Handlungsbetroffenen, sei es aus der Perspektive der Beobachter, sei es aus der Perspektive der Nachwelt. Je nachdem welche Perspektive der Beschreibung wir wählen, erzeugen wir Davidson zufolge gewissermaßen eine neue Handlung. Diesem Verständnis von Handlungen widerspricht aber Goldman mit dem Hinweis, dass Davidson mit seinem Verfahren die Einheit des Handlungsbegriffs aufspaltet in ein naturalistisches Konzept einer rein deskriptiv protokollierbaren Körperbewegung in Raum und Zeit einerseits und in beliebig viele, geradezu willkürlich anmutende mögliche Interpretationen derselben physikalischen Ereignisse andererseits. Damit wird nämlich nicht nur der konstitutive innere Zusammenhang von Handlungssubjekt und Intention, Handlungsvollzug und Handlungsziel, Handlungsmitteln und Handlungszweck aufgelöst und so das Phänomen, das verstanden werden soll, beseitigt; es wird auch der spezifisch praktische Gehalt von Handlungen verfehlt, der, wie eingangs festgestellt wurde (vgl. Kap. 1.1.), aus der Perspektive der Handelnden und ihrer Sicht auf das Handeln gewonnen werden soll. Nur auf diesem Weg können wir in der Tat systematisch einen Handlungsbegriff formulieren, der für die Fragestellung der philosophischen Ethik gehaltvoll ist. Körperbewegungen sind also in der Regel selbst noch gar keine Handlungen, sondern bilden allenfalls Momente oder Teile von Handlungen, die nicht von den anderen Momenten oder Teilen isoliert werden können.

Gegen Davidson und dessen Versuch einer naturalistischen Eliminierung des Handlungsverstehens insistiert auch *Habermas* (vgl. J. Habermas, Handlungen, Operationen, körperliche Bewegungen, in: Vorstudien und Ergänzungen zur Theorie des kommunikativen Handelns, Frankfurt/M. 1985) im Anschluss an Wittgenstein darauf, dass Handlungen nicht nur erklärt oder beschrieben, sondern auch verstanden werden können. Dies geschieht dadurch, dass wir die Regel verstehen, der ein Handelnder folgt. Das aber setzt voraus, dass wir auf den Akteur und den von ihm verfolgten, mitunter auch komplexen Handlungsplan achten. Habermas zufolge können grundsätzlich drei Handlungsarten voneinander unterschieden werden, die verschiedenartigen Handlungsregeln, Handlungslogiken oder Handlungsrationalitäten folgen, nämlich (1) instrumentelles Handeln, (2) strategisches Handeln und (3) normenreguliertes Handeln.

(1) Instrumentelles Handeln ist gemäß einem dem Handeln zugrunde liegenden Handlungsplan auf gegenständliche Ziele, zumeist Objekte, bezogen. Es kann erläutert werden etwa im Sinne des aristo-

telischen Begriffs der Poiesis als ein herstellendes Handeln, das ein bestimmtes Ziel verfolgt und sämtliche Bewegungen und Abläufe auf die Herstellung eines Gegenstands ausrichtet. Gut oder erfolgreich ist dieses Handeln dann, wenn dadurch ein gutes Resultat oder nützliches Produkt entsteht, das der Handelnde als Ziel seines Tuns bewirkt.

(2) Demgegenüber zielt das strategische Handeln nicht auf die Herstellung von Produkten oder Gegenständen, sondern ist auf andere Handlungssubjekte bezogen, die hier ihrerseits allerdings nur als Mittel zum Zweck gebraucht werden. Wie beim ersten Handlungstyp ist auch im Fall des strategischen Handelns das Ziel der Handlung ein äußerer Zweck, den der Stratege mit seinem Tun verfolgt. Doch werden zu diesem Zweck andere Mithandelnde in den Handlungsplan ausdrücklich integriert, und zwar seitens des Handelnden mit der Absicht, dass sie ihrerseits gleichsam als Mittel oder Instrumente für das Erreichen des eigenen Ziels eingesetzt werden. Gut oder effizient sind entsprechend der Rationalität dieser Handlungsart diejenigen Handlungen, die es dem Akteur erlauben, andere Mitwirkende strategisch so zu benutzen, dass er sein Ziel final erreicht.

(3) Vom instrumentellen und vom strategischen Handlungstyp unterscheidet sich die dritte Handlungsart, das normenregulierte Handeln. Die hier verfolgte Handlungsrationalität definiert sich nicht dadurch, dass am Ende des Handelns ein bestimmtes Ziel oder ein bereits vorab definierter Zweck wie ein bestimmter Nutzen erreicht ist; vielmehr entscheidet sich an der Frage, ob es dem Handelnden gelingt, mit oder in seinem Handeln eine bestimmte Handlungsregel einzuhalten, ob ein Handeln gut im Sinne von richtig ist oder nicht. Bei diesem Hand-

lungstyp wird das Handeln also nicht danach beurteilt, ob es sein Ziel erreicht; vielmehr wird primär
der Vollzug einer Handlung betrachtet und die Frage beantwortet, ob und inwiefern die Art und Weise des Handlungsvollzugs einer bestimmten Regel
entspricht. Das so allgemein definierte normen-
steuerte Handeln ist noch nicht notwendigerweise
ein Handeln unter dem Gesichtspunkt der Moralität, da es auch andere als moralische Regeln gibt,
denen der Handelnde entsprechen kann, etwa
rechtliche Vorgaben, technische Normen, kulturelle
Verhaltensvorschriften, medizinische Ratschläge
oder diätetische Empfehlungen. Aber es ist offensichtlich, dass unter diesem Handlungstyp und dessen Rationalität auch das Handeln fällt, das wir als
ein (wie auch immer) moralisch qualifiziertes Handeln bezeichnet haben (vgl. Kap. 1.1.). Dessen Anspruch auf Richtigkeit definiert den Begriff des Guten in einem moralisch verstandenen Sinn. Es ist,
wie gezeigt wurde, die Aufgabe der Ethik, genau
diesen Anspruch des Handelnden, moralisch gut zu
sein, kritisch zu prüfen und entweder zu begründen
oder zu verwerfen oder auch zu modifizieren.

Nur wenige Jahre nach dieser in der Auseinandersetzung
mit Danto, Goldman und Davidson eingeführten Unterscheidung von drei Handlungsarten nach Maßgabe der ihnen zugrunde liegenden unterschiedlichen Handlungspläne und Handlungsrationalitäten legte Habermas in seiner
Theorie des kommunikativen Handelns eine neue Liste
von jetzt vier Handlungstypen vor, die die soeben erwähnte Liste modifiziert und um einige systematisch
wichtige Gesichtspunkte ergänzt. So unterscheidet er (1)
das teleologische Handeln, (2) das normenregulierte Handeln, (3) das dramaturgische Handeln und (4) das kommunikative Handeln.

(1) Zum *teleologischen Handeln* fasst Habermas die zuvor genannten beiden Handlungsarten des poietisch-herstellenden und des strategischen Handelns zusammen; dies ist vernünftig und leuchtet ein, denn in beiden Arten handelt prototypisch ein einsamer Akteur und zielt mit seinem Tun auf das Erreichen eines Ziels (griech.: telos). »Gut« wird ein Handeln dieses Typs genannt, wenn der einsame Akteur seine Handlungsmittel so geschickt organisiert, dass er sein intendiertes Ziel auch final erreicht, möglichst unter einer Minimierung der Transaktionskosten. Dann ist das teleologisch definierte Handeln nicht nur gut im Sinne von erfolgreich, sondern auch effizient.

(2) Als weiterer Handlungstyp nennt Habermas das *normenregulierte Handeln*. Es ist für ihn dadurch gekennzeichnet, dass es sich nicht auf das Verhalten eines einsamen Akteurs bezieht, sondern auf die Mitglieder einer sozialen Gruppe, die ihr Handeln an intersubjektiv geteilten Werten, Regeln und Normen orientieren. »Gut« im Sinne der Rationalität dieses Handelns agiert derjenige, der die Normen so erfüllt, wie es die anderen in der Gruppe von ihm erwarten. Dies mögen moralische, religiöse, rechtliche, kulturelle, technische oder ökonomische Werte, Regeln oder Normen sein.

(3) Von diesen beiden Handlungstypen unterscheidet Habermas eine dritte Art von Handeln, das er das *dramaturgische Handeln* nennt. Es beschreibt weder den einsamen Akteur noch das Gruppenmitglied, sondern solche »Interaktionsteilnehmer, die füreinander ein Publikum bilden, vor dessen Augen sie sich darstellen« (ders., Theorie des kommunikativen Handelns, Bd. 1, S. 128). Das hier vorherrschende Handeln zielt auf eine soziale »Selbstrepräsentation« und bedient sich der performativen Mittel der Sprache.

(4) Als letzten Handlungstyp führt Habermas das *kommunikative Handeln* ein. Dieses Handeln findet in Gestalt einer Interaktion von zwei oder mehr sprachbegabten und handlungsfähigen Subjekten statt, bei der diese – anders als im strategischen Handeln – auf eine Praxis interpersonaler Beziehungen abzielen. »Die Akteure suchen eine Verständigung über die Handlungspläne und damit ihre Handlungen einvernehmlich zu koordinieren« (ebd.). Mit dem Begriff des kommunikativen Handelns greift Habermas ausdrücklich auf die Sozialpsychologie von Mead, auf Wittgensteins Sprachspieltheorie, die Sprechakttheorie von Austin und Gadamers Konzept der Hermeneutik zurück. Auf diese Weise will er über das Konzept des Sprachverstehens und der Sprachhandlungen einen erweiterten Begriff des Handelns freilegen, in dessen innerer Logik bereits ein Potential für Verständigung angetroffen werden kann, das für die Grundlegung der Moral und die Begründung einer philosophischen Ethik von maßgeblicher Bedeutung ist (vgl. ebd., S. 141–151). Habermas geht nämlich davon aus, dass das Konzept des kommunikativen Handelns nicht nur den umfassendsten, die anderen Handlungsarten in gewisser Weise integrierenden Typ des Handelns darstellt, sondern dass wir nicht in der Lage sind, das auf Verständigung angelegte kommunikative Handeln gänzlich zu vermeiden (auch wenn' wir im Alltag oft der Logik des strategischen Handelns folgen). Aus beiden Gesichtspunkten ergibt sich die für die Grundlegung einer Ethik (vgl. 2.4.) fundamentale Rolle des kommunikativen Handelns, für das bereits ein in unsere Alltagspraxis eingeschriebener Sinn von Moralität konstitutiv ist. Trifft diese Beschreibung eines in unsere lebensweltliche Praxis eingelassenen, kommunikati-

ven Sprachhandelns zu, dann ist es dieser Handlungstyp, dem gleichsam von Haus aus ein Sinn für moralische Richtigkeit korrespondiert. Auf dieses Konzept von Handlung sollen (so der Grundansatz auch der vorliegenden Einführung) die Reflexionen der Ethik gleichsam systematisch »aufsetzen« (vgl. 3.5.).

8 Handlungen

Handlungen lassen sich zunächst (im Anschluss an Aristoteles) als ein zielgerichtetes, Zwecke verfolgendes Streben von Menschen beschreiben, das wissentlich und willentlich erfolgt und von praktischen Überlegungen, von Akten der Wahl von Mitteln und Zwecken sowie von der Berücksichtigung der jeweiligen singulären Umstände begleitet ist und in gewissen Grenzen freiwillig erfolgt. Mit dem modernen Begriff der Absicht des Handelnden (lat.: intentio) greift die Philosophie auf Einsichten der Philosophie des Mittelalters zurück.

Wie Nicholas Rescher ausführt, konstituieren fünf (deskriptive) Elemente eine Handlung: (1) das Subjekt der Handlung (der Akteur), (2) die Handlungsart (der Akttyp), (3) die Modalität der Handlung, (4) der Handlungskontext und (5) die Gründe und/oder Ursachen der Handlung.

Die Debatten über sogenannte »basic actions« oder basale Handlungen (u. a. zwischen Danto, Goldman und Davidson) wurden ausgelöst von der Frage, ob Handlungen als bloße Sequenzen von Ereignissen in Raum und Zeit zu verstehen sind und ob bzw. inwiefern ihnen eine innere Einheit zugesprochen werden kann. An diesen Diskussionen zeigt sich systematisch, dass es darauf ankommt, den inneren Zusammenhang zwischen Handlungssubjekt und Intention, Handlungsvollzug und Handlungsziel, Handlungsplan und Handlungsumständen nicht aufzulösen, weil sonst das spezifische Phänomen der Handlung nicht mehr verstanden werden kann.

Während Habermas in einem früheren Vorschlag zunächst drei Arten von Handlungen (instrumentelles Handeln, strategisches Handeln und normenreguliertes Handeln) unterscheidet, differenziert er später explizit zwischen vier Arten: (1) das teleologische Handeln (in dem er das poietisch-herstellende und strategische Handeln zusammenfasst), (2) das normenregulierte Handeln, (3) das dramaturgische Handeln und (4) das kommunikative Handeln. Dieser Vorschlag ist grundsätzlich geeignet, um die Aufgaben der Ethik als einer »praktischen Theorie« zu bestimmen, die die »Moralität« des Handelns (auch) aus der Sicht der Teilnehmer- oder Akteursperspektive thematisiert.

3.2. Tugenden

Die Tugenden (griech.: aretai bzw. im Singular arete; lat.: virtus) spielen im aristotelischen Modell der Ethik die entscheidende Rolle bei der Bestimmung des Gesichtspunkts des moralisch Richtigen, das Aristoteles im Begriff des »Guten« fasst (vgl. 2.1.). Aber auch in anderen, später entwickelten Ethikmodellen, die einer anderen Systematik folgen, nimmt das Konzept der Tugenden eine zentrale Stelle ein; denn der Besitz der moralischen Tugenden gilt in nahezu allen Ethikentwürfen als Ausweis der Moralität oder moralischen Gesinnung eines Handelnden. Besondere Bedeutung kommt den Tugenden beispielsweise in der stoischen Ethik zu. Dies gilt noch immer, was gerne übersehen wird, für die Vernunftethik bei Kant, der ausführlich über die moralischen Tugenden als sittliche Pflichten geschrieben hat.

Der klassische Gegenbegriff zum Begriff der Tugend ist der des Lasters (griech.: kakia; lat.: vitium; beide Termini können im Deutschen auch mit »Schlechtigkeit«, »Bosheit«, »Fehler«, »Mangel« oder »Schuld« übersetzt werden). Beide Begriffe, der Begriff der Tugend und der des Lasters, klingen heute in manchen Ohren altertümlich oder verstaubt. Insofern könnte leicht der Eindruck entstehen, es ginge in diesem Abschnitt um einen Begriff, der uns bestenfalls dazu verhilft, die Ethikkonzepte der Vergangenheit besser zu verstehen. Doch das trifft nicht zu. Die Tatsache, dass die Begriffe auch heute noch aktuell sind, zeigt sich u. a. darin, dass zeitgenössische politische Philosophen wie Alasdair MacIntyre für die Gegenwart unserer westlichen Zivilisation eine tiefe »moralische Krise« diagnostizieren und sie unmittelbar mit einem »Verlust der Tugend« in Zusammenhang bringen. Auch melden sich heute immer deutlicher und gerade immer mehr Philosophinnen zu Wort, die wie Martha Nussbaum, Onora O'Neill, Philippa Foot, Rosalind Hursthouse, Nancy Sherman oder Ursula Wolf auf die Unverzichtbarkeit einer ethischen Lehre von den Tugenden hinweisen.

Nicht erst *Aristoteles*, sondern bereits sein Lehrer *Platon* stellte die Lehre von den Tugenden in das Zentrum seiner Ethik. Dabei fällt auf, dass sich die inhaltliche Beschreibung der Tugenden bei beiden Autoren stark an der Vorstellung orientiert, wie die »Besten« im Staat, die »aristoi«, charakterlich beschaffen sein sollten. Es ist offensichtlich, dass der Lehre der Tugenden bei beiden Philosophen idealisierte Vorschläge zugrunde liegen, in welche Richtung sich die herrschende Aristokratie Athens (im 5. und 4. Jahrhundert v. Chr.) entwickeln soll.

Dies betrifft die inhaltliche Seite der von Aristoteles vertretenen Tugendlehre. Von größerem systematischem Interesse ist jedoch die formale Seite seiner Lehre, die für eine Debatte in der Ethik heute einzig geeignet erscheint. Formal kommt dem Tugendbegriff die Aufgabe zu, nicht die natürlichen Eigenschaften von Menschen wie etwa ihre Sprach- oder Vernunftfähigkeit oder ihre Befähigung zu sinnlicher Wahrnehmung oder zur Fortbewegung zu bestimmen, sondern nur erworbene, erlernte, unter Umständen gezielt angeeignete Eigenschaften, die auf natürlichen Anlagen aufbauen.

Systematisch wichtig ist es, dabei auch zu beachten, dass der Begriff der Tugend nicht nur für moralische Eigenschaften oder sittliche Einstellungen reserviert ist, sondern dass er auch zur Bezeichnung von geistigen oder intellektuellen Eigenschaften und/oder körperlichen Fähigkeiten herangezogen wird. Diesen menschlichen Eigenschaften ist gemeinsam, dass sie auf der Grundlage von natürlichen Anlagen erst erworben, erlernt oder eingeübt werden müssen, um so den Träger dieser neuen Eigenschaften einerseits auszuzeichnen, ihn andererseits aber auch praktisch in die Lage zu versetzen, diesen neuen, erworbenen Eigenschaften gemäß besser zu handeln: So führt im Bereich des Sports das Körpertraining zur Ausbildung von körperlichen Tugenden, die es dem Sportler erlauben, im Wettkampf seine Leistungen immer weiter zu steigern. Auch die Schülerin, die eine fremde Sprache oder Mathematik lernt, eignet sich die »geistigen« oder »verstandesmäßigen« Tugenden eines besonderen Wissens auf dem Gebiet der Sprache oder der Mathematik an und schult so ihren Scharfsinn und ihr Erinnerungsvermögen. Daraufhin ist sie in der Lage, immer kompliziertere Sprachanforderungen in einer fremden Sprache oder höhere Aufgaben in der Mathematik kompetent zu bewältigen. Das Gleiche gilt für die Musikschülerin, die lernt, ein Instrument zu spielen.

Allgemein können wir festhalten, dass Tugenden dadurch definiert sind, dass sie von einem Träger, einem Handlungssubjekt erworben, erlernt oder eingeübt werden, dass sie mithin erworbene und nicht natürliche Eigenschaften von Menschen bezeichnen. Diese neuen Eigenschaften werden für den Menschen, der sie erwirbt, zu dessen persönlichen, habituellen Eigenschaften und bringen ihn so erst in die Verfassung, entsprechend diesen Eigenschaften elaborierter, qualifizierter, effizienter, kurz »besser zu handeln«: schneller zu laufen, sich in einer fremden Sprache angemessener auszudrücken, schwierigere mathematische Aufgaben zu lösen oder ein anspruchsvolleres Musikstück zu spielen.

Tugenden befähigen ihre Träger also zu einem »besseren Handeln«, wie auch immer im einzelnen dieses Handeln qualifiziert sein mag. Daraus folgt im Umkehrschluss: Ohne Tugendbesitz auf der Seite der Akteure ist deren Handeln »weniger gut«, weniger elaboriert, weniger qualifiziert, weniger effizient. Wenn wir nun besondere Ziele erreichen wollen: wie eine fremde Sprache gut zu sprechen, im sportlichen Wettkampf den Sieg zu erringen oder in einem anspruchsvollen Orchester zu spielen, dann müssen wir zunächst die erforderlichen Tugenden erwerben, die uns hierzu verhelfen, sonst erreichen wir unsere Ziele nicht. Die Tugenden des Verstandes (wie das Wissen der Sprache oder der Mathematik) sind, da sie ein aktuelles Wissen bereithalten, auch eine eigenständige Quelle für neue Einsicht und erweitertes Wissen.

Darüber hinaus aber gilt es auch dafür zu sorgen, die erworbenen Tugenden und Eigenschaften nicht wieder zu verlieren. So muss der Sportler beständig trainieren, die Sprachschülerin muss die Sprache sprechen, die Musikerin muss auf dem Instrument üben. Allgemeiner gesprochen: Tugenden müssen nicht nur erworben werden, sie können auch wieder (zumindest in Teilen) verloren gehen und bedürfen ihrer beständigen Anwendung in der Praxis. Sie sind Handlungsdispositionen (griech.: hexis; lat.: habitus) bzw. zur Verfassung eines Menschen gewordene Einstellungen und Eigenschaften, die darauf angelegt sind, dass sie im Handeln stets neu aktualisiert und angewendet werden, um so ihrem Träger, dem Handelnden, erhalten zu bleiben und ihn in stetig verbesserter Form zu einem immer qualifizierteren Handeln zu befähigen.

Ging es bisher ganz allgemein um den Begriff der Tugend als eines erworbenen Habitus des Menschen und waren die gewählten Beispiele eher »Tugenden des Körpers« und »Tugenden des Verstandes«, so wissen wir doch, dass beim Sport, beim Erlernen einer Sprache, bei der Beschäftigung mit der Mathematik oder dem Lernen eines Instruments nicht nur der Körper oder der Verstand des Schülers gefragt ist, sondern auch weitere Eigenschaften wie Ausdauer, Selbstbeherrschung, Mut und Affektkontrolle. Auf diese Eigenschaften zielen nun bei *Aristoteles* und bei seinen Nachfolgern bis heute die »ethischen Tugenden«. Ohne sie können sich auch die anderen Fähigkeiten und Tugenden nicht voll entfalten. Aristoteles spricht von diesen Tugenden als den »Tugenden des Charakters«: Sie prägen den Handelnden als Person in seiner moralischen Identität, sind nicht nur entscheidend dafür, wie er handelt, sondern auch dafür, welche Handlungsziele sich ein Mensch setzt, ja welchem Lebensplan im Ganzen seines Lebens er folgt. Damit spricht Aristoteles den moralischen Tugenden auch eine wichtige Orientierungs- und Erkenntnisfunktion und nicht nur eine bedeutsame Rolle bei der Motivation oder Ausführung des Handelns zu. So kommt den Tugenden, noch vor aller inhaltlicher Orientierung an bestimmten Handlungszielen oder dem moralischen »Guten«, die funktional beschreibbare Aufgabe zu, den Handlungsvollzug durch den Menschen zu gestalten, etwa absichtsgeleitet und wissend, konstant, aber auch informiert, zielorientiert und mittelbewusst. Für Aristoteles besteht die Aufgabe der ethischen Tugenden darin, das Handeln des Menschen aus praktischem Wissen und mit Einsicht, aus eigenem Vorsatz und mit der erforderlichen »Vorzugswahl«, aus Beharrlichkeit und mit Konstanz sowie aus »Freude« und mit »Lust« am Erreichen der selbstgesetzten oder -gewählten Ziele auszugestalten. So gesehen konditionieren die Tugenden nicht nur die Handlungsvollzüge, sondern »integrieren« die handelnden Personen, und so werden aus gut Handelnden »gute Handelnde«.

Hierzu dienen an oberster Stelle die vier sogenannten Kardinaltugenden, eine Liste von umfassenden Tugenden, die Aristoteles bereits von Platon (aus dessen Schrift *Politeia*) übernimmt.

(1) Die erste dieser Kardinaltugenden ist die *Klugheit* (griech.: phronesis). Sie ist selbst noch keine »ethische Tugend« im engeren Sinn der Charaktertugenden, sondern repräsentiert eine »intellektuelle Tugend« oder eine »Verstandestugend«. Sie vermittelt dem Handelnden die Kompetenz, das allgemein als moralisch richtig Erkannte mit der besonderen Handlungssituation im Einzelfall jeweils kognitiv und motivational zu verbinden. Die Klugheit beschränkt sich also nicht darauf, nur die richtigen Mittel zu den bereits zuvor festgelegten Zwecken zu finden. Sie lässt die Handelnden auch die moralisch richtigen Teilziele als Etappen eines moralischen Lebensplans erkennen und tatsächlich auswählen. Wichtig ist auch die Feststellung von *Thomas von Aquin*, der hier Aristoteles auslegt, dass die Klugheit – im Unterschied zur bloßen Cleverness, Verschlagenheit oder Durchsetzungskraft – nur im Verbund mit den ethischen Tugenden das moralisch Richtige im Einzelfall erkennt. Thomas behauptet sogar, dass die Klugheit erst die moralischen Tugenden praktisch integriert (er spricht von einer

»connexio virtutum«) und so im Handeln wirksam werden lässt.

(2) Die zweite Kardinaltugend ist die *Gerechtigkeit* (griech.: dikaiosyne), eine Haltung und Befähigung sowohl zum richtigen Handeln anderer Menschen gegenüber als auch zur Orientierung des eigenen und fremden Handelns am Gemeinwohl, also dem Wohl aller in einer politischen Gemeinschaft. Daher gilt die Tugend der Gerechtigkeit auch als oberste der moralischen Tugenden; sie bringt diese Tugenden im Verhältnis eines Menschen zu den anderen Mithandelnden erst zur Geltung.

(3) Die dritte Kardinaltugend heißt *Tapferkeit* oder *Mut* (griech.: andreia). Sie verleiht dem Handelnden die Fähigkeit, sich weder durch Furcht vor Gefahren oder Widerstand noch durch Tollkühnheit oder Leichtsinn im Handeln bestimmen zu lassen. Im zivilen Leben könnte man sie auch als »Zivilcourage« bezeichnen, also als die Bereitschaft, sich trotz möglicher Anfeindungen etwa für eine gerechte Sache oder ein berechtigtes Anliegen gegen die Arroganz der Mächtigen und gegen die Ignoranz der Mitmenschen einzusetzen und sich nicht vom moralisch richtigen Weg abbringen zu lassen.

(4) Als vierte Kardinaltugend zählt Aristoteles die *Besonnenheit* oder das *Maßhalten* (griech.: sophrosyne) auf. Sie hilft dem Handelnden, die richtige Mitte zwischen Affekten und Verstand, Antrieb und Antriebslosigkeit, Suche nach Lust und Zügellosigkeit zu finden. In diesem Sinne ist auch sie moralisch erkenntnisbefördernd und nicht nur motivational wirksam.

So verhelfen alle hier aufgeführten Tugenden, also die Verstandestugend der Klugheit im Verbund mit den ethischen Tugenden der Gerechtigkeit, des Muts und der Besonnenheit, dem Menschen zu einem im moralisch weiten Sinn verstandenen gelingenden Handeln und ermöglichen es ihm auf diesem Weg, sich selbst im Handeln als ein moralischer Mensch zu verwirklichen und sein Glück im Handeln im Sinne der oben genannten »Eupraxia« (vgl. 2.1.) zu realisieren.

In der christlichen Tradition werden die »natürlichen Tugenden« der platonisch-aristotelischen Tradition durch die bei *Paulus* aufgeführten »übernatürlichen Tugenden« positiv ergänzt: Glaube, Hoffnung und Liebe, die gemäß Paulus in einem Verhältnis der Steigerung zueinander stehen (vgl. 1 Kor 13). Auch sie erfüllen gewissermaßen die bereits bei Aristoteles erkennbare Funktion einer Orientierung im Handeln, geben Einsicht in praktische Wahrheit und verhelfen zu einer diesen Tugenden entsprechenden Praxis; sie leisten dies dadurch, dass sie demjenigen, der sich in seinem Handeln an ihnen orientiert, dazu verhelfen, sein »Glück« zu realisieren, hier nun verstanden im Sinne einer »Glückseligkeit« (lat.: beatitudo) eines ewigen Lebens bei/mit/in Gott.

In der spätantiken philosophischen Tradition der *Stoa* verändert, ja radikalisiert sich die ethische Tugendlehre in einer spezifischen Art und Weise. Die Tugenden dienen nun nicht mehr dazu, den Menschen in seinem »guten Handeln« zu orientieren und ihn so zu einem guten oder geglückten Leben zu führen. Sie avancieren zu einer neuen Aufgabe: Sie erscheinen den Stoikern als das einzige, was es verdient, im moralischen Sinn überhaupt »gut« genannt zu werden. Alle anderen Handlungsgüter oder -ziele werden dadurch – in Ablehnung der Morallehre des Aristoteles oder des Epikur – zugleich zu moralisch indifferenten Gütern (griech.: adiaphora) erklärt. Das Glück des Lebens besteht der Lehre der Stoa zufolge nicht mehr in einem geglückten Lebensplan, sondern nur mehr im Besitz von Tugenden. Durch diesen Besitz wird auch der Mensch moralisch ausgewiesen, der selbst im Unglück, sei es in

Krankheit und Krieg, in Leiden und Armut oder beim Verlust seiner Liebsten, unbeirrt an den Tugenden festhält (vgl. als Paradigma etwa Seneca). So rücken hier die deontologisch verstandenen Tugenden als »Tugendpflichten« ins Zentrum der ethischen Bestimmung des moralisch Richtigen oder Guten. Die Tugenden werden nun nicht mehr wie bei Aristoteles als ein konstitutiver, integraler Bestandteil einer Lebenspraxis des guten Lebens verstanden, aber auch nicht, wie etwa zu Beginn der Neuzeit bei David Hume oder im ethischen Naturalismus der Gegenwart, rein instrumentell als Eigenschaften gesehen, die ihrem Träger einen strategischen Vorteil im »Kampf aller gegen alle« in der Gesellschaft versprechen. Kant knüpft in seiner Kritik an Humes ethischem Naturalismus an die erstmals von den Stoikern formulierte normative Idee von Tugendpflichten an, indem er auf der Grundlage des von ihm vorgestellten Autonomieprinzips der praktischen Vernunft (vgl. 2.3.) die Tugenden als moralische Stärke in der Befolgung der Pflichten bestimmt, die die praktische Vernunft dem Willen des Menschen auferlegt. Zu den Tugendpflichten, die Kant auf der Grundlage des Autonomieprinzips der praktischen Vernunft formuliert, zählen bei ihm die Pflicht zur eigenen moralischen »Vervollkommnung« sowie die Pflicht zur Beförderung der fremden »Glückseligkeit«. Damit formuliert er materiale Zwecke, die das Handeln des Menschen gemäß den Tugendpflichten bestimmen sollen.

Angesichts dieser unterschiedlichen Auffassungen über die Tugenden können wir systematisch festhalten, dass die hohe Bedeutung der Tugenden für das Gelingen des moralischen Handelns des Menschen in der philosophischen Ethik eher unstrittig ist. Das gilt selbst dann, wenn der Terminus »Tugend« und noch mehr aber sein Gegenbegriff »Laster« heute nur noch am Rande auftauchen. In den Tugenden spiegeln sich die bevorzugten Muster der jeweiligen moralischen Handlungswelt. Sie stellen selbst vorbildliche moralische Handlungsmuster vor und eignen sich so zu moralischer Orientierung im Handeln. Umstritten bleibt allerdings, ob sich die Tugenden über die in ihnen enthaltenen Vorbild-, Erkenntnis- und Motivationspotentiale für moralisches Handeln hinaus dazu eignen, nicht nur das moralisch Richtige exemplarisch beim Namen zu nennen, sondern auch die Last einer ethischen Begründung des moralisch Richtigen, das heißt der Kriterien für moralische Richtigkeit im singulären Einzelfall unseres Handelns, zu tragen. So kann den Tugendlehren insgesamt gesehen positiv zugestanden werden, dass sie selbst nicht mit rein formalen ethischen Prinzipien arbeiten, die sich dem Vorwurf einer eher formellen Abstraktheit aussetzen. Sie bleiben stets anschaulich, sind somit moralisch gefüllt oder bilden, wie es der britische Philosoph *Bernard Williams* formuliert, »dichte Moralkonzepte« (»thick concepts«). Daher stehen tugendethische Ansätze gerade auch in der Philosophie der Gegenwart (zum Beispiel in der »Fürsorge-« oder »Care-Ethik«) hoch im Kurs.

Doch erweisen sie sich dann eher als schwach, wenn sie die ethische Frage nach dem Grund des in den Tugendkatalogen veranschaulichten moralisch guten Handelns argumentativ so beantworten sollen, dass diese Argumente über den jeweiligen Handlungs- oder Moralkontext hinaus eine allgemeine Zustimmung finden; denn nicht immer ist es Anschaulichkeit, Motivation oder Stabilität, die dem moralischen Handeln zur Orientierung fehlt, sondern oft ist es genau die von Kant gestellte Frage: »Was sollen wir tun?« Und auf die sich anschließende ethische Frage, warum wir dies tun sollen, jenes aber lassen, also die Frage nach den normativen Prinzipien, die dem moralisch *gebotenen*, ja dem normativ *verpflichtenden* Handeln und seinen Maximen zugrunde liegen, kann eine reine Tugendethik – wie am ersten Modell einer philosophischen Ethik bei Aristoteles bereits paradigmatisch gezeigt wurde – meist nur zirkulär antworten. Wie bei der Beschäftigung mit Aristoteles (vgl. 2.1.) bereits deutlich wurde, können sich dessen Lehre von den Tugenden und dessen Bestimmung des guten Handelns nur gegenseitig erläutern; das aber lässt diese ethischen Lehren als argumentativ eher schwach begründet erscheinen.

Diese Schwäche wird stets dann offensichtlich, wenn wir etwa in einem erheblichen moralischen Konflikt zwischen verschiedenen Parteien eine Antwort suchen, die die Betroffenen normativ allein aus einer Einsicht in die ersten ethischen Prinzipien überzeugen soll, oder wenn wir selbst in einem moralischen Dilemma stecken und alles, was wir tun, moralisch falsch oder gar verboten zu sein scheint. Viele moralische Fragen nach dem Guten im Sinne des wertvollen, zu empfehlenden und in diesem Sinn verstanden moralisch richtigen Handelns lassen sich mit dem Hinweis auf Vorbilder und moralische Tugenden beantworten. Doch wenn wir es mit streng normativen Fragen eines »Entweder-oder« bzw. eines »Weder-noch«, also mit dem Thema des strikt Gebotenen oder des in jeder Hinsicht moralisch Verbotenen zu tun haben, geraten die Begründungseinsicht, die Leistungsfähigkeit und die praktische Orientierungskraft einer rein tugendethisch aufgestellten Morallehre sehr schnell an ihre Grenzen.

Daher ist die ethische Lehre von den moralischen Tugenden zwar stets ein wichtiger, ja sogar unverzichtbarer Bestandteil der philosophischen Ethik. Sie sollte auch nicht, wie von der Diskursethik empfohlen, aus dem Projekt einer philosophischen Ethik ausgeschlossen werden. Doch genügt sie allein nicht als ein Beitrag zur Grundlegung einer Ethik, da sie selbst nicht in der Lage ist, eine philosophisch zufriedenstellende Antwort auf die Frage zu geben, weshalb bestimmte moralische Normen, Regeln, Maximen oder auch Handlungen in bestimmten Situationen bedingt geboten oder aber jederzeit unbedingt geboten, also universell verpflichtend sind, andere Regeln oder Handlungen hingegen prinzipiell verboten.

Es erscheint daher als ein weiterführender Vorschlag für die Grundlegung einer philosophischen Ethik, eine prinzipienorientierte Normenethik mit einer tugendethischen Morallehre zu verbinden. So trifft man auch in der zeitgenössischen Ethikdebatte auf eine Reihe von Beiträgen, die die Alternative »entweder Aristoteles oder Kant« hinter sich lassen und stattdessen eine Integration beider ethischen Modelle favorisieren (vgl. 3.5.).

9 Tugenden

Tugenden lassen sich (im Anschluss an Aristoteles) formal als erworbene, habituelle Eigenschaften von Menschen bestimmen, die als Dispositionen der Handelnden wirken und geeignet sind, deren Handeln »besser« zu machen. Dabei ist vorausgesetzt, dass Handlungen aus der Akteursperspektive beschrieben und verstanden werden können. Hierfür ist der innere Zusammenhang von Handlungssubjekt und Intention, Handlungsvollzug und Handlungsziel, Handlungsplan und Umständen des Handelns konstitutiv. Die Unterscheidung von verschiedenen natürlichen menschlichen Eigenschaften lässt Aristoteles drei Arten von typisch menschlichen Tugenden unterscheiden: (1) Tugenden des Verstandes, (2) des Körpers und (3) des Charakters (ethische Tugenden). Zu den für moralisches Handeln entscheidenden Tugenden zählt Aristoteles die Verstandestugend der Klugheit und die Charaktertugenden (oder ethischen Tugenden) Gerechtigkeit, Tapferkeit, Besonnenheit/Maß. Mit Hilfe der ethischen Tugenden sind die Menschen in der Lage, nicht nur beliebige Ziele in ihrem Leben besser zu erkennen und praktisch zu erreichen, sondern auch sich selbst in ihrer moralischen Lebenspraxis als Menschen zu verbessern, also bessere Men-

schen zu werden. Dies beschreibt das Lebensziel des
moralisch guten Menschen, der sein Leben nach Aristoteles als eine gute moralische Praxis verwirklichen
soll.

Im weiteren Verlauf der Geschichte der Ethik wird
der Tugendbegriff anders definiert. So zielt die
stoische Ethik auf ein Konzept von Tugendpflichten,
das die Tugenden im Horizont einer deontologischen
(oder deontischen) Ethik grundlegend neu interpre-
tiert. An dieses Verständnis der Tugenden knüpft
Kants Moralphilosophie an und erweitert so den Bereich der Ethik als einer praktischen Theorie, die
auch die Vielfalt und Konkretheit moralischen Handelns in den Blick nimmt, um die Frage der Moralität
(oder moralischen Richtigkeit) des lebensweltlich si-
tuierten Handelns, das es (selbst-)reflexiv zu prüfen
gilt.

Mit einem gegenüber der aristotelischen und stoischen
Tradition erweiterten Begriff der moralischen Tugend
werden der Zuschnitt und der Erkenntnisbereich der
ethischen Reflexion gegenüber rein formal bleibenden
Modellen der philosophischen Ethik auf eine Weise
erweitert, die der Ethik als einer »praktischen Theorie« einerseits angemessen ist: Die Erkenntnisrolle der
Tugenden ist für eine Ethik unverzichtbar, die aus der
Perspektive der Teilnehmer von moralischen Handlungen heraus argumentiert. Im Fall von grundlegenden Konflikten innerhalb der moralischen Welt des
Handelns zeigt sich andererseits, dass der Rekurs auf
die Einsichten, die wir durch den Besitz der moralischen Tugenden gewinnen können, nur von begrenz-
ter Reichweite ist. Umso mehr sind die moralischen
Tugenden aber auch hier nicht nur motivations-, sondern auch erkenntnisfördernd und somit auch ethisch
unverzichtbar.

3.3. Das Gute, Richtige und Gerechte

Die Einführung und Erläuterung einiger ausgewählter ethischer Grundbegriffe wurde mit dem Konzept der »Handlung« eröffnet (vgl. 3.1.); dies ist systematisch darin begründet, dass der Handlungsbegriff den methodisch-sachlichen Ausgangspunkt der philosophischen Ethik bildet. Die Ethik wurde daher auch eingangs als eine praktische Theorie bezeichnet, die die Aufgabe hat, den mit dem moralischen Handeln verbundenen Anspruch auf moralische Richtigkeit argumentativ-selbstreflexiv zu überprüfen (vgl. 1.1.).

Aus der ersten Analyse des Handlungsbegriffs resultiert die Einsicht, dass wir im Zusammenhang mit dem Begriff der Handlung stets auch vom Akteur der Handlung, dem Handlungssubjekt, seinem Handlungsplan oder seinen Handlungsabsichten zu sprechen haben (vgl. 3.1.). Dabei soll nicht nur zwischen unterschiedlichen Arten des Handelns, sondern auch zwischen unterschiedlichen Handlungsrationalitäten und Begründungsmustern für Handeln unterschieden werden. Moralisches Handeln ist in diesem Zusammenhang als ein Handeln zu qualifizieren, das am Maßstab des »Guten«, des »Richtigen« und/oder des »Gerechten« orientiert ist, zumindest aber den Anspruch erhebt, ethisch an einem solchen Maßstab gemessen und bewertet werden zu können. Was mit diesen ethischen Grundbegriffen des Guten, Richtigen und Gerechten näherhin gemeint ist, soll nun erläutert werden.

Gemeinsam ist den Begriffen des moralisch Guten, Richtigen und Gerechten, dass sie Antworten geben auf die von der philosophischen Ethik gestellte Frage nach dem Geltungsgrund und dem Kriterium für die Moralität unseres Handelns. Dabei gibt die tugendethische Lesart des Begriffs des Guten, wie sie bei Aristoteles zu finden ist (vgl. 2.1., 3.2.), dem Guten im Sinne des Vorbildlichen oder Empfehlenswerten eine *evaluative* (wertende) Deutung, während andere Ethiken wie die der Stoa und die von Thomas von Aquin, Kant oder auch der Utilitaristen das Gute als das *normativ* ausgezeichnete (vorgeschriebene) Richtige verstehen, das in einem spezifischen Sinn nicht bloß empfehlenswert ist, sondern getan werden soll. Anders argumentieren die Vertreter der Diskursethik, die das Gute aus der Zuständigkeit des ethischen Diskurses ausschließen wollen. So stoßen wir auf unterschiedliche Lesarten des ethischen Begriffs des Guten, die nachfolgend benannt werden. Dabei werden die Gründe dafür angeführt, warum eine rein tugendethische Lesart des Guten wie auch eine diskurstheoretische Deutung des Guten aus unterschiedlichen Gründen zu kurz greifen und weshalb wir gut beraten sind, ein erweitertes Verständnis des Begriffs des Guten *auch* im Sinne des gehaltvollen Konzepts des *normativ Richtigen und* des *Gerechten* unseren ethischen Überlegungen zugrunde zu legen.

Rein sprachlich betrachtet, verdankt sich der Terminus »das Gute« einer Substantivierung des Adjektivs »gut«. Beide Termini verwenden wir in unserer Alltagssprache auf ganz verschiedene Weise und in den unterschiedlichsten Zusammenhängen. Die Ausdrücke »gut« und »das Gute« gebrauchen wir somit nicht nur in der Sprache der Moral oder in der ethischen Reflexion. Daher verlangt die moralische Verwendung des Begriffs »gut« nach einer spezifischen Fassung und die ethische Verwendung des Begriffs nach einer besonderen Begründung.

Den Ausdruck »gut« verwenden wir alltäglich entweder als *Adverb*, um dasjenige positiv zu qualifizieren, was das Verb aussagt, wenn wir zum Beispiel sagen: »Das Messer schneidet gut«, oder als *Adjektiv*. Als Adjektiv gebrauchen wir das Wort »gut« in einem doppelten Sinn, nämlich entweder als einen einfachen *prädikativen* Ausdruck, wenn wir etwa sagen: »Das Messer ist gut«, oder als ein *attributives* Adjektiv, so beispielsweise in dem Satz: »Dies ist ein gutes Messer«.

Der englische Philosoph *Peter Geach* hat (in seinem Aufsatz »Good and Evil«) zu Recht darauf aufmerksam gemacht, dass sich das Wort »gut« vom üblichen Gebrauch der prädikativen Adjektive (wie »rot«, »groß«, »klein«), die bestimmte Eigenschaften des Satzsubjekts aussagen, logisch dadurch unterscheidet, dass diese prädikativen Ausdrücke auch unabhängig davon, worauf sie sich beziehen, verstanden werden können. Das ist bei dem Adjektiv »gut« nicht der Fall. Wir wissen erst dann, was mit dieser Aussage gemeint sein soll, wenn wir erfahren, worauf sich das Prädikat »gut« bezieht. Daher erscheint es sprachphilosophisch sinnvoll, den Gebrauch des Adjektivs »gut« primär auf seine attributive Verwendung zurückzuführen, und die Aufforderung erscheint berechtigt, einfache Prädikationen der Art »X ist gut« von der attributiven Aussageform »X ist ein gutes Y« her zu verstehen. So verstanden, dient das Adjektiv »gut« als eine Art grundlegender Bewertung von etwas »als positiv« – im Gegensatz zur Bezeichnung von etwas »als schlecht« (oder »als böse«). Dabei kann die mit dem Terminus »gut« ausgesagte positive Qualität ganz unterschiedlichen Hinsichten entsprechen. (»Schlecht« oder »böse« kennzeichnet formal etwas als in einem spezifischen Sinn unvollkommen oder im Extremfall sogar als grundlegend missraten.)

Die substantivische Verwendung des Terminus »das Gute« blickt auf eine lange Tradition in der Geschichte der Philosophie zurück. Aus ihr ist der Begriff in die Sprache des Alltags eingewandert. Und auch diese philosophische Herkunftsgeschichte des Begriffs »des Guten« beschränkt sich ihrerseits nicht auf die Geschichte der Moralphilosophie oder Ethik im Sinne einer praktischen Theorie. Beispielhaft ist auch hier wieder die Philosophie Platons, der von »dem Guten« im Zusammenhang seiner theoretischen Philosophie, nämlich in seiner Ideenlehre als der »höchsten Idee« sprach. Mit der platonischen Lehre ist die Auffassung verbunden, dass mit »dem Guten« die

Eigenschaft des im eigentlichen Sinne »Seienden« oder »Wirklichen« verbunden ist. Aus diesem Grund ist »das Schlechte« oder »Böse« in der Tradition des Platonismus wesentlich dadurch qualifiziert, dass es eine Entität bezeichnet, die – gemessen an ihrer Artnatur – ein spezifisch unvollkommenes oder grundlegend mangelhaftes Exemplar seiner Gattung ist.

Auch wenn Aristoteles in seiner *Nikomachischen Ethik* (NE, Buch I,4) Platons Lehre von der »Idee des Guten« kritisiert und auf die vielfältige Verwendung des Begriffs des Guten – im soeben erläuterten Sinn – verweist, so hält sich auch in der von Aristoteles beeinflussten Geschichte der Metaphysik das platonische Prinzip noch immer durch, dass die Prädikate »seiend« und »gut« unter einer besonderen Rücksicht betrachtet sogar austauschbar sind (vgl. das Prinzip: »ens et unum convertuntur« in der Philosophie des Mittelalters, die von einer transkategorialen oder transzendentalen Stellung der Begriffe »ens« und »unum« spricht, so etwa Thomas von Aquin). Im Sinn dieser Tradition beinhaltet die Aussage des »Gutseins« eine spezifische »Seinsfülle«, während die Aussage des »Schlechtseins« aber einen spezifischen »Seinsmangel« aussagt.

Von dieser Verwendung des Begriffs des Guten in der Geschichte der Metaphysik, die Teil der theoretischen Philosophie ist, muss die Verwendung des Begriffs des Guten in der praktischen Philosophie, insbesondere in der Ethik, aber auch der politischen Philosophie unterschieden werden; dennoch ist nicht zu übersehen, dass in vielen moralphilosophischen Traditionen nach wie vor ein enger sachlicher Zusammenhang mit der Verwendung des Terminus »gut« im Sinne der genannten theoretischen Tradition besteht.

Dies wird nicht zuletzt beim Blick auf die moralphilosophische Tradition des Aristoteles bis hin zu modernen Vertretern einer an Aristoteles orientierten naturalistischen Ethik deutlich, wie sie heute etwa die analytische Philosophin *Philippa Foot* vertritt (vgl. Ph. Foot, Natural Goodness, Oxford 2001; deutsch: Das natürlich Gute, Frankfurt/M. 2004). Kennzeichnend für die von Aristoteles begründete Rede vom Guten ist bei ihr eine Konzentration der Ethik auf die Frage nach dem »menschlichen Guten«, also dem Guten im Sinne eines »für den Menschen Guten«. Doch ist damit, wie Philippa Foot sich beeilt festzustellen, kein ethischer Subjektivismus verbunden, sondern im Gegenteil eine Einbettung der Frage nach dem Guten in einen naturalen, als objektiv verstandenen Zusammenhang alles Lebendigen, der zugleich als normativ bedeutsam gelesen wird. Das bedeutet für Foot, dass die Bestimmung des für den Menschen Guten im Handeln nicht von seinem natürlichen Streben und den diesem Streben entsprechenden Zielen oder »Gütern« abgelöst werden soll. Ebenso wenig soll die Ethik Foot zufolge von der Frage nach der Vollständigkeit der guten Eigenschaften eines Handelnden und damit seiner Tugenden oder von der Frage nach der gelingenden Verwirklichung der im Handeln verfolgten Ziele absehen. Diese Zusammenhänge zwischen dem Guten und dem Natürlichen oder Artgerechten stellen das Hauptmotiv der naturalistischen Ethik bei Philippa Foot dar.

Bereits Aristoteles hat die ethische Bestimmung des Guten im allgemeinen Rahmen einer Definition des Guten als das, »wonach alles strebt« (NE, Buch I, 1094 a 3), vorgestellt und darauf aufbauend gesagt, dass das moralisch Gute im Sinn einer vollständigen Bestimmung verstanden werden muss als das, »was wir um seiner selbst willen« wollen (NE, Buch I, 1097 a 17). Aus der ersten, noch allgemeinen Definition des Begriffs des Guten als Ziel des Strebens von Lebewesen leitet Aristoteles im Hinblick auf das Handeln des Menschen und unter Rückgriff auf dessen Natur eine Lehre des Guten gemäß den Tugenden ab. Sie bestimmt das Gute einerseits als objektiv. Doch im

Sinne des moralisch Guten macht es Aristoteles andererseits von der subjektiven Bemühung des Menschen um den Erwerb der besten ethischen Tugenden und von der Einsicht der Klugheit abhängig, die das praktische Wissen auf den Einzelfall des Handelns bezieht. So ist für Aristoteles das »moralisch Gute« – paradigmatisch bestimmt über das Handeln »des Guten« – genau das, was die zweite Definition besagt, nämlich das »umfassende Ziel«, das wir im Handeln einzig um seiner selbst willen erstreben, das »an und für sich Gute«. Anders als das bloß ökonomisch Nützliche, das politisch Erstrebenswerte oder das Lustvolle und Angenehme ist allein ein Leben gemäß der höchsten Tugenden das Ziel, das den Begriff des Guten ohne Einschränkung verdient.

Diese Analyse erlaubt es Aristoteles aber, das Gute in moralisch unterschiedlichen Stufen der Qualifikation zu bestimmen. Auch das Nützliche oder Angenehme, ja selbst die Verfolgung materieller Interessen kann aus dieser Sicht als gut bezeichnet werden, weil und insofern die Begriffe des Nützlichen, des Lustvollen oder des Angenehmen durchaus berechtigte, mitunter auch unverzichtbare Teilziele oder Bestandteile menschlichen Strebens beschreiben. Das Nützliche (lat.: utile) und das Angenehme (lat.: iucundum, delectabile) können sich in einem weiten moralischen Sinn verstanden als gut und wertvoll erweisen, wenn die Menschen sie in ihrem Handeln im »rechten Maß« verfolgen, nämlich als positive, an sich selbst betrachtet jedoch unvollkommene Güter und vorläufige Ziele ihres Handelns. So repräsentieren sie selbst noch nicht jenes »vollkommene Gute«, das allein um seiner selbst willen verfolgt und erstrebt wird.

In einem uneingeschränkten Sinn moralisch gut ist für Aristoteles aber allein ein Leben, das »der Gute« führt, der nicht nur partiell, sondern umfassend und in seinem gesamten Handeln ein Leben gemäß den besten Tugenden des Charakters führt. Erst dieses Leben verdient es nach

Aristoteles, ohne Einschränkung als gut bezeichnet zu werden, als gut im vollständigen Sinn; es allein ist erstrebenswert (lat.: honestum) und erfüllt die Definition des moralisch Guten, dem es als letztem Ziel allen Strebens an nichts fehlt, was gut genannt werden kann. In diesen Überlegungen des Aristoteles deutet sich durchaus eine schwach normative Lesart des moralisch Guten an, die bereits über eine *ausschließlich* evaluative Interpretation des Guten als einer reinen Empfehlung hinausgeht.

In den modernen Varianten des Aristotelismus kann man sogar mitunter eine Verschärfung der normativen Interpretation des Guten beobachten. Hier wird es als das für den Menschen Richtige und zugleich normativ Verbindliche dargestellt. Ein moderner Aristotelismus wie bei Philippa Foot oder Rosalind Hursthouse kann aufgrund dieser Deutung des »Guten« für sich beanspruchen, auch Einsichten in die Ethik zu integrieren, die der ethische Utilitarismus auf der Grundlage ganz anderer Voraussetzungen, nämlich seiner konsequentialistischen und hedonistischen Prämissen, für sich reklamiert (vgl. 2.2.). Doch damit stehen sowohl der neuere Aristotelismus als auch der Utilitarismus vor der Herausforderung, wie sie das Problem eines naturalistischen Fehlschlusses bzw. den »deskriptivistischen Fehler« eines logisch unzulässigen Schlusses vom Sein auf das Sollen vermeiden können. Beiden Spielarten einer modernen Ethik, dem neueren »naturalistisch« argumentierenden Aristotelismus und dem Utilitarismus, gelingt es aber nicht, den logischen Fehler des »deskriptivistischen« Schlusses vom Sein auf das Sollen ganz zu vermeiden.

In der bis heute mit dem Namen des Aristoteles verbundenen Tradition einer Tugendethik wird das »Gute«, auch das »höchste Gut«, das um seiner selbst willen im Handeln des Menschen erstrebt wird, die »gelingende Praxis« der »Eupraxia« oder das »gute Leben« der »Eudaimonia« im Ganzen eines gelingenden Lebensentwurfs,

in Form einer Empfehlung vorgestellt, der allerdings, wie
gezeigt wurde, durchaus eine schwache normative Lesart
zur Seite gestellt ist. Eine starke normative Lesart des Guten begegnet uns dagegen in den deontologischen Ethiken
(vgl. 2.2., 2.3., 2.4.). Von diesen ethischen Modellen wird
das moralisch Gute nicht nur als wertvoll oder vorbildlich empfohlen (also positiv evaluiert), sondern auch als
normativ richtig gerechtfertigt, als moralisch legitim bezeichnet und als im Handeln geboten qualifiziert. Konstitutiv für eine starke normative Lesart des ethischen Begriffs des Guten ist die moralphilosophische Vorstellung,
dass es allgemeine, jedermann betreffende moralische
Verpflichtungen des Menschen gibt, die ihn vor sich
selbst oder vor (einem) anderen zu bestimmtem Handeln
oder Unterlassen, zur Einhaltung bestimmter Handlungsregeln oder -maximen in einem konditionierten oder einem nicht konditionierten Sinn auffordern (»bedingte
Pflichten« oder »unbedingte Pflichten«). Die hier in Kapitel 2 eingeführten ethischen Modelle, insbesondere das
Modell des utilitaristischen Konsequentialismus (vgl. 2.2.)
und die deontologische Pflichtenethik Kants (vgl. 2.3.) repräsentieren unterschiedliche Lesarten dieses stark normativen Verständnisses des moralisch »Guten«.

Die in diesen ethischen Modellen begegnende Vorstellung des Guten als des normativ verstandenen »Richtigen«
reflektiert sich auch in einer gegenüber der tugendethischen Lesart des Guten veränderten Terminologie. Deutlich wird dies zum ersten Mal in der Geschichte der Ethik
bei den *Stoikern*, und zwar an der Rolle, die die moralischen Pflichten spielen, von denen die Ethik des *Aristoteles* noch nichts weiß. Die in dieser Hinsicht auf die Stoa
zurückgreifende Moralphilosophie des *Thomas von Aquin*
(1225–1273) definiert denn auch das Gute (lat.: bonum)
nicht mehr als das bloß Empfohlene, sondern als das,
»was *zu tun* ist«. So findet sich bei Thomas als neue Definition des Guten: »Bonum est faciendum, malum est vi-

tandum«; zu deutsch: »Das Gute ist zu tun, das Böse ist zu meiden« (vgl. hierzu u. a. die Analysen von Wolfgang Kluxen und Ludger Honnefelder).

Hier begegnet uns ein Modell von Ethik, das unter anderen (erkenntnistheoretischen und epistemologischen) Prämissen auf seine Weise auch *Kant* vertritt. Es behauptet, dass die praktische Vernunft des Menschen, die in uns allen wirkt, aus sich heraus das Gute erkennt, indem sie es so und nicht anders erkennt als etwas, was für alle im Handeln verbindlich, also normativ auffordernd ist. Die praktische Vernunft sagt dem freien Willen des Menschen, was er im Sinne des als gut im Handeln Erkannten tun soll. Dabei knüpft Thomas von Aquin durchaus einerseits an die Vorstellung des Aristoteles an, dem zufolge das normativ als richtig erkannte Gute stets auch – evaluativ betrachtet – wertvoll ist, da es dazu beiträgt, das Leben des Menschen richtig zu gestalten und so gewissermaßen moralisch zu vervollkommnen. Aber es ist andererseits evaluativ wertvoll, weil es gut und ethisch betrachtet richtig ist, und nicht umgekehrt gut, weil es evaluativ wertvoll ist. »Gut« und »richtig« sind in der so argumentierenden, deontische Einsichten formulierenden Moralphilosophie Urteile einer *umfassenden* praktischen Vernunft, nicht etwa nur einer Klugheit, die wie bei Hume vollständig von den moralischen Einsichten losgelöst werden kann und dann zur strategisch verfahrenden, also nur mehr instrumentellen Rationalität verkommt. »Gut« und »moralisch richtig« sind deshalb die Einsichten der praktischen Vernunft, weil nur sie eine Erkenntnis des normativen Charakters des Guten als des moralisch Richtigen oder ethisch Gebotenen vorlegen kann. Die Moralphilosophie setzt hier nicht nur ein weites Konzept von praktischer Vernunft und deren Fähigkeit zu einer Einsicht auch in eine kontrafaktische Normativität voraus, sondern auch eine – gegenüber Aristoteles – pointierte Theorie der Autonomie, der normativ in der Freiheit verankerten »Selbstgesetzgebung« des Menschen, der beides, also Vernunft und Freiheit, und das heißt in der Philosophie bei Kant: einen »freien Willen«, besitzt. Es ist allerdings schon mit Blick auf die »normative Wende« in der Moralphilosophie des Mittelalters bei Thomas von Aquin, Johannes Duns Scotus und weiteren Autoren korrekt, von einem Konzept der Autonomie in der Ethik zu sprechen.

In Konsequenz dieses Gedankens ist es systematisch nicht erstaunlich, dass sich in Kants ethischem Modell ein Rekurs des Begriffs des Guten *allein* auf den »guten Willen« findet (vgl. 2.3.). Gut in dem von der Ethik gesuchten Gesichtspunkt des moralisch Richtigen in einem strikten Sinn ist für Kant nichts Äußeres: weder das Handeln selbst, das immer unter den kontingenten äußeren Bedingungen des Einzelfalls, des Scheiterns oder Misslingens steht, noch das Ziel des Handelns, auch nicht wie im ethischen Konsequentialismus der äußere Erfolg, das intendierte Ergebnis oder die gewünschten Folgen des Handelns, aber auch nicht der ethische Habitus oder die charakterliche Verfassung des Handelnden, sein Tugendbesitz also oder seine guten Absichten, sondern einzig und allein der Wille des Menschen, der dann als frei bezeichnet werden kann, wenn er von seiner praktischen Vernunft, und nur von ihr, also auto-nom, das objektive Gesetz des Handelns in Form der Regeln oder Handlungsmaximen vorgelegt bekommt. Dann, und nur dann, ist der Wille des Menschen Kant zufolge nicht nur frei, sondern auch – im moralischen Sinne des Begriffs – gut, wenn kein anderer Gesichtspunkt als ausschließlich die praktische Einsicht der Vernunft in uns in das moralisch Richtige, nämlich in das uns unbedingt Verpflichtende, unseren Willen bewegt. Es wurde gezeigt, dass Kant diesen rigoros gefassten Gedanken in der Formulierung einer »Reinheit« des Willens ausspricht. Diese Reinheit des Willens ist für ihn nur im Fall eines von ihm sogenannten heiligen Willens einfachhin gegeben, der nämlich niemals etwas anderes will als das, was die Vernunft erkennt, weil dieser Wille bereits vermögenspsychologisch restlos mit der ihn tragenden Vernunft identisch ist. Einen solchen heiligen Willen besitzt der Mensch Kant zufolge jedoch nicht; er kann nur im Hinblick auf Gott gedacht werden. Im Fall des Menschen muss die moralisch geforderte Reinheit des Willens immer zuerst mühsam herbeigeführt werden.

In dieser Lehre von Kant liegt der bereits oben angesprochene Wandel in der ethischen Lesart des Guten von einem evaluativ Ausgezeichneten, einem praktisch Empfohlenen, einem auf objektiven Werten oder auf subjektiven Wertpräferenzen gegründeten, schwach normativ verstandenen Vorbildlichen hin zum Guten im strikten Sinne eines normativ stark Gesollten vor. Bei Kant lässt das moralisch Richtige als das von der praktischen Vernunft erkannte, unbedingt Gesollte keine andere Fassung oder Lesart des Konzepts des moralisch Guten mehr zu. Aufgrund der von Kant geforderten Bestimmung des Willens allein durch die Sollenseinsicht der reinen praktischen Vernunft gesteht er in der *Grundlegung zur Metaphysik der Sitten* keine inneren Abstufungen oder Modifikationen im Konzept des Guten zu, wie sie bei Aristoteles und der ihm nachfolgenden Tradition aufgezeigt werden können. Damit transformiert Kant das moralphilosophische Konzept des Guten ohne Rest in ein Konzept des normativ Richtigen, indem er für diese Lesart des Guten allerdings nur noch eine mögliche Variante zulässt, nämlich die Auslegung des moralisch Richtigen im Sinne einer *unbedingten Verpflichtung*, die für *alle* vernünftig handelnden Wesen *gleichermaßen* besteht.

Es stellt sich für die Leser Kants aber durchaus die Frage, ob diese Auslegung des moralisch Richtigen, wie er sie insbesondere in seinen frühen Werken zur Begründung der Moralphilosophie gibt, tatsächlich in jeder Hinsicht zwingend ist. Dabei geht es nicht um den Schritt in der Auslegung des moralisch Guten vom bloß evaluativ Emp-

fohlenen, weil auf Wertoptionen und auf tatsächlich bewährten Tugenden aufruhenden »Vorbildlichen« hin zum
stark normativ ausgezeichneten »Richtigen«. Wie die Formulierung des Prinzips der Menschenwürde im Rahmen
der Lehre vom kategorischen Imperativ zeigt, ist dieser
Schritt zu einer solchen normativen Interpretation des
moralisch Guten selbst bei Kant nicht zwingend mit einer
rein formellen Fassung des ethischen Prinzips verknüpft.
Vielmehr zeigt Kant auf, dass ein unparteilicher Standpunkt als oberstes Moralprinzip allein nicht ausreicht. So
darf mit gutem Grund bezweifelt werden, dass eine rein
formalistisch argumentierende Moraltheorie den Herausforderungen gerecht wird, mit denen wir gerade heute in
der Welt der zunehmenden Auflösung kulturell voneinander getrennter Lebenswelten im Zuge der Globalisierung
und damit der Überlagerung vieler moralischer Handlungskontexte konfrontiert sind. Kant selbst hat bereits in
seiner späteren Schrift zur Morallehre, der *Metaphysik der
Sitten*, die moralphilosophische Perspektive erweitert (vgl.
2.3., 3.2.), indem er dort nicht nur von unbedingten moralischen Pflichten spricht; doch bleibt er auch hier noch
immer dem frühen Konzept einer deontologisch strikten
Pflichtenethik insofern verbunden, als er seine Analysen
nicht auf die Vielfalt unterschiedlicher Handlungstypen
und differierender moralischer Erfahrungen des im Handeln Richtigen öffnet.

Der Begriff des Guten ist zweifellos *ein*, wenn nicht *der*
zentrale Begriff einer philosophischen Ethik. Wie gezeigt
wurde, sucht die Ethik nach vernünftig ausweisbaren Kriterien für die Moralität (oder moralische Richtigkeit) unseres Handelns, seiner Regeln, Maximen und Normen.
Das, was das moralisch Richtige bezeichnet, artikuliert in
der philosophischen Ethik seit jeher der Begriff des Guten. Daher kann und sollte auf diesen Begriff nicht ver-
zichtet werden.

Dabei muss darauf geachtet werden, dass der Begriff des

Guten nicht einseitig und ausschließlich evaluativ gelesen wird und modern gesprochen ausschließlich die subjektiven Präferenzen oder privaten moralischen Wertsetzungen zum Ausdruck bringt. Laden wir »das Gute« aber, wie im Fall des modernen Aristotelismus (und auf eine andere Weise im Utilitarismus), normativ stark auf und verbinden das Konzept des in diesem Sinne jetzt normativ verstandenen Guten mit Annahmen über die menschliche Natur, das menschliche Streben oder ein sogenanntes »natürliches Interesse« (wie es der moderne Aristotelismus und auf seine Weise auch der Utilitarismus tun), so geraten wir schnell begründungslogisch in das Problem eines naturalistischen bzw. deskriptivistischen Fehlschlusses. Schlimmstenfalls gerät die Ethik dabei sogar in die Gefahr, als objektiv vorgestellte Güter, Ziele, Interessen oder Wünsche von Menschen zum Maßstab des moralisch Richtigen zu machen; und das bedeutet, dass die Ethik *heteronome* Züge annimmt und das von Thomas von Aquin bis Kant formulierte Freiheitspotential aufs Spiel setzt.

Zur Vermeidung der genannten Aporien ist vorgeschlagen worden, das Gute im Sinne des moralisch Richtigen ausschließlich *normativ* zu denken, es aber zugleich *rein formal* zu bestimmen. Dies ist der Weg einer Ethikbegründung, den sich viele unter der Perspektive Kants vorstellen. Auch die Diskursethik folgt dieser Argumentation. Doch wurde gezeigt, dass dies nicht mit der Lesart von Kant übereinstimmt, die aus guten Gründen hier vorgeschlagen wurde: Man kann etwas anderes von Kants Moralphilosophie lernen. Das beste Beispiel hierfür ist die Fassung des kategorischen Imperativs, in der Kant den Grundsatz der Menschenwürde vorlegt. Hier geht es um eine unbedingte, universell gültige Pflicht, die das Prinzip der Autonomie der Vernunft nicht heteronom einschränkt und die doch nicht unbestimmt, rein formal oder leer ist, sondern unser moralisches Handeln inhaltlich eindeutig zu bestimmen vermag. Kant formuliert eine vernünftige,

universelle und unbedingte Geltung beanspruchende ethische Einsicht in eine *materiale Pflicht*. Dieses Handlungs-
gebot ist dazu geeignet, unser Handeln in vielen Bereichen
unserer Handlungswelten eineindeutig und praktisch
wirksam am Gesichtspunkt der Moralität zu orientieren.

Man kann daher von dieser Einsicht bei Kant ausgehend den Begriff des Guten im Sinne des moralisch Richtigen in einer weiteren Form auslegen. So soll »das Gute«
sowohl als das evaluativ Empfehlenswerte als auch als das
normativ Verpflichtende sowie in bestimmter Hinsicht
auch als das Gerechte, das heißt als das stets und unbedingt normativ Gebotene, erschlossen werden. Dieser
Vorschlag verfolgt systematisch den Ansatz einer *integra-
tiven Lesart* des Guten, die ausgehend von seiner normativen Auslegung als des im Handeln zu vollziehenden Richtigen geltend macht, dass das so verstandene normativ
Richtige stets auch ein evaluativ ausgezeichnetes, vorbild-
liches oder als moralisch wertvoll und wichtig erfahrenes
Handeln bleibt. Diese mehrfache Qualifikation des Guten
resultiert aus einer – gegenüber einer traditionellen Lesart
von Kant – erweiterten Perspektive des Moralischen im
Handeln. Entsprechend wären vier Weisen voneinander
zu unterscheiden, wie wir in unserem Handeln die Erfahrung von moralischer Richtigkeit machen können, der
wiederum vier verschiedene ethische Interpretationen
korrespondieren.

(1) Wir können das, was moralisch richtig ist, in unse-
    rem Handeln erfahren und ethisch interpretieren,
    indem wir das moralisch Richtige entweder als für
    uns und/oder für andere Handelnde im *evaluativen
    Sinn ausgezeichnet* und so moralisch als *gut* erfah-
    ren, weil und insofern ein bestimmtes Handeln von
    uns als moralisch *vorzüglich* und *wertvoll* erfahren
    wird. Ein solches Handeln kann auch anderen Han-
    delnden Orientierung und Vorbild sein und als rat-

sam erscheinen, gemäß der moralischen Einsicht: »Es ist aus guten Gründen empfehlenswert, ratsam und richtig, dies jetzt hier zu tun oder zu unterlassen.«

(2) Wir können das moralisch Richtige als für uns und gegebenenfalls auch für andere Handelnde im *normativen Sinn* gerechtfertigt und so moralisch als *gut* erfahren, weil ein bestimmtes Handeln bezogen auf eine für uns gegebene, einzelne Situation und nur für sie *singulär* und *bedingt geboten* ist gemäß der moralischen Einsicht: »Ich (und gegebenenfalls auch andere) muss jetzt hier dies tun oder unterlassen!«

(3) Wir können das moralisch Richtige als für uns und für alle anderen Handelnden als im *normativen Sinn* gerechtfertigt und so als moralisch *gut* erfahren, weil ein bestimmtes Handeln auf diese und jede vergleichbare Situation bezogen und im Hinblick auf diese Situation *komparativ allgemein und bedingt geboten* ist gemäß der moralischen Einsicht: »Ich und jeder andere muss jetzt hier und in jeder vergleichbaren Situation dies tun oder unterlassen!«

(4) Wir können das moralisch Richtige als für uns und für alle anderen Handelnden als im *normativen Sinn* gerechtfertigt und so als moralisch *gut* erfahren, weil ein bestimmtes Handeln in allen nur denkbaren Situationen *generell, stets und ohne Ausnahme, das heißt unbedingt geboten* ist gemäß der moralischen Einsicht: »Ich und jeder andere muss überall stets, ohne Ausnahme und unbedingt dies tun oder darf niemals und unter keinen Umständen, also ohne eine jede weitere Würdigung der Situation des Handelns, dies tun!«

Diesen vier unterschiedlichen Lesarten und möglichen Erfahrungen des moralisch Bedeutsamen und im Handeln Richtigen entsprechen *vier ethische Lesarten* des mora-

lisch Guten: Der ersten entspricht die *evaluative* Interpretation des moralisch Guten als des Ratsamen und Empfehlenswerten, der zweiten, dritten und vierten Lesart entspricht die *normative* Auslegung des moralisch Guten als
des Gebotenen.

Diese normative Rechtfertigung des moralisch Guten
kann auf *drei Weisen* erfolgen: als Erkenntnis (1) des
mich hier und jetzt *singulär und bedingt Verpflichtenden*, (2) des *alle* hier und jetzt *komparativ allgemein und
bedingt Verpflichtenden* und (3) des *alle* stets und überall, *generell und unbedingt Verpflichtenden*. Der Grad
des normativ Gebotenen steigt zwischen dem zweiten
und vierten Modus vom eher schwach und bedingt zum
stark und unbedingt Gesollten an.

Auf die dritte und vierte Deutung des moralischen Guten als des normativ Richtigen trifft die Definition des
moralisch Gerechten zu, weil zur Idee des Gerechten notwendigerweise die Vorstellung der Allgemeinheit der
Pflicht gehört. Diese Bestimmung bringt zum Ausdruck,
dass dem geforderten Handeln oder Unterlassen zugleich
eine allgemeine Notwendigkeit und moralische Legitimität zukommt. Beide Lesarten des moralischen Guten unterscheiden sich aber voneinander dadurch, dass im dritten Fall das für komparativ alle Gebotene/Verbotene jeweils nur bedingt gilt, also auf besondere Bedingungen
seiner Geltung im Bezug auf bestimmte Situationen und
deren Vergleichbarkeit bezogen ist, während im vierten
Fall die Rede vom Gebotenen/Verbotenen ausnahmslos
und generell gilt und eine unbedingte moralische Pflicht
kennzeichnet, die sich auf keine bestimmte Situation mehr
bezieht. Das soll mit der Formulierung einer »generellen
und unbedingten« Verpflichtung ausgedrückt werden.

Dieser Begriff des Gerechten zielt auf ein anderes Konzept der Gerechtigkeit ab, als es uns in der tugendethischen Tradition begegnet – etwa im Anschluss an Aristoteles. Aristoteles hatte die Gerechtigkeit als die oberste der

ethischen Tugenden bezeichnet und sie mit der Orientierung am Gemeinwohl, dem »bonum commune«, dem für alle Nützlichen, weil es offenbar von allen de facto erstrebt wird, in Verbindung gebracht (vgl. 3.2.). In modernen Varianten findet sich dieser Gedanke in Form einer Vorausannahme dessen, was im unterstellten faktischen Interesse aller liegt. Dabei macht es nur einen geringen Unterschied, ob dieses Interesse aus einer unterstellten objektiven Artnatur oder aus einer generalisierten empirischen Beobachtung tatsächlicher subjektiver Präferenzen abgeleitet wird. Wie bereits gezeigt, macht der ethische Utilitarismus von dieser Vorausannahme sogar einen unvermittelten normativen Gebrauch (vgl. 2.2.), während der Gedanke der Abwägung dessen, was im Interesse aller liegt, bei der Diskursethik vermittelt über den Ausweis eines Kriteriums für die Zustimmungsfähigkeit ethischer Normen wiederkehrt. Bei Aristoteles ist die Gemeinwohlorientierung der Tugend der Gerechtigkeit mit seiner Vorstellung einer allen Menschen gemeinsamen Strebenatur intern verknüpft.

Doch in allen diesen Vorschlägen bleibt unbegründet, wie aus einem faktischen oder auch nur vorausgesetzten tatsächlichen allgemeinen Streben, Interesse oder Wohlbefinden eine *normative Qualifikation*, eine allgemein und vernünftig begründete Aufforderung zum Handeln abgeleitet werden soll. Die Leistung der ethischen (Selbst-)Reflexion besteht doch gerade darin, die tatsächlichen Interessen, die wir alle in unterschiedlicher Intensität und Präferenz haben, auf ihre Berechtigung hin kritisch zu befragen. Dies gilt auch für die Annahme eines vermeintlich allgemeinen Interesses, das sich bei näherem Hinsehen stets als eine Teilgröße nur mit relativer Aussagekraft erweist. Insofern erlaubt der Rekurs auf die Ebene der Interessen, auch die vorab angenommenen allgemeinen Interessen, selbst noch keine Einsicht in den Geltungsgrund des normativ von uns Gesollten, wie gerade im Fall von einander widerstreitenden Interessen ersichtlich ist. Interessen artikulieren von Hause aus nichts Gesolltes, sondern nur Gewolltes, das Ausdruck einer stets subjektiven Präferenz, aber nicht bereits des normativ Richtigen ist.

Demgegenüber ist für den hier vertretenen Begriff des Gerechten im Sinne des für alle Handelnden komparativ allgemein oder generell in einer bedingten oder in einer unbedingten Weise Gebotenen (oder Verbotenen) der Grundzug des *normativ Richtigen* konstitutiv. Die ethisch reflektierte Rede vom Gerechten muss darin begründet sein, dass ein Handeln oder Unterlassen von *allen* Handlungsteilnehmern gefordert ist und mit allgemein einleuchtenden Gründen – gegebenenfalls sogar kontrafaktisch – gerechtfertigt und so auch von allen eingefordert werden kann. Mit dem so verstandenen Begriff des Gerechten ist somit die Lesart des Guten als des normativ *allgemein* geforderten *Richtigen* verbunden. Und es erweist sich als zielführend und zweckdienlich, auch hier den allgemeinen Zusammenhang mit dem Gedanken des Guten nicht aufzulösen; denn auch das Gerechte ist und bleibt insofern ein Gutes im moralischen Sinn des Begriffs, als es einem spezifisch menschlichen Erkennen und Wollen entspringt. Es artikuliert nämlich eine spezielle praktische Erkenntnis von uns Menschen in unserem Handeln, eine Handlungspflicht, die uns ausnahmslos *alle* adressiert. Deshalb scheint es nicht sinnvoll zu sein, das Gerechte und das Gute so strikt voneinander zu trennen, wie von der habermasschen Diskursethik (vgl. 2.4.) vorgeschlagen.

Von diesem Konzept des *moralisch* begründeten Gerechten als einem geforderten Handeln, das für alle Handelnden geboten bzw. verboten ist, muss der Begriff des *rechtlich* Gebotenen/Verbotenen unterschieden werden. Wir können das erste Konzept des moralisch Gebotenen auch den Bereich des moralisch Legitimen, das zweite Konzept des rechtlich Gebotenen auch den Bereich des rechtlich Legitimen nennen. Dieses zielt auf eine Konkretisierung in einer positivierten, also legalen äußeren Rechtsordnung, die sich unter anderem auch äußerer Zwangsmittel für die Durchsetzung ihrer Normen bedienen kann. Diese Orientierung des rechtlich Legitimen am positiven Recht und diese Verfassung des positiven Rechts unterscheidet das Recht von der Moral.

Wie nun allerdings bereits die allgemein gebräuchliche Unterscheidung eines gerechten (oder legitimen) Rechts von einem (möglicherweise) ungerechten (oder illegalen) Recht deutlich werden lässt, sind auch die Grundlagen der positiven Rechtsordnung nicht in jeder Hinsicht vom Gesichtspunkt des moralisch begründeten Gerechten zu trennen. So erweist es sich – bei einer vertieften Reflexion, die hier nicht durchgeführt werden kann – als Ausweis eines gerechten Rechts (also einer legitimen Rechtsordnung), dass die Rechtsunterworfenen zugleich die Verfasser dieses Rechts sein müssen. Daraus folgt, dass ein gerechtes Recht nur in einer demokratischen oder republikanischen Rechtsordnung vorgestellt werden kann.

Dieser Hinweis muss genügen, um zumindest im Ansatz deutlich werden zu lassen, dass der Frage einer Begründung des positiv verfassten Rechts in einem ethisch reflektierten Konzept des Gerechten bzw. der Gerechtigkeit eine grundlegende Bedeutung sowohl für die Rechtsphilosophie und politische Philosophie als auch für die Rechtspraxis und das politische Handeln zukommt.

10   *Das Gute, Richtige und Gerechte*

Eine Analyse des Gebrauchs des Wortes »gut« zeigt, dass es neben seiner Verwendung als Adverb primär von seiner adjektivischen Benutzung her verstanden werden kann. »Gut« bezeichnet in diesem Sinn eine bestimmte positive Eigenschaft oder Qualität, die von seinem Träger ausgesagt wird.

Die Verwendung des Wortes »das Gute« ist in unserem alltäglichen Sprachgebrauch von der Sprache der Philosophie beeinflusst. So bezeichnet etwa bei Platon »das Gute« die »höchste Idee« und damit zugleich das »am meisten Wirkliche«. »Wirklichsein« und »Gutsein« erscheinen hier als miteinander kompatible, ja sogar austauschbare Begriffe. Hieraus folgte in der Geschichte der theoretischen Philosophie, dass mit dem Begriff »des Guten« eine spezifische »Fülle von Sein« und mit seinem Gegenbegriff, dem »Schlechten«, ein spezifischer Mangel ausgesagt wurde.

In ethischen Konzepten der Gegenwart, etwa bei den Vertretern einer naturalistischen Ethik im Anschluss an Aristoteles, begegnet uns eine normative Rede vom »Guten« im Sinne eines »für den Menschen Guten«. Wird dieser Zusammenhang, den Autorinnen wie Foot oder Hursthouse zwischen den Grundlagen der Moral und der Bestimmung der menschlichen Natur sehen, aufgelöst, droht der Ethik die Grundlage verlorenzugehen, ihrerseits noch vernünftige und sinnvolle Antworten auf die Frage nach dem moralisch Richtigen geben zu können. Damit erhält die Rede vom Guten in dieser Ethik einen normativen Sinn, der allerdings in der Bedeutung des den Menschen Angemessenen oder Zuträglichen durchaus in einer abgestuften, modifizierten Form zur Geltung gebracht werden kann, wie dies bereits bei Aristoteles und in der ihm nachfolgenden Tradition geschieht.

Mit ihrer strikt *normativen* Lesart des für den Menschen Guten können die Vertreter eines modernen Aristotelismus in der analytischen Philosophie, anders als der klassische Aristotelismus, ihrerseits durchaus beanspruchen, auch zentrale Motive des ethischen

Utilitarismus in ihrer Ethik aufzunehmen, ohne dass sie sich dabei die oben bezeichneten, ungelösten Probleme des Utilitarismus einhandeln (wie etwa die unzureichende Begründung des Utilitäts- und Hedonismusprinzips bei Mill). Unklar bleibt jedoch, wie sie das weitere (auf seine Weise auch den Utilitarismus betreffende) Problem eines naturalistischen Fehlschlusses bzw. eines deskriptivistischen Fehlschlusses in ihrer Ethik vermeiden können.

Der Begriff des Guten liegt in der Geschichte der Ethik in einer vielfältigen Auslegung vor. Bei Aristoteles findet sich eine primär evaluative Deutung; doch selbst hier spielt unverkennbar eine schwach normative Interpretation mit, an die moderne Vertreter einer aristotelischen Ethik affirmativ anknüpfen können. Aus systematischen Gründen aber bietet es sich an, eine evaluative Lesart des Guten von einer normativen Lesart des Guten zu unterscheiden (letztere begegnet dabei in den deontologischen Modellen der Ethik).

Kants Ethik stellt ein Musterbeispiel für eine strikt normative Interpretation des Begriffs des Guten im Sinne des »normativ Richtigen« und das heißt des im starken Sinne des Wortes Gesollten dar. Mit Bezug auf uns Menschen kann der Begriff »gut« nach Kant nur für einen Willen gebraucht werden, der von nichts anderem, also »rein« von der praktischen Vernunft in uns und ihrer Autonomie bestimmt ist – das heißt in ihrer Autorität, uns das moralische Gesetz des Handelns zu geben und zu erschließen. Eine genaue Analyse der Schriften Kants aber zeigt, dass seine Ethik – zumal seine Lehre von den Tugenden – nicht an der anfangs so hervorgehobenen Reinheit oder Formalität des moralisch Gesollten rigoros festhält. Kant führt in seiner Lehre von den moralischen

Postulaten weitere Zweck- und Moralbestimmungen
ein, die es gestatten, von seiner Ethik aus eine Brücke
zu anderen Traditionen und Lesarten des Guten als
des moralisch für den Menschen Richtigen zu schlagen. Dies erlaubt es, den Gedanken eines unbedingten moralischen Gebots der Menschenwürde (und
der Menschenrechte) systematisch ins Zentrum der
philosophischen Ethik zu rücken.

3.4. Freiheit und Verantwortung

Bei der Einführung des Begriffs der Handlung wurde der
Zusammenhang zwischen dem Phänomen der Handlung
selbst, dem Handlungssubjekt oder Akteur und seinem
Handlungsplan deutlich. Dabei können im Handlungsplan unterschiedliche Aspekte zusammenspielen wie etwa
die Handlungsabsichten, Handlungsziele, Handlungsmaximen oder auch Handlungsmittel, deren Bedeutung für
die ethische Frage nach dem moralisch Guten, Richtigen
und Gerechten im vorausgehenden Kapitel diskutiert
wurde (vgl. 3.3.). Von ethisch erheblichem Gewicht ist dabei die Antwort auf die Frage, ob Handeln überhaupt aus
Freiheit und Einsicht (»Vernunft«) vollzogen wird und
was in diesem Zusammenhang genauerhin unter »Freiheit« praktisch, also mit Blick auf unser Handeln verstanden werden soll. Denn, so müssen wir uns fragen, wie
könnte so etwas wie moralisches Handeln, von dem wir
hier ausgehen, überhaupt gedacht werden und wie könnte
es real wirklich werden, wenn das Handeln, zumal aus der
Perspektive der Handelnden selbst, nicht als frei erfahren
würde? Dabei ist weiterhin zu fragen, welche Autorität
diese Selbsterfahrung der Handelnden hat. Beide Probleme sind für die Bestimmung des Gesichtspunkts des mo-

ralisch Richtigen, zumal im Sinne einer normativen Lesart des Guten, von zentraler Bedeutung; denn was sollte Handeln sein ohne Rekurs auf eine den Handelnden qualifizierende Vernunft und Freiheit? Und es stellt sich noch eine weitergehende Frage: In welchem Sinn könnte man Handelnden ihr eigenes Tun noch moralisch zurechnen, wenn wir dabei nicht auf einen Begriff von praktischer Freiheit zurückgreifen können? Und: Was bedeutet es, wenn wir sagen, jemand ist für sein Tun oder Lassen verantwortlich? Auf diese Weise wird hier in der gebotenen Kürze ein Bogen geschlagen vom Begriff der Freiheit zum Begriff der Verantwortung.

In der Beschreibung von Handlungen (vgl. 3.1.), aber auch in der alltäglichen Erfahrung, die jeder mit sich selbst als Akteur und Kooperationspartner im Umgang mit anderen Handelnden machen kann, unterstellen wir aus guten Gründen, dass die Handlungen, die wir bewusst und zielgerichtet, aber nicht notwendigerweise planvoll vollziehen, unsere Praxis ausmachen. Wir können diesen Gedanken auch so fassen, dass wir sagen, erst aus unserer Praxis als handelnde Wesen heraus gewinnen wir einen Begriff von uns selbst als Subjekt und Träger bestimmter Eigenschaften (zum Beispiel der moralischen Tugend).

Dabei wissen wir sehr wohl zu unterscheiden zwischen Handlungen, die ganz von außen bestimmt oder sogar erzwungen, also in einem elementaren Sinn unfreiwillig sind, und Handlungen, die sich auf uns als deren Urheber zurückführen lassen. Nicht alles Handeln, das nicht restlos fremdbestimmt ist, ist auch schon in einem uneingeschränkten Sinn frei. Dies trifft vermutlich auf die wenigsten Handlungen zu, denn Handlungen finden in der Regel in vorgegebenen Situationen, also unter bestimmten Umständen statt, die wir entweder nicht bestimmen oder nicht verändern können, sondern die wir in bestimmter Hinsicht vorfinden und auf die wir dann wenigstens angemessen reagieren müssen. Entsprechendes gilt für unsere

Kooperationspartner, auf deren Handlungspläne, -absichten und -strategien wir mitunter unser Handeln ausrichten. So erfahren wir uns als Handelnde einerseits immer auch definiert und konditioniert durch Bedingungen, die wir nicht selbst gewählt haben, die wir auch vielfach zumindest nicht kurzfristig verändern können und die wir schlicht vorfinden; andererseits wissen wir, dass wir dann, wenn wir nicht restlos unter totalem Zwang und fremder Kontrolle stehen, in einem bestimmten Maß auch unabhängig von äußerem Einfluss und das heißt in Grenzen selbstständig in unserer Wahl von Zielen und Mitteln handeln und dabei unseren eigenen Absichten, Plänen, Motiven und Einsichten folgen können. In diesem Zusammenhang können wir von unserer Freiheit im Ausgang von unserer praktischen Erfahrung sprechen.

Die Auslegung dieser Erfahrungen hat die praktische Philosophie zur Unterscheidung von zwei Freiheitsformen veranlasst: Die *negative Freiheit* zeigt sich darin, dass eine Handlung bis zu einem gewissen Grad frei von äußeren Einflüssen oder gar physischem Zwang vollzogen wird. So definieren wir negative Freiheit als die Abwesenheit von Handlungshindernissen, die vor allem andere Akteure bewirken. Die *positive Freiheit* zeigt sich darin, dass ein Handelnder in seinem Tun der eigenen Einsicht, zum Beispiel in die Richtigkeit von Gründen, seinen selbstgewählten Absichten oder Plänen folgt (vgl. hierzu u. a. Benjamin Constant oder Isaiah Berlin). Der nicht erst von Kant geprägte und für die Ethik zentrale Begriff einer Selbstgesetzgebung (oder Autonomie) stellt nur *eine* Weise dar, wie die Idee einer positiven, sich selbst bestimmenden Freiheit artikuliert werden kann. Mit dieser Lesart von praktischer Freiheit sind weitere Aspekte im Freiheitsbegriff angesprochen, die wir im Anschluss an Kant mit den Begriffen der Handlungsfreiheit und der Willensfreiheit unterscheiden können. Vom weiteren Begriff der Willensfreiheit im Sinne einer Freiheit vom Willen anderer oder der Freiheit von innerem Zwang (»Heteronomie«) kann der Begriff der Willkürfreiheit unterschieden werden, der sich auf den eingegrenzten Spielraum einer möglichen Wahl zwischen mehreren Handlungsoptionen oder vorgegebenen Handlungszielen beschränkt. Während der Begriff der Handlungsfreiheit auf die Fähigkeit eines Handelnden Bezug nimmt, *von sich aus* Tätigkeiten, in der Regel äußere Aktivitäten, in Raum und Zeit, *zu beginnen*, setzt der Begriff der Willensfreiheit den Gedanken einer vom äußeren Tätigsein begrifflich unterschiedenen Fähigkeit eines Willenssubjekts zur inneren *Selbstbestimmung* der Wahl und Modifikation seiner Handlungspläne, Absichten, Maximen oder Präferenzen voraus.

In der Geschichte der philosophischen Ethik begegnet die Vorstellung einer positiven Freiheit in besonders eindringlicher Darstellung in der Person des *Sokrates.* Seine Freiheitsidee gipfelt darin, dass er gegen den Zwang der äußeren Gesetze und damit gegen die Macht des Staats nicht dadurch Widerstand leistet, dass er sich dem ungerechten Gerichtsurteil durch äußeres Handeln, etwa durch seine Flucht, faktisch entzieht, sondern dass er seine Freiheit paradox durch eine Einwilligung in das von außen verhängte, ungerechte Todesurteil moralisch-praktisch demonstriert. Hier zeigt sich in der Darstellung des Platon positive Freiheit trotz eingeschränkter negativer Freiheit. So belegt Sokrates in seinem Tun die Realität einer Willensfreiheit, die über die Wahlfreiheit der Willkür hinausreicht. Er zeigt sich uns als ein Handlungssubjekt, das sich selbst als ein freies, moralisches Wesen bestimmt. Die Dramatik dieses Nachweises besteht darin, dass er nur ein freies, moralisches Wesen sein kann, indem er sein physisch-natürliches Wesen durch die befohlene Selbsttötung liquidiert.

Dieses Beispiel zeigt allerdings auch, dass die Freiheit des Sokrates durch die gesellschaftlich-politischen Verhältnisse extrem eingeschränkt ist, so dass wir hier kaum

davon sprechen können, dass wir in seinem Handeln eine
Situation negativer Freiheit vorfinden, also ein Handeln
unter Abwesenheit von äußerem Zwang, auch wenn dieser Zwang nicht so organisiert ist, dass Sokrates keine
Wahl mehr bleibt. Und im Sinne der neueren politischen
Philosophie können wir sagen, dass die von Sokrates de-
monstrierte Freiheit seines Willens keine Freiheit im Sinne
einer äußeren Unabhängigkeit von der Willkür anderer
beinhaltet (zur Theorie einer Freiheit als »Nichtbeherr-
schung« vgl. Philip Pettit).

Die Ethik des *Aristoteles* setzt in der Analyse des
menschlichen Handelns ein Konzept von praktischer Freiheit voraus, die bei ihm als Handlungsfreiheit im Sinne
von Wahlfreiheit oder Willkürfreiheit verstanden wird.
Zugleich sind wir ihm zufolge frei, die Tugenden des Charakters zu entwickeln, die uns zu guten Menschen machen. Dabei orientiert er sich nicht an dem Konzept von
Freiheit als Autonomie, sondern von Freiheit als Autarkie,
das heißt an der Suche nach Selbsterhaltung im natürlichen Streben des Handelnden (vgl. 2.1.).

Die *Stoiker* vertreten einerseits einen spekulativen kos-
mologischen Determinismus, dem zufolge alles, was in der
kosmischen Ordnung geschieht, durch die ewigen Gesetze
(griech.: logoi; lat.: leges) vorherbestimmt ist, die im Guten wie im Schlechten gleichsam unser Schicksal bilden,
dem wir nicht entrinnen können. Andererseits propagie-
ren sie in ihrer Ethik das Prinzip einer dem blinden Lauf
des Schicksals widerstehenden Tugendmoral, der zufolge
nur derjenige moralisch richtig handelt, der sich seine innere Autarkie in der Treue zu den unbedingten, deontologisch formulierten Pflichten erhält (vgl. Seneca, Marc Au-
rel). Es ist einleuchtend, dass für diese ethische Sicht des
Menschen gleichsam ein Rest von Indeterminiertheit (oder
von negativer Freiheit) vorausgesetzt werden muss, sonst
hätten wir ja gar keine Wahl.

Vermittelt über die Theorie der Freiheit eines Willens

bei *Augustinus* (er spricht von einem »liberum arbitrium«) über die Entdeckung des inneren Menschen und der Intention des Handelnden bei *Abaelard* sowie über die Theorien der Sittlichkeit und der Autorität des individuellen Gewissens bei *Thomas von Aquin* und *Johannes Duns Scotus* (beide mittelalterlichen Autoren sprechen von einem doppelten Gewissensaspekt, dem »synderesis« genannten Wissen der praktischen Vernunft und dem einzelnen Gewissensurteil der »conscientia«; vgl. 2.4.; 3.1.), begründet *Kant* in seiner Ethik eine Theorie der menschlichen Freiheit, in deren Zentrum das Prinzip der Autonomie einer freien, allein aus Vernunfteinsicht bestimmten Selbstgesetzgebung der praktischen Vernunft und des guten Willens steht (vgl. 2.3., 3.3.).

Bei einer genauen Lektüre von Kant aber zeigt sich, dass diese Theorie der Autonomie der praktischen Vernunft und der Freiheit des Willens in seiner *theoretischen* Philosophie mit dem Problem konfrontiert ist, dass in der physikalischen Welt der Erscheinungen gerade diese philosophische Idee der Freiheit – gemäß den Prinzipien der newtonschen Physik – keinen rechten Ort hat. Dieser Umstand nötigt Kant dazu, die Rede von der Freiheit des Menschen einerseits auf den Bereich der Erkenntnisse der praktischen Vernunft zu beschränken und sie andererseits im Bereich der durchgängig kausal determiniert gedachten Welt der physikalischen Erscheinungen auf die eingeschränkte Aussage zu beschränken, dass die Freiheit ein Vermögen bezeichnet, »einen Zustand von selbst anzufangen« (I. Kant, Kritik der reinen Vernunft, B 561).

Dieser Befund indiziert, dass die theoretische Philosophie im Kontext des Gesetzes- und Erfahrungsbegriffs der modernen Wissenschaft mit dem Begriff der Freiheit systematische Probleme bekommt, die vermutlich nicht dadurch zu lösen sind, dass sie sich dem empirischen Paradigma der Naturforschung anschließt. Sie müssten ausführlicher, als es hier möglich ist, erörtert werden – etwa im Hinblick auf die methodologischen Prämissen einer deskriptiv ansetzenden theoretischen Philosophie. In einer nun eher *metaethischen* Perspektive muss ich mich daher auf die folgenden Beobachtungen beschränken: Die Theorie der Willensfreiheit gehört in der theoretischen Philosophie, wie zum Beispiel in der »Philosophy of Mind«, gegenwärtig zu den umstrittensten Fragestellungen. Hier bewegt sich der Streit, vereinfacht gesprochen, zwischen den sogenannten *Kompatibilisten*, denen zufolge die Annahme einer praktischen Freiheit des Menschen mit der – durchaus auch in der Physik umstrittenen – Annahme einer durchgängigen kausalen oder naturgesetzlich gedachten Determination aller physikalischen Ereignisse in der Welt vereinbart werden kann, und den *Inkompatibilisten*, die genau das bestreiten. Dabei vertreten einige Inkompatibilisten die Auffassung, um der Rettung der theoretischen Möglichkeit der Freiheit willen müsse die Theorie der durchgängigen kausalen oder naturalen Determination aller Ereignisse geleugnet werden (dies gibt dem Zufall als Ort der Freiheit Raum), während andere die umgekehrte Schlussfolgerung ziehen, dass nämlich die theoretische Annahme von Freiheit angesichts der Naturkausalität unmöglich sei (so lautet die Position des sogenannten *Impossibilismus*).

Die hier innerhalb der theoretischen Philosophie geführte Debatte leidet an problematischen Missverständnissen und auch manchen Engführungen, die hier nicht ausgeführt werden können. An dieser Stelle seien lediglich vier Aspekte genannt, die aus der Sicht der Philosophie ins Auge fallen:

(1) Wir haben es hier mit dem Problem eines – zumindest von einigen Protagonisten vertretenen – quasi weltanschaulichen Naturalismus zu tun, der von philosophisch und wissenschaftlich nicht hinlänglich geprüften Axiomen ausgeht.

(2) Zudem stellt sich das methodologische Problem,

dass Fragen der Philosophie unvermittelt durch die Verfahren und Resultate empirischer Naturforschung beantwortet werden sollen (wie beispielsweise an der Übertragung von Modellen der Neurowissenschaft auf Debatten der Philosophie zur Erkenntnistheorie deutlich wird).

(3) Es fällt auf, dass innerphilosophische Fragen der Ontologie durch Beiträge einer »Philosophy of Mind« gelöst werden sollen, was ebenfalls aus einer Reihe von Gründen nicht als plausibel erscheint. In diesen Debatten gibt es grundsätzlich erheblichen Klärungsbedarf, auch und nicht zuletzt in methodologischer Hinsicht.

(4) Schließlich sei darauf hingewiesen, dass ein anspruchsvoller Begriff von Freiheit nicht mit dem Begriff des Zufalls kontaminiert werden sollte, da beide sich offenbar auf ganz Unterschiedliches beziehen.

Doch andererseits lässt sich festhalten, dass zumindest eine Reihe der Kompatibilisten und einige der Inkompatibilisten, soweit sie sich ihrerseits *nicht* das naturwissenschaftliche Axiom einer durchgängigen naturgesetzlich gedachten Determination der Erscheinungswelt zu eigen machen, um wie die Impossibilisten grundsätzlich und in theoretischer Perspektive die Möglichkeit von Freiheit zu leugnen, in einem Punkt übereinstimmen, nämlich darin, dass eine schwache Lesart von »Freiheit im Handeln« gedacht und verteidigt werden kann, wenn auch jeweils aufgrund ganz unterschiedlicher Argumente. Dieser Begriff von Freiheit firmiert in den aktuellen Debatten unter dem Label einer »Freiheit als Selbstbestimmung« bzw. »Selbstdetermination«. Wir müssen dabei jedoch diese theoretische Deutung von Freiheit von Kants praktischem Begriff einer Freiheit als Autonomie oder Willensfreiheit unterscheiden.

So erscheint – trotz der in der Sache nicht abgeschlossenen Kontroverse in der theoretischen Philosophie – vor dem Hintergrund dieser Debattenlage die Annahme eines Begriffs von Freiheit als Selbstbestimmung zumindest in einer theoretisch schwachen Lesart allgemein konsensfähig zu sein. Dabei wird im Hinblick auf das Handeln des Menschen den beiden genannten Aspekten der Freiheit, dem negativen und positiven Aspekt, durchaus Rechnung getragen; denn der hier in theoretischer Einstellung auf das menschliche Handeln bezogene Begriff von Freiheit als Selbstbestimmung bzw. Selbstdetermination definiert einerseits die Freiheit durch eine aus der Sicht einer dritten Person beobachtbare Abwesenheit von Fremdbestimmung oder Zwang. Andererseits qualifiziert sie die Handlung als ein Ereignis, das faktisch positiv durch den Akteur als kausalem Urheber gemäß seinem Handlungsplan, seiner geäußerten Gründe sowie seiner artikulierten Absichten bestimmt ist und in diesem Sinn als verursacht gedeutet werden kann, insofern die Handlung rein aus der theoretischen Beobachterperspektive einer dritten Person auf ihn als ihren Urheber kausal zurückgeführt werden kann.

Die kompatibilistische Position, die in theoretischer Perspektive eine Ontologie der Ereignisse durchgängiger Kausaldetermination in der Welt vertritt, lässt sich von der Auffassung leiten, dass die theoretische Position des Indeterminismus für die Annahme eines Konzepts der Freiheit als Selbstbestimmung bzw. Selbstdetermination keinen Vorteil mit sich bringt. An die Stelle eines theoretisch behaupteten geschlossenen Determinismus lässt der Indeterminismus die Annahme treten, dass statt einer durchgängigen Kausalität der Zufall wirksam ist.

Aus dieser Annahme aber führt kein direkter Weg zu einer theoretischen Rehabilitation eines Konzepts freier Handlungen in einem anspruchsvollen Sinn. Daher halten die Vertreter des Kompatibilismus den Inkompatibilisten vor, dass erst von der theoretischen Position eines kausal geschlossenen, deterministisch gedeuteten Weltgeschehens aus philosophisch die Möglichkeit denkbar sei, dass ein Handelnder in genau dieser physikalischen Welt sein eigenes Tun gleichsam *selbst determiniert*. Für die Kompatibilisten sind Handlungen die Resultate von praktischem Wollen, von Präferenzen und von Handlungsabsichten der Akteure, deren Absichten oder Präferenzen theoretisch als kausal wirkende Determinanten des Handelns gedeutet werden, auch dann, wenn neben den Absichten und Präferenzen der Handlungssubjekte stets zugleich noch andere Faktoren das äußere Handeln bestimmen, die aus der Beobachterperspektive niemals vollständig ermittelt werden können. Dies aber macht einerseits die ontologische Deutung des Handelns als vollständig kausal determiniert, teils durch den Handelnden selbst, teils durch andere Faktoren, nicht rückgängig. Andererseits soll Freiheit in diesem Erklärungsschema als eine Weise der Selbstdetermination, als eine Art kausaler Selbsteinwirkung verstanden werden. Dabei muss man gemäß der Auffassung des Kompatibilismus eingestehen, dass stets nur über ein unvollständiges Wissen aller kausal wirkenden Antezedenzbedingungen von Handlungen verfügt wird. Freiheit im Sinne einer Selbstbestimmung des Handelnden gehört in dieser Deutung einer kausalen Determination der Handlung ganz zu deren Ursachen.

Zum Status und Gehalt des Begriffs der Freiheit ist festzuhalten, dass sowohl die Kompatibilisten als Befürworter eines theoretisch-physikalischen Determinismus als auch die Vertreter eines Indeterminismus in einem schwachen Begriff von Freiheit als Selbstbestimmung oder Selbstdetermination übereinstimmen, wiewohl die Debatte um die Möglichkeit und Wirklichkeit von Freiheit in der theoretischen Philosophie zu keinem zufriedenstellenden Abschluss gekommen ist. Es ist allerdings wichtig zu beachten, dass dem Begriff der Selbstbestimmung hier eine Lesart gegeben wird, die in der Sache von Kants Konzept einer praktischen Vernunft und seiner Willensfreiheit unterschieden werden muss. Während Kant nämlich gerade auf den nichtempirischen, das heißt in seiner Sprache auf den intelligiblen Charakter des Menschen als moralisch handelnder Person abhebt – eine Perspektive, die man entsprechend unserem Verständnis von Ethik nur aus der Teilnehmerperspektive eines um moralische Richtigkeit in seinem eigenen Handeln bemühten Handlungssubjekts nachvollziehen kann –, zielt die von den Kompatibilisten vertretene Fassung des hier kurz vorgestellten Konzepts einer Freiheit als Selbstdetermination auf eine Erweiterung der theoretischen Beobachterperspektive. Es soll von außen konstatiert werden können, dass ein Akteur der »Verursacher« seiner eigenen Handlungen ist. Gemäß den methodischen Voraussetzungen einer derartigen Deskription liegt dieser Fall genau dann vor, wenn (1) der betreffende Akteur nicht unter äußerem, fremdem Zwang handelt (dies soll den negativen Aspekt von Freiheit einlösen) und er (2) seine Handlungspläne, -wünsche oder -absichten wie vermittelnde Instrumente oder Teilursachen kausal zur Determination seines Handlungsvollzugs einsetzt (dies soll den positiven Aspekt der Freiheit einlösen). Diese Fassung des Freiheitsbegriffs erlaubt es immerhin, selbst in der Theorie einer kausal geschlossenen Welt physikalischer Ereignisse einen konstitutiven Zusammenhang von Handlungsvollzug, Akteur und seinem Handlungsplan zu denken; doch, so kann man einwenden, bleibt dem Konzept einer Freiheit als Selbstdetermination der für die ethische Frage nach dem moralisch Richtigen zentrale Zugang zur Perspektive des Handelnden in der ersten oder zweiten Person methodisch verschlossen. Man kann diese Version des Freiheitsbegriffs daher auch eine theoretisch »schwache« Theorie der Freiheit im Horizont einer physikalistisch ansetzenden Ontologie nennen, für die es ihrerseits – soweit ich es sehe – keine zwingenden philosophischen Argumente gibt. Während Kants Theorie der Autonomie ein praktisches Prinzip bezeichnet, das für die Begründung der ethischen Frage gemäß dem Gesichtspunkt der Moralität oder moralischen Richtigkeit unseres Handelns eine Antwort gestattet, die den Erfordernissen eines Konzepts von Ethik als praktischer Wissenschaft entspricht, wird mit dem nur äußerlich gleichen Begriff einer Freiheit als Selbstdetermination eine deskriptive Bestimmung wirkender Kausalfaktoren im Hinblick auf ein äußeres Geschehen in Raum und Zeit aufgeboten – nicht weniger, aber auch nicht mehr.

So kann zumindest (und das ist nicht zuletzt im Hinblick auf die Rechtspraxis bedeutsam) aus der Beobachterperspektive (zum Beispiel auch der Sozialwissenschaften) in Form von Protokollsätzen eine Handlung (und somit auch deren Folgen) deskriptiv eindeutig einem Verursacher *zugeschrieben* werden. Und für dieses Konzept von Freiheit bedarf es noch nicht einmal der Annahme, dass dem Akteur in der konkreten Handlungssituation tatsächlich eine Handlungsalternative zur Verfügung stand. So erweist sich der Begriff der Zuschreibung im Raum der philosophischen Ethikreflexion als ein Begriff der Metaethik, der auch in den Sozial- und Rechtswissenschaften eine wichtige Funktion übernehmen kann.

Vom Begriff einer solchen deskriptiv verstandenen *Zuschreibung* einer Handlung zu einem Akteur muss der Begriff einer *Zurechnung* (lat.: imputatio) der Handlung unterschieden werden; denn anders als der Begriff einer Handlungszuschreibung unterstellt das Konzept der Zurechnung eine besondere Fähigkeit auf der Seite des Handelnden, nämlich seine »Zurechnungsfähigkeit«, die, wie es Kant ausführt, einem vernünftigen Wesen kraft seiner inneren Freiheit »unter moralischen Gesetzen« eigen ist (vgl. I. Kant, Metaphysik der Sitten, Einleitung in die Rechtslehre, AB 22). Mit dieser Fassung des Begriffs der Zurechnung geht Kant – ganz im Sinne seiner praktischen Philosophie –

über die reine Beobachterperspektive eines deskriptiven Begriffs der Zuschreibung hinaus und postuliert die Möglichkeit eines moralischen Verdienstes oder einer moralischen Schuld des Handelnden auf der Grundlage eines nicht theoretisch-deskriptiv, sondern moralisch-praktisch verstandenen Begriffs der Freiheit.

Dieses Freiheitsverständnis bildet auch den begrifflichen Referenzrahmen für den ethischen Begriff der *Verantwortung* (engl.: responsibility). In ihm werden bestimmten Handlungssubjekten normativ verstandene Aufgaben, Mandate oder auch Pflichten zugewiesen, die sich aus spezifischen, nicht immer bereits moralisch definierten Handlungssituationen und Aufgabenzuordnungen ergeben. Sprachgeschichtlich lässt sich der Begriff der Verantwortung wohl aus der speziellen Situation ableiten, vor einer Instanz Rede und Antwort zu stehen. Für diese Instanz wird dabei vorausgesetzt, dass sie ihrerseits Rechenschaft für ein gefordertes Handeln oder Unterlassen verlangen darf, also jemanden »zur Verantwortung ziehen« kann. Insofern haftet dem ethischen Begriff der Verantwortung ein Moment von Ungleichheit oder doch zumindest von gesellschaftlich unterschiedlich bestimmten Rollen an. Derjenige, der Verantwortung wahrnimmt, ist anderen gegenüber in seinem Handeln in irgendeiner Weise zu Rechenschaft verpflichtet.

Von dem Soziologen *Max Weber* stammt die Definition einer *Verantwortungsethik*, die er am Ende des Ersten Weltkriegs in der Absicht in die Debatte einführt, die öffentlichen Aufgaben der Politik bzw. der professionellen Politiker in Abgrenzung zu einer von ihm *Gesinnungsethik* genannten Haltung näher zu bestimmen. Der Philosoph *Hans Jonas* spricht (unter den noch einmal grundlegend veränderten Bedingungen der Gegenwart) von der Notwendigkeit eines ethischen »Prinzips Verantwortung« angesichts der sich abzeichnenden ökologischen Krise der modernen technischen Zivilisation, um mit dessen Hilfe wenigstens das Überleben der Menschheit zu sichern (in diese Richtung zielen auch neuere Ansätze in der angewandten Ethik, etwa die Umweltethik).

Vor diesem Hintergrund definiert *Hans Lenk* einen normativen Begriff von Verantwortung, der bestimmten Personen Handlungs- und Rechenschaftspflichten im Verhältnis zu und gegenüber anderen zuweist. In dieser Definition weist der Begriff der Verantwortung eine fünfstellige Relation auf: *Jemand* ist für *etwas* gegenüber einem *Adressaten* (oder vor jemandem) verantwortlich in Bezug auf ein *normatives Kriterium* im Rahmen eines *bestimmten Handlungs- oder Verantwortungsbereichs.* Es ist ersichtlich, dass in diesem Konzept von Verantwortung Zurechnungen und Zuständigkeiten, gesellschaftliche Beziehungen von Personen, normative Pflichten – seien sie rechtlicher, moralischer oder anderer Art – und legitime Erwartungen von Handlungsbetroffenen so miteinander verknüpft werden, dass die auf diesem Weg zugleich auch differenzierten Sphären oder Bereiche für Verantwortung nicht anders als aus der Perspektive der Teilnehmer oder Kooperationspartner eines komplexen Handlungsgefüges erscheinen (bei Hans Lenk wird dies anders als bei Hans Jonas auf ein Konzept von praktischer Freiheit und öffentlicher Vernunft gegründet). Innerhalb der Bereiche eines so definierten Verantwortungsbegriffs kann ferner zwischen einer *Handlungsverantwortung* im engeren Sinn, einer *Rechenschaftsverantwortung* und einer *Haftungsverantwortung* unterschieden werden, die in den verschiedenen Handlungskontexten zu unterschiedlichen Konsequenzen führen können. Diese Begriffsunterscheidungen gestatten es, den Begriff der Verantwortung auch auf unterschiedliche Bereiche differenziert anzuwenden und schließlich auch von politischer Verantwortung oder wissenschaftlicher Verantwortung zu sprechen.

Mit dem Verantwortungsbegriff in der Ethik ist primär eine Zuweisung von Handlungs- und Rechenschaftsmandaten verbunden, aber kein eigener Ansatz für eine Begründung oder Grundlegung von Ethik. Daraus folgt, dass sich ohne die Prämissen eines moralisch, rechtlich oder gesellschaftlich-sozial definierten Handlungsraums unter den Bedingungen von praktischer Freiheit, öffentlicher Vernunft, Rechtfertigungs- und Zurechnungsfähigkeit der Handelnden ein ethisches Konzept von Verantwortung nicht begründen lässt.

Es lässt sich festhalten, dass der praktische Begriff der Freiheit, wie wir ihn aus der Teilnehmerperspektive der Handelnden bestimmt haben, in den komplexen Gesellschaften der Moderne durchaus auf einen moralrelevanten Begriff der Handlungs- und Rechenschaftsverantwortung hin angelegt ist, wie umgekehrt die Rede von Verantwortung ein aus der Perspektive der Handlungsteilnehmer formuliertes Konzept praktischer Freiheit voraussetzt. Der Begriff der Verantwortung lässt deutlich werden, dass es in letzter Instanz immer einzelne Menschen oder individuelle Handlungssubjekte sind, die als Träger von Verantwortung figurieren, selbst dann, wenn die Zuweisung und Übernahme von Verantwortung stets in einem gesellschaftlich-sozialen Kontext geschieht. Jeder, der handelt, übernimmt für sein Handeln und dessen Folgen, gegebenenfalls auch für seine Überzeugungen, Einstellungen und Tugenden, auch eine Verantwortung, die gemäß der verschiedenen Weisen, wie wir moralische Bedeutsamkeit erfahren und das moralisch Richtige bestimmen, auch ethisch unterschiedlich weit oder eng, normativ verbindlich oder weniger verbindlich definiert werden mag. Im Spiegel der unterschiedlichen Arten und Reichweiten von Verantwortung lassen sich auch die unterschiedlichen Weisen des moralisch Bedeutsamen reflektieren.

11 *Freiheit und Verantwortung*

Erst aus der Erfahrung unseres Handelns heraus gewinnen wir einen Begriff von uns als Subjekten und Trägern von bestimmten Eigenschaften. Als negativ frei erfahren wir uns im Handeln, wenn wir nicht gänzlich von anderen Handelnden oder durch äußere Umstände in unserem Agieren abhängig oder determiniert sind (*negative Freiheit*). Können wir uns aber in unserem Handeln an unseren eigenen Absichten und Plänen, unseren Motiven und Einsichten orientieren, erfahren wir uns in einem positiven Sinn als selbstbestimmt oder frei (*positive Freiheit*). Weitere Aspekte der Freiheitserfahrung artikulieren die Begriffe der *Handlungsfreiheit*, der *Willensfreiheit* oder auch der *Willkürfreiheit*.

In der Geschichte der Philosophie (der Ethik wie der politischen Philosophie) wird der Begriff der menschlichen Freiheit in signifikant unterschiedlicher Weise und unter verschiedenen Bezugnahmen behandelt: Der Freiheit im Handeln und deren Einschränkung oder Negation (Sokrates) steht hier die Vorstellung einer inneren Freiheit des Menschen gegenüber. Aus der Geschichte des Begriffs der Freiheit ist ersichtlich, dass innerhalb der theoretischen Philosophie der Begriff der Freiheit andere Probleme bereitet als innerhalb der praktischen Philosophie. Beispielhaft deutlich wird dies am Werk Kants: Im Rahmen der erkenntnistheoretischen Prämissen der *Kritik der reinen Vernunft* wird der Begriff der Freiheit als ein Vermögen bezeichnet, »einen Zustand von selbst anzufangen«, der Status der Freiheit aber bleibt problematisch, während die praktische Philosophie auf dem Nachweis einer »Wirklichkeit der Freiheit« aufbaut.

Die Probleme der theoretischen Philosophie mit dem
Begriff der Freiheit begegnen in der Gegenwart in einer Debatte der »Philosophy of Mind«, die heute vor
allem zwischen den beiden unterschiedlichen Positionen der Kompatibilisten und Inkompatibilisten aus-
getragen wird. Während die ersten behaupten, dass
die Affirmation einer praktischen Freiheit mit der
gleichzeitigen Annahme einer durchgängigen kausalen oder naturgesetzlichen Determination aller Ereignisse in der Welt kompatibel ist, bestreiten dies die
Vertreter des Inkompatibilismus und vertreten die
Auffassung, dass in dieser Welt der naturgesetzlich
determinierten Ereignisse entweder keine praktische
Freiheit möglich ist oder aber die uns umgebende
Welt nicht durchgängig determiniert ist und so etwas
wie das Phänomen des Zufalls theoretisch nicht ausgeschlossen werden kann. Auch wenn Vertreter des
Kompatibilismus im Anschluss an Kants *Kritik der
reinen Vernunft* vorschlagen, Freiheit theoretisch als
Selbstdetermination eines Akteurs zu deuten, so
scheinen die Debatten innerhalb der theoretischen
Philosophie – nicht zuletzt aufgrund ungelöster me-
thodischer Fragen im Umgang mit den Resultaten der
empirischen Naturforschung in der Philosophie, aber
auch offener Fragen im Verhältnis von »Philosophy
of Mind« und »Ontologie« – keinesfalls abgeschlossen. Für die Konzeption einer philosophischen Ethik
als einer praktischen Theorie bietet zumindest der
theoretische Begriff der Selbstdetermination ein Ge-
sprächsangebot, auch wenn von diesem Begriff der
praktische Begriff der Freiheit als Autonomie deutlich unterschieden werden muss.

Aus dem Vorschlag der theoretischen Philosophie,
Freiheit als einen Modus von Selbstdetermination zu
begreifen, kann zumindest ein Konzept der Zuschrei-

bung von Handlungen zu einem Akteur als deren Verursacher abgeleitet werden. Doch wiederholen sich hier offenbar methodisch die Debatten um den Begriff von »basic actions« (vgl. 3.1.). Im Unterschied dazu setzen ethisch relevante Begriffe wie der Begriff der Zurechnung oder der Verantwortung einen normativen Kern der Rede von (moralischem) Handeln voraus. Dessen Bedeutung muss allerdings in einer praktischen Theorie der philosophischen Ethik im Rekurs auf die kognitive Autorität der ersten und zweiten Person erläutert und begründet werden, die logisch nicht durch noch so präzise Angaben aus der Perspektive der dritten Person ersetzt werden können, wie sie die Lebens- und Naturwissenschaften, aber auch über weite Strecken einige Sozialwissenschaften vertreten.

Der Begriff der Verantwortung nimmt im Hinblick auf die differenzierte Handlungsrealität einer durch unterschiedliche soziale Handlungsräume und Professionalisierungen bestimmten gesellschaftlichen Lebenswelt die notwendige Aufgabe wahr, unterschiedliche Mandate und differenzierte Muster von Aufgaben, Verpflichtungen und Rechtfertigungen zu beschreiben. Ihm kommt dabei primär die Rolle einer differenzierten Zuweisung von Handlungs- und Rechenschaftsmandaten zu. Mit dem Begriff der Verantwortung ist somit in der Sache kein eigenständiger Ansatz für eine Begründung oder Grundlegung philosophischer Ethik verbunden, sehr wohl aber eine hilfreiche Ausweitung der Perspektive der praktischen Anwendungslogik moralischer Aufgaben und ihrer Verteilung.

3.5. Praktische Vernunft

Alle bisher diskutierten ethischen Modelle (vgl. Kapitel 2)
beziehen sich auf ein Konzept von praktischer Rationalität des Menschen, wenn es darum geht, das ethische Kriterium des moralisch Richtigen zu bestimmen. Im vorliegenden Kapitel soll dieser Begriff einer »praktischen Vernünftigkeit« noch ein wenig genauer untersucht werden.
Wie können wir heute mit den uns aus der ethischen Tradition vorliegenden Beiträgen zur praktischen Rationalität
umgehen, damit der Hinweis auf die praktische Vernunft
nicht zu einem nichtssagenden Gemeinplatz verkommt?
Dabei zielen die abschließenden Überlegungen darauf, ein
gegenüber den jeweils nur eingeschränkt plausiblen Ansätzen der in Kapitel 2 vorgestellten ethischen Modelle erweitertes, integriertes Konzept praktischer Vernunft und
ethischer Reflexion im Umriss zu skizzieren. In ihm sollen neben den zentralen Einsichten von Kant in die Rationalität moralischer Erkenntnis und Struktur menschlicher
Normativität aber auch Einsichten der *Diskursethik*, des
Utilitarismus und von *Aristoteles* berücksichtigt werden.

Wie bereits in der Einführung zu den ersten Definitionen der philosophischen Ethik herausgearbeitet wurde
(vgl. 1.1.), geht der Begriff einer praktischen Vernunft –
in Unterscheidung von der theoretischen Vernunft – auf
Aristoteles zurück. Er weist mit seiner Begriffswahl auf
den Umstand hin, dass wir im Bereich des menschlichen
Handelns mit anderen Erkenntnisproblemen konfrontiert sind als im Raum des rein spekulativen Denkens wie
etwa der Mathematik oder der Astronomie seiner Zeit.
In der praktischen Philosophie reflektieren wir, so Aristoteles, unser eigenes Handeln auch aus der Perspektive
der Handlungsteilnehmer oder -betroffenen, also aus der
Sicht der ersten und zweiten Person. Bedeutsam ist außerdem, dass wir es im Handeln stets mit kontingenten
Phänomenen und singulären Ereignissen zu tun haben,

die selbst niemals im strengen, etwa mathematischen oder naturwissenschaftlichen Sinn notwendig sind oder aus einem Naturgesetz abgeleitet werden können. Im Handeln kommt es gerade darauf an, bei allem Erfahrungswissen um realistisch erwartbare Wiederholungen oder statistische Regelmäßigkeiten, den Einzelfall zu erfassen, in ihm sich zu bewähren und damit auch genau das richtig zu bewerten, was in diesem speziellen Fall gerade anders ist als sonst.

Diese Herausforderung in unserem eigenen Handeln zu bewältigen ist bei Aristoteles eine Aufgabe der zu den Tugenden des Verstandes zählenden Klugheit. Sie versetzt uns in die Lage, die allgemeinen Handlungsregeln und subjektiven Handlungsmaximen auf den jeweils nächsten und stets anders gelagerten Handlungsfall zu beziehen, ohne dabei – wie etwa in der mathematischen Logik – deduktiv vorzugehen und den Einzelfall aus der allgemeinen Regel einfach abzuleiten. Die praktische Vernunft erkennt daher nach Aristoteles im Erkenntnisbereich der philosophischen Ethik die kontingente Wirklichkeit des Handelns und das in ihr begegnende praktische Gute als das moralisch Richtige nur in der Weise eines Umriss- oder Typenwissens, das seinerseits wiederum auf das eigene Tun, die eigene Praxis hin angelegt ist (vgl. 2.1.) und in letzter Instanz unser Tun »besser« machen soll.

Wie hier ferner gezeigt wurde, konstituiert sich unsere moralische Praxis für Aristoteles aus dem Zusammenspiel der praktischen Vernunft und der Klugheit, aber auch der Tugenden des Charakters und der mit ihnen verbundenen Einsichten in das richtige Handeln. Die von Aristoteles in diesen Zusammenhängen situierte praktische Vernunft ist somit als das methodologisch reflektierte, auf spezifische Erfahrungen gestützte Erkenntnisvermögen zu verstehen, das wir als Menschen in unserem Handeln immer schon verwenden und das wir im Vollzug der ethischen Reflexion auf unser Handeln noch einmal schärfen können, um

so beides, also unser Handeln und die in das Handeln ein-
gelassene praktische Vernunft, beständig zu verbessern.
Nur die freien Menschen – und das waren in der antiken
Sklavenhaltergesellschaft der griechischen Polis die männ-
lichen Hausvorstände – kamen bei Aristoteles als Träger
oder Subjekte einer entfalteten praktischen Vernunft in
Frage. An sie richtete sich seine Ethik, und von ihnen allein konnte ein moralisch ausgezeichnetes Handeln erwar-
tet werden.

Auch *Kant* unterscheidet in seinem Modell der philosophischen Ethik (vgl. 2.3.) die praktische von der theoretischen Vernunft. Beide Vermögen sind bei ihm Momente
der *einen* Vernunft. Sie bezeichnen gleichsam die unterschiedlichen Weisen, wie die Vernunft als »das ganze obe-
re Erkenntnisvermögen« ihr Erkennen vollzieht, da sie
nicht nur auf verschiedene Erkenntnisbereiche bezogen
ist, sondern in ihrem Erkennen auch methodisch von unterschiedlichen erkenntnisleitenden Prinzipien Gebrauch
macht. Was die *eine* Vernunft für Kant ausmacht, ist, dass
sie das »oberste Erkenntnisvermögen« in allen vernunft-
begabten Lebewesen bezeichnet. Es versetzt uns endliche
Vernunftwesen in die Lage, auch über die Erkenntnis-
grenze unserer Sinne und über die uns erscheinenden Phänomene in der uns umgebenden Welt hinauszudenken
und in diesem Sinne also auch unsere Erkenntnisse und
Einsichten zu erweitern. Im Vergleich mit der Vernunft
bleibt unser Verstand nach Kant in seinem Erkennen stets
auf die sinnliche Anschauung angewiesen und verharrt daher auch im Bereich der ihm in Raum und Zeit erscheinenden Phänomene oder Gegenstände der Natur.

Bei ihrem Erkennen über die Sinnesdaten und die Phänomene der Natur hinaus bedient sich unsere Vernunft
Kant zufolge bestimmter Prinzipien der Erkenntnis und
insbesondere der »Ideen«. Im Unterschied zu den Ver-
standesbegriffen versteht Kant darunter bestimmte Regeln, wie die Vernunft in ihrem Erkennen verfährt, und

bestimmte Begriffe, die aus dem Vermögen der Vernunft selbst stammen und von dem Vermögen der Sinnlichkeit unabhängig (oder eben rein) gedacht werden sollen.

Zu diesen reinen Vernunftbegriffen oder Ideen zählt Kant die Ideen von »Freiheit«, »Unsterblichkeit der Seele« und »Gott«. Diese Prinzipien und Ideen der Vernunft können wir Menschen gemäß Kant nicht abstraktiv aus der Beobachtung der Natur gewinnen, sondern wir verfügen über sie kraft unseres Denk- und Erkenntnisvermögens. Metaphorisch gesprochen liegen sie in unserer eigenen Vernunft bereits vor, und sie erfüllen laut Kant wichtige Aufgaben, und zwar sowohl im Hinblick auf die Erkenntnis der Vernunft in ihrem theoretischen Gebrauch als auch im Hinblick auf die Erkenntnis der Vernunft in ihrem praktischen Gebrauch, also im Hinblick auf unser Handeln. So setzen wir in unserem Handeln – zumal dann, wenn wir fragen, was wir tun sollen – immer schon die Wirklichkeit der Freiheit voraus. Dies ist Kant zufolge legitim, auch wenn unser Verstand, der an die sinnliche Wahrnehmung und die Naturkausalität gebunden ist, seine spezifischen Probleme damit hat, Freiheit in der Erscheinungswelt zu finden (vgl. 3.4.). Aufgrund der Vernunftidee der Freiheit wissen wir aber aus der Erfahrung von uns selbst als handelnden Wesen von deren Realität im Vollzug unseres Handelns. Deshalb ist Freiheit praktisch betrachtet eine Realität oder ein »Faktum«, wie Kant sagt. Nur theoretisch betrachtet ist die Freiheit ein Postulat.

Über dieses Lehrstück von Kant ist in der Geschichte der Philosophie bis heute viel debattiert worden. Für das Verständnis des kantischen Konzepts der praktischen Vernunft ist es wichtig, dass Kant mit ihr unsere Fähigkeit verbindet, unser Handeln und unseren Handlungswillen auch unabhängig von den Informationen durch unsere Sinne (und das heißt für ihn auch unabhängig von unserem natürlichen Streben, unseren Bedürfnissen und Leidenschaften) zu bestimmen. Es wurde bereits gezeigt, dass es genau diese Fähigkeiten der »reinen«, also von den Sin-

nesdaten unabhängigen praktischen Vernunft sind, die
Kant in das Zentrum seiner Lehre vom guten Willen rückt
(vgl. 2.3., 3.3.). Dabei versteht er unter »Willen« ein Vermögen *innerhalb* der praktischen Vernunft. Er unterscheidet den Willen von dem, was er Willkür nennt. Die philosophische Tradition hatte mit dem Begriff der Willkür die
»liberum arbitrium« genannte Fähigkeit des Menschen bezeichnet, zwischen verschiedenen Handlungszielen auszuwählen (das hält die Silbe »kür« im Deutschen fest).

Sowohl von der »Willkür« als auch vom »Willen« bei
Kant ist die Annahme einer Vorzugswahl (griech.: prohairesis) bei Aristoteles zu unterscheiden, die das natürliche
Streben des Menschen begleitet. Der Wille ist für Kant
das Vermögen in uns, kraft dessen wir das moralische Gesetz des Handelns, das unsere praktische Vernunft uns
formuliert, als das Prinzip *unseres* Handelns *anerkennen*
(vgl. 2.3.). Kraft des Willens ist es für Kant vorstellbar,
dass wir uns in unserem Handeln von nichts anderem als
der Erkenntnis des moralischen Gesetzes und damit von
dem, was das Gesetz unserer praktischen Vernunft uns
sagt, bestimmen lassen. Damit dies geschehen kann, müssen wir uns gleichsam von uns selbst und von der uns umgebenden Welt distanzieren, das heißt von den natürlichen
Impulsen, den sinnlichen Anreizen und Zielen unseres
Handelns, ja unseren Interessen in der realen Handlungswelt. Diese Fähigkeit zur inneren und äußeren Selbstdis-
tanzierung beschreibt den Kern der moralphilosophischen
Intuition von Kant. Sie ist das Verdienst der praktischen
Vernunft in uns. Nur auf diesem Weg können wir laut
Kant erkennen, was moralisch richtig und geboten ist. In
der praktischen Vernunft hat die Einsicht in das moralisch
Richtige ihren alleinigen Grund, und der Wille in uns ist
aufgefordert, dafür zu sorgen, dass wir de facto nichts anderes wollen oder begehren als das, was die in uns wirkende praktische Vernunft uns sagt. Die in Kants Moralphilosophie zentralen Thesen von der Freiheit des Willens und

der Autonomie haben also beide in der reinen praktischen Vernunft ihren Grund.

Die praktische Vernunft ist ein Vermögen, das Kant zufolge in uns allen wirkt. Dies schließt jedoch nicht aus, dass die praktische Vernunft – wie jedes andere Erkenntnisvermögen – zwischen den Menschen unterschiedlich verteilt bzw. bei ihnen unterschiedlich realisiert und entwickelt ist. Doch anders als Aristoteles schreibt Kant sie allen Menschen zu, so dass alle als Wesen zu betrachten sind, die moralisch handeln können. Da jedoch keiner von uns sicher sein kann, dass das, was wir selbst bei bester Absicht in unserem Handeln tatsächlich wollen, auch bereits das moralisch Richtige ist, brauchen wir eine Überprüfungs- oder Kontrollregel, um uns in unserem Gewissen zu prüfen, was die wahren Beweggründe unseres Handelns sind. Dies ist die Aufgabe des kategorischen Imperativs. Dieser Imperativ legt die Kriterien dar, denen unsere subjektiven Handlungsmaximen entsprechen müssen, wenn wir den Test bestehen wollen, den Kants philosophische Ethik vorsieht, nämlich zu prüfen, ob unser faktischer Wille zum Handeln tatsächlich von nichts anderem als den Einsichten und Vorschriften der praktischen Vernunft bestimmt ist.

Kant legt in seiner Moralphilosophie unterschiedliche Fassungen des kategorischen Imperativs vor; so allein in der *Grundlegung zur Metaphysik der Sitten* fünf verschiedene Definitionen (vgl. 2.3.). Sie dienen auf unterschiedliche Weise alle dem einen Ziel der rationalen Überprüfung unserer Handlungsmaximen und damit unseres Willens auf moralische Richtigkeit. Auf zwei Formeln soll hier besonders eingegangen werden: An ihnen soll die Stärke, aber auch die Ergänzungsbedürftigkeit des kantischen Konzepts der »praktischen Vernunft« verdeutlicht werden.

Dies ist (1) sein Vernunftpostulat, dass nur diejenigen Maximen unseres Handelns als normativ richtig zu qualifizieren sind, die sich in der Prüfung als geeignet erweisen, ihrerseits als Grundlage einer allgemeinen, jederzeit und für alle unbedingt geltenden Gesetzgebung, das heißt zur moralischen Verpflichtung für alle anderen Handelnden zu dienen (vgl. hierzu auch 3.3.). Diese Forderung ist in dem »klassischen« *Postulat einer Verallgemeinerungsfähigkeit unserer Handlungsmaximen* enthalten, das Kant als Kriterium für die moralische Richtigkeit im Sinne einer normativen Verpflichtung für alle vernünftigen Handlungswesen aufstellt. (In der Forderung einer unparteilichen Prüfung unserer Absichten und Interessen, wie sie uns etwa in der utilitaristischen Ethik begegnet, ist somit *ein* wichtiger Aspekt dieser Forderung Kants positiv aufgenommen.)

Und es ist (2) das Vernunftpostulat, dass wir in unserem Handeln niemals einen anderen Menschen nur als Mittel behandeln dürfen, sondern ihn stets auch als einen Selbstzweck achten müssen. Diese Forderung schließt alle anderen Menschen, aber auch uns selbst als handelnde Personen ein. Wir können es auch das *Gebot des Menschenwürdegrundsatzes* nennen, denn für Kant gründet in dem Gedanken eines Selbstzwecks die Würde eines jeden Menschen als Menschen. Ausdruck dieser Würde ist es, dass jeder Mensch als Subjekt und Träger der »praktischen Vernunft« ein freies Handlungswesen ist, das sich selbst Zwecke setzen kann.

Diese beiden Fassungen des kategorischen Imperativs enthalten, wenn auch in unterschiedlicher Hinsicht, *unbedingte Forderungen* im Sinne von starken normativen Prinzipien für moralisches Handeln. Sie erfüllen die Aufgabe einer Überprüfung unserer Handlungen bzw. genauer: unserer Handlungsmaximen, die als subjektive, von uns gewählte Regeln den Handlungen begründungslogisch zugrunde liegen. Und für diese Aufgabe formulieren sie die ethisch relevanten Kriterien dafür, was sich mit Blick auf unser Handeln als moralisch richtig, weil normativ unbedingt geboten qualifizieren lässt. Wir können sie daher auch die ethisch ausgezeichneten, *notwendigen Bedingungen* von moralischer Richtigkeit und von Moralität in unserem Handeln nennen. Sie bilden in der Tat so etwas wie den vernünftigen Kern der philosophischen Ethik und markieren eine zentrale Einsicht der Ethik, die unhintergehbar erscheint.

Diese Einsicht gilt auch unabhängig von der speziellen Begründung bei Kant, und so ist sie als Kern eines universellen ethischen Programms anzuerkennen, und zwar in allen Kulturen der Welt. Denn im Unterschied zur sogenannten Goldenen Regel (sie beinhaltet nur die Regel der Gegenseitigkeit: »Niemand darf einem anderen etwas zufügen, von dem er nicht will, dass es auch ihm zugefügt werde«) kommt den Fassungen des kategorischen Imperativs ein Anspruch auf eine normative unbedingte Geltung zu, die eine universelle Zustimmung beanspruchen kann, indem sie sowohl formal als auch material die Mindeststandards einer universellen Moral artikuliert und mit dem Aufweis des unbedingten Instrumentalisierungsverbots weit über die Einsicht hinausgeht, die die Goldene Regel formuliert (und die heute ein sogenanntes Weltethos in das Zentrum seiner Bemühungen stellt).

Doch als die *Mindeststandards einer universellen Ethik* formulieren die beiden Postulate bei Kant gleichsam nur die notwendigen, also unverzichtbaren Bedingungen für moralisches Handeln, nicht aber die weiteren Kriterien für die Überprüfung der Moralität unseres Handelns in der Komplexität und Vielfalt der Herausforderungen unserer Handlungswelt. Es ist jedoch ebenso eine Aufgabe der philosophischen Ethik, sich mit diesen weiteren Fragen zu beschäftigen. Sie können wir allerdings erst dann beantworten, wenn wir das Konzept der praktischen Vernunft weiter auslegen, als dies Kant tat.

Eine Engführung des Konzepts der praktischen Vernunft bei Kant ist daran erkennbar, dass sie nur für ausge-

wählte Fragen nach dem moralisch Richtigen Antworten
bereitzuhalten scheint. Doch nicht alle, zumal in der sogenannten angewandten Ethik anfallenden Fragen lassen
sich dadurch beantworten, dass wir die Maximen unseres
Handelns mit Hilfe der Universalisierungsformel oder unter Rückgriff auf das Prinzip der Menschenwürde überprüfen. Kant weist selbst darauf hin, dass es moralische
Pflichten gibt, die nicht unbedingt gelten; dies ist ein Hinweis darauf, dass sie mit Hilfe der beiden genannten Formeln des kategorischen Imperativs ethisch nicht hinreichend zu begründen sind. So spricht er in der *Metaphysik
der Sitten* von moralischen Pflichten, die nicht unbedingt
gelten, wie zum Beispiel unsere Pflicht, uns um das Wohlergehen unserer Mitmenschen oder um unsere eigene Vervollkommnung zu kümmern. Die diesen moralischen
Handlungen zugrunde liegenden Maximen entziehen sich
gleichsam der Zuständigkeit des kategorischen Imperativs,
bleiben aber nichtsdestoweniger moralisch bedeutsam, ja
beanspruchen sogar eine normative Richtigkeit und begründen moralische Pflichten. Analoges kann für die
Reichweite und Zuständigkeit des Prinzips der Menschenwürde gesagt werden. Nur wenige, wenn auch fundamentale Fragen unseres Handelns lassen sich auf die Frage zurückführen, ob ein bestimmtes Handeln die Würde und
Freiheit der betroffenen Menschen verletzt. So wird deutlich, dass beide Postulate des kategorischen Imperativs einen wichtigen Beitrag zur Erkenntnis moralischer Pflichten leisten; doch die Frage der Ethik nach dem moralisch
Richtigen in unserem Handeln geht noch über die Identi-
fizierung von unbedingten Sollenspflichten hinaus. Und
genau dieser Aufgabe muss ein gegenüber Kant erweitertes Konzept von praktischer Vernunft Rechnung tragen.

Ein solches erweitertes Konzept von »praktischer Vernunft« will und kann nicht nur die grundlegenden Fragen
nach dem moralisch Richtigen im Sinne des Nachweises
unbedingter Pflichten für alle beantworten, also Fragen

des moralisch universell Gerechten, sondern auch Einsichten in solche Pflichten bieten, die nur bedingt geboten sind, oder Einsichten auch in Pflichten, die in einer gegebenen Situation nur mich oder auch vielleicht nur andere betreffen, die hier eine spezifische, nicht übertragbare Verantwortung besitzen. Im Kapitel 3.3. wurden vier Weisen unterschieden, wie wir in unserem Handeln moralische Bedeutsamkeit erfahren können; diesen vier Erfahrungen des Moralischen entsprechen vier Lesarten von moralischer Richtigkeit und ethischer Begründung. Diesem Vorschlag entsprechend muss auch das Konzept einer praktischen Vernunft so angelegt sein, dass es diesen unterschiedlichen Aufgaben gewachsen ist. Daher darf sich die praktische Vernunft in uns nicht darauf beschränken, allein vermittels der Anwendung des kategorischen Imperativs die Maximen unseres Handelns auf ihre moralische Richtigkeit (oder ihre Moralität) hin ethisch zu überprüfen; denn, wie gesehen, reichen deren Einsichten nur so weit, dass sie bestimmte *notwendige Bedingungen* unseres Handelns auf deren moralische Richtigkeit erfassen können.

Damit wären sie aber von den moralischen Fragen abgeschnitten, die die weiteren moralisch relevanten Bestimmungen unseres Handelns betreffen – und das schließt auch die unterschiedlichen sozialen Rollen und die differenzierte Verantwortung ein, die wir in der modernen Welt als Individuen im Verhältnis zu anderen Akteuren wahrnehmen, zum Beispiel als Mitglied von Familien, Gruppen oder Verbänden, als Ehe- oder als Lebenspartner, zu Personen besonderen Vertrauens und als Freund, als Verantwortlicher für bestimmte Aufgaben oder Funktionen, als öffentlicher Mandatsträger oder professionell Handelnder, als Träger von Rechten und als Unterworfener einer öffentlichen (Rechts-)Ordnung oder als Mitglied und Akteur in der Weltgesellschaft.

Gegenüber einer ganzen Reihe moralisch relevanter

Fragen, die mit diesen unterschiedlichen Handlungsrollen verbunden sind, bleiben die Kontrollfragen des kategorischen Imperativs eigentümlich stumm. Dies ist kein Mangel, der dem kategorischen Imperativ und seiner Aufgabe in Kants ethischem Modell vorgeworfen werden kann. Aber es zeigt sich hier, dass die verschiedenen Varianten des kategorischen Imperativs eine wichtige, grundlegende, aber eben auch beschränkte Aufgabe wahrnehmen. Um Missverständnisse zu vermeiden, soll hier die Kritik an Kants Ethik noch einmal präzisiert werden.

Dass der kategorische Imperativ rein formal sei, war und ist die stereotyp immer wiederkehrende Kritik an Kant. Doch schon ein Blick auf das Postulat des Menschenwürdegrundsatzes zeigt, dass die Kritik an einer vermeintlich reinen Formalität des Moralischen bei Kant nicht diesen, sondern eher eine einseitige Kantrezeption trifft. Daher wird hier auch nicht Kants Lehre vom kategorischen Imperativ selbst kritisiert. Zugleich steht sein Begriff der praktischen Vernunft aber in der Gefahr einer gewissen Engführung, wenn es uns heute darum geht, ein überzeugendes Konzept philosophischer Ethik zu begründen. Deren Leistungsfähigkeit muss sich nämlich darin erweisen, dass sie nicht von vornherein darauf eingeschränkt wird, nur diejenigen Fragen als moralisch relevant zu behandeln, die allein im Rekurs auf den Nachweis einer universellen, situationsunabhängigen und für alle Handelnden gleichermaßen unbedingten Verpflichtung zu beantworten sind. Gewiss, diese Fragen sind moralisch wie ethisch von grundlegender Bedeutung, und in diesem Sinn ist es ein unschätzbares Verdienst von Kant, gezeigt zu haben, dass und wie die mit dem Problem des Gerechten verbundenen generellen moralischen Pflichten ethisch einsichtig zu machen sind. Aber es sind nicht die einzigen Fragen, für die wir als Handelnde Antworten im Hinblick auf die moralischen Differenzen zwischen gut und böse, richtig und falsch, bedingt gesollt und unbedingt gesollt suchen.

Die Diskursethik scheint – darin Kant verpflichtet – genau dieser Gefahr einer Engführung der philosophischen Ethik zu erliegen, indem sie diejenigen Fragen aus ihrer Zuständigkeit verweist, die am Ende nicht mit dem Hinweis auf eine unbedingte Verpflichtung für alle im Sinne des von Habermas definierten Gerechten beantwortet werden können. Dies ist jedoch keine moralphilosophisch plausible Strategie. Obgleich die Diskurstheorie ihrerseits Kant dafür mit überzeugenden Gründen kritisiert, dass er das Konzept der Moralität und insbesondere der Vernunft auf die Perspektive eines einsamen, monologisch verfassten Subjekts eingeschränkt habe (vgl. 2.4.), zieht sie aus ihrer Kritik doch nicht die Schlussfolgerung, mit einem erweiterten Konzept von Vernunft zugleich auch die Aufgabenbeschreibung der praktischen Vernunft methodischsachlich zu erweitern. Das erklärt vielleicht auch ihre schwache moralphilosophische Präsenz in den anwendungsbezogenen Debatten der Gegenwart, jenseits der Fragen einer normativen Grundlegung des Rechts.

Entsprechend kann man mit Blick auf die Vielfalt der moralisch relevanten Erfahrungen in unserem Handeln und korrespondierend die Vielfalt der gesuchten Antworten auf die Frage nach dem moralisch Richtigen nicht nur von Kant und an ihn systematisch anschließend, sondern im Sinne des hier vertretenen Konzepts einer erweiterten praktischen Vernunft auch von den ethischen Modellen des Aristoteles, vom ethischen Utilitarismus und von der Diskursethik lernen. Von der Diskursethik kann die Einsicht übernommen werden, dass die unsere ethischen Reflexionen anleitende praktische Vernunft keine andere Vernunft ist als die, vermittels derer wir in der Vielfalt unserer Handlungswelten mit anderen kooperieren. Sie ist also eine im Handeln situierte, abstrakt gesprochen: eine gesellschaftlich, sozial, kulturell bestimmte Vernunft, kraft deren Erkenntnis- und Reflexionspotential aber durchaus auch ihre Träger in der Lage sind, sich von ihren eigenen

Interessen und Rollen zu distanzieren. Es handelt sich um eine Vernunft, die kommunikativ verfasst ist und auf dem Weg von Intuition, Abstraktion und Argumentation uns in die Lage versetzt, grundlegende Einsichten in moralische Richtigkeit und normative Bedeutsamkeit zu gewinnen. Aus dieser Beschreibung der Leistungsfähigkeit unserer kommunikativen Vernunft können wir für die Konflikte, die wir in der Handlungswelt mit anderen erfahren und austragen, außerdem lernen, dass auch Interessengegensätze stets zur Realität unserer moralischen Erfahrungen zählen. Doch in dem Maße, in dem wir zeigen können, dass strategisches Handeln als Ausdruck mitunter konfligierender Interessen nur einen eingeschränkten Modus eines weiten, in letzter Instanz verständigungsorientierten Handelns darstellt, in genau diesem Maß können wir einen erweiterten Begriff der Interessen in die Moraltheorie einführen, der nicht bei dem defizienten Interessenbegriff moralischer Egoisten stehen bleibt und am Ende einem moralisch-ethischen Relativismus verfällt.

Diese Einsichten aus der Diskursethik sind geeignet, einem trivialen Minimalismus, wie er in manchen zeitgenössischen Ethikvorschlägen zu finden ist, bereits handlungstheoretisch die Grundlagen zu entziehen. Die Diskursethik kann nämlich zeigen, dass die Modelle des moralischen Egoismus und des gerechtigkeitsskeptischen Naturalismus im Hinblick auf die in unseren Handlungsrationalitäten angelegten Potentiale theoretisch zu kurz greifen. Auch eine auf eine allgemeine Ökonomie des Nutzens oder der Maximierung von Lust fixierte Morallehre wird der Realität unseres Handelns nicht gerecht. Bringen wir aber mit einer aus der Diskursethik gewonnenen Einsicht in die Weite und die Logik eines verständigungsorientierten, moralisch bedeutsamen Handelns zugleich ein erweitertes Konzept von »intersubjektiver Vernunft« in Stellung, so können wir auch von dem Modell des utilitaristischen Konsequentialismus lernen, dass eine erweiterte Lesart der Begriffe des Gemein-Interesses oder eines in diesem Sinn für alle Nützlichen, weil für alle gleichermaßen *Guten*, für das Konzept einer praktischen Vernunft eine hohe Bedeutung besitzt. Beide Einsichten aus der Diskursethik und einem diskursethisch gelesenen Utilitarismus sind hilfreich, wenn es darum geht, ein erweitertes Konzept praktischer Vernunft als Referenzgrundlage für unsere ethischen Reflexionen vorzuschlagen. So kann die mit dem Modell bei Kant und dessen einseitiger Lesart verbundene Eliminierung der Fragen nach dem für uns Menschen Guten im moralisch verstandenen, normativ Richtigen philosophisch rückgängig gemacht werden. Umgekehrt kann es uns auf diesem Weg auch gelingen, einer Trivialisierung des »Guten« als des bloß Nützlichen oder Angenehmen im Sinne einer partikular-egoistischen Interessenspsychologie, wie sie uns in einigen Varianten des Utilitarismus begegnet, aber im Ansatz auch von der Diskurstheorie nicht ganz überzeugend abgewehrt werden kann, gegenzusteuern.

Und schließlich können wir auch vom ethischen Modell des Aristoteles lernen, dass ein enger Begriff von praktischer Vernunft und ein schmaler Kriterienkatalog des moralisch Richtigen nicht genügen, um in den vielen Einzelfällen unseres Handelns Entscheidungen über die Differenz von gut und böse, richtig und falsch, angemessen und unangemessen, gefordert und nicht gefordert etc. zu fällen. Um es in der Terminologie des Aristoteles auszudrücken: Das Konzept einer praktischen Vernünftigkeit von uns reflektierenden Handlungswesen muss neben den beiden zentralen ethischen Prinzipien der *Verallgemeinerungsfähigkeit* unserer Maximen und *des Menschenwürdegrundsatzes* auch die Erkenntnisfunktion beispielsweise unserer *Tugenden* anerkennen, etwa: Besonnenheit, Maß und Klugheit. So ist die Klugheit recht besehen nicht die von der moralischen Richtigkeit absehende instrumentelle Gerissenheit oder Cleverness, als die sie etwa bei Hume und Kant beschrieben wird, sondern unsere Fähigkeit, das allgemein betrachtet moralisch Richtige auf den hier und jetzt gegebenen, immer kontingenten Einzelfall so zu beziehen, dass wir dabei das moralische Kriterium des Richtigen in unserem Handeln nicht aus dem Auge verlieren.

12 *Praktische Vernunft*

Auf die Unterscheidung einer theoretischen von einer praktischen Vernunft stützt sich bei Aristoteles wissenschaftstheoretisch das Konzept der Ethik. Die praktische Vernunft schließt hier das Erfordernis ein, der Klugheit neben den ethischen Tugenden eine Erkenntnisfunktion für die Bestimmung des moralisch Richtigen im Handeln selbst und in der ethischen Reflexion auf den Anspruch der Moralität der Handlungen zuzuerkennen. Kant nimmt die Unterscheidung der theoretischen von der praktischen Vernunft auf, doch erkennt er der praktischen Vernunft auf der Grundlage seiner Transzendentalphilosophie zugleich ein höheres Maß an Einsicht in die Moralität im Sinne des moralisch Gesollten zu.

Anders als Aristoteles ist Kant davon überzeugt, dass die Fähigkeit der praktischen Vernunft, das moralisch Richtige zu erkennen, zu wollen und auch zu tun, allen Menschen in ausreichendem Maß zukommt. Dies gilt auch für die beiden zentralen Einsichten seiner Ethik, die er (1) im Postulat der Verallgemeinerbarkeit unserer Maximen und (2) im Postulat der unbedingten Achtung der Würde oder Selbstzwecklichkeit eines jeden Menschen ausdrückt. Beide Postulate markieren eine ethische Einsicht, hinter die keine Ethik nach Kant zurückfallen darf. Beide Postulate übertreffen auch die Formulierung der Goldenen Regel, die zwar den Gedanken einer moralischen Reziprozität, aber nicht die Einsicht in die Unhintergehbarkeit der Freiheit und den Gedanken einer unbedingten Selbstzwecklichkeit eines Menschen formuliert, auf die heute auch eine Moral der Menschenrechte und eine Politik des demokratischen (republikanischen) Rechts aufbauen.

Gleichwohl formuliert die Ethik Kants die unverzichtbaren und notwendigen Mindeststandards für moralisches Handeln, die allerdings für den angemessenen Maßstab moralischen Handelns und ethischer Moralitätsprüfung in den Komplexitäten unserer Handlungswelten nicht hinreichen. Dies macht eine moderate Erweiterung des Konzepts praktischer Vernunft notwendig, um das Programm der Ethik als praktischer Theorie angesichts der Vielfalt moralischer Herausforderungen durchführen zu können.

Dies führt zu dem Vorschlag, den Vernunftbegriff bei Kant durch das Konzept einer öffentlichen Vernunft, wie sie von Vertretern der Diskursethik vorgestellt wurde, abzulösen. Der Rekurs auf Einsichten der Moraltradition im utilitaristischen Konsequentialismus und bei Aristoteles kann dabei helfen, einem erweiterten Begriff des moralisch Guten im Sinne des moralisch Richtigen seinen angemessenen Platz in einer philosophischen Ethik heute zu geben.

4. Angewandte Ethik

4.1. Begründung und Anwendung ethischer Grundsätze

Wie im ersten Kapitel ausgeführt (vgl. insb. 1.1.), verfolgt die philosophische Ethik die Aufgabe, den Anspruch auf moralische Richtigkeit, den wir in unserem Handeln erheben, kritisch zu überprüfen und im Rückgriff auf vernünftige Maßstäbe der Rechtfertigung unserer Rede vom moralisch Guten oder Richtigen zu begründen. Im dritten Kapitel wurde herausgearbeitet, welche ethischen Grundbegriffe und Prinzipien hierbei als Kategorien ethischer Rationalität unverzichtbar sind (vgl. insb. 3.1.–3.3.). Mit diesen Reflexionen auf die Kategorien ethischer Urteilsbildung aber ist die Aufgabe einer philosophischen Ethik nicht abgeschlossen, im Gegenteil. Gerade deshalb, weil die philosophische Ethik hier als eine praktische Theorie verstanden wird, die von den Handlungserfahrungen und moralischen Konflikten des Alltags ausgeht und die Aufgabe hat, die Frage nach dem moralisch Richtigen in spezifischen und individuellen Handlungssituationen rational zu beantworten, muss die Ethik die Resultate ihrer theoretischen Reflexion auf Grundbegriffe und Prinzipien der allgemeinen *Begründung* des moralisch Richtigen stets wieder auf die Probleme des Handelns zurückbeziehen können. Damit ist die Frage der *Anwendung* der ethischen Modelle und Prinzipien der reflexiven Begründung des moralisch Richtigen in den konkreten Einzelfällen und den typischen Bereichen oder immer wiederkehrenden Situationen unseres Handelns aufgeworfen (vgl. oben 1.1.).

Das Verhältnis der Prinzipieneinsicht des allgemeinen oder theoretischen Teils der ethischen Begründung zu den Fragen der Anwendung dieser Prinzipien im konkreten Einzelfall darf aber nicht nach dem Muster einer einfachen logischen Deduktion des Einzelnen aus dem Allgemeinen oder einer Top-down-Ableitung begriffen werden. Dass der konkrete Einzelfall im Handeln nicht einfach dadurch hinreichend bestimmt werden kann, dass wir ihn unter eine allgemeine Regel bringen, das lehrt uns schon die Methode der »Kasuistik« (abgeleitet vom lat. Begriff »casus«: der Fall), die auf eine lange Tradition in der Geschichte der Moralphilosophie zurückblickt, aber auch in den Rechtswissenschaften unverzichtbar ist. Als Verfahren der Kasuistik können wir die methodisch kontrollierte Anwendung von allgemeinen Prinzipien, genauer: von Normen der Moral oder des Rechts auf einen vorliegenden Einzelfall, bezeichnen. Dabei wird in der Regel so verfahren, dass ausgehend von einem spezifischen Einzelfall und seinen Beschreibungen die Frage zu beantworten ist, unter welche allgemeinen Begriffe, Regeln oder Normen dieser Einzelfall subsumiert werden soll, um ihn näher bestimmen und moralisch oder rechtlich qualifizieren zu können.

Das Erkenntnisverfahren der Kasuistik ist bei der Analyse und Bewertung von Handlungen fraglos eine unverzichtbare Methode. Doch muss umgekehrt festgehalten werden, dass der Rekurs auf allgemeine Bestimmungen, seien es Regeln, Normen oder auch Gesetze, niemals hinreicht, um die moralische oder auch rechtliche Qualität einer Einzelhandlung eindeutig und abschließend zu bestimmen; denn jedes konkrete einzelne Handeln realisiert sich auch in einmaligen, nicht wiederholbaren Vollzügen und ist auf eine jeweils individuell charakterisierte Art und Weise mit allgemeinen, regelhaften oder schematisch bestimmbaren Grundzügen verwoben. Bereits *Aristoteles* hat den untilgbaren kontingenten Charakter aller realen Handlungen thematisiert (vgl. 2.1.), dem hier, mit dem Hinweis auf den praktischen Grundzug der ethischen Theorie (vgl. 1.1.) und deren Ausgang bei einem reflektierten Begriff der Handlung (vgl. 3.1.), entsprochen wird.

So können wir also festhalten, dass die ethische Reflexionskompetenz nicht nur die theoretische Fähigkeit einer Begründung allgemeiner Regeln für moralisches Handeln voraussetzt, sondern auch die praktische Urteilskraft, die Einzelfälle und besonderen Situationen oder Umstände unseres Handelns in angemessener Weise den allgemeinen Regeln, Prinzipien oder Gesetzen des Moralischen zuzuordnen. Mit dem Ausgangspunkt der *Kritik der Urteilskraft* von *Immanuel Kant* kann man zwei Weisen unterscheiden, wie »das Besondere« unter »das Allgemeine« (eine Regel oder ein Gesetz) subsumiert werden kann. Ist die allgemeine Regel schon gegeben und muss der besondere Einzelfall nur unter die allgemeine Regel gebracht werden, so nennt Kant das Erkenntnisvermögen die »bestimmende Urteilskraft«. Ist aber der Einzelfall gegeben und muss die allgemeine Regel noch aufgefunden werden, spricht Kant von der »reflektierenden Urteilskraft«. Für viele Fälle unserer praktischen Urteilsfähigkeit liegen die Prinzipien oder Regeln bereits vor, und die Urteilenden sind aufgefordert, die richtigen, das heißt passenden Regeln zur praktischen Beurteilung des Einzelfalls zu identifizieren. In solchen Fällen haben wir es mit dem Typ einer »bestimmenden Urteilskraft« zu tun, wie er uns in den meisten Fällen der rechtswissenschaftlichen Urteilsfindung begegnet: Der Richter entscheidet in der Regel den Einzelfall unter Rückgriff auf das bestehende Recht. Nur in den seltensten Fällen werden dabei auch neue Rechtsregeln oder gar juristische Gesetze geschaffen. Tritt aber ein Einzelfall auf, für den es (noch) keine allgemeine praktische Einordnung oder Regel gibt, so haben wir es mit der geforderten Erkenntnisleistung vom Typ der »reflektierenden Urteilskraft« zu tun. Für deren Urteilsfindung ist es notwendig, aufgrund einer konkreten Herausforderung ein allgemeingültiges praktisches Prinzip neu zu begründen. Im Fall der moralischen Problemstellungen unseres Handelns kommt es somit darauf an, dass wir entweder ein universell gültiges Moralprinzip finden, unter das wir die moralische Herausforderung des Einzelfalls subsumieren, oder aber eine neue Regel begründen, die geeignet ist, den problematischen oder moralisch unbestimmten, also offenen Einzelfall eindeutig zu bestimmen. Die von der philosophischen Ethik neu zu begründenden Regeln, normativen Gesetze oder Prinzipien geben zumeist der Tatsache Ausdruck, dass in unserer Handlungswelt neue Möglichkeiten des Handelns bestehen, die von den Regeln der überlieferten Moral (noch) nicht berücksichtigt worden sind. Die meisten Regeln, die auf diesem Weg von der ethischen Urteilskraft zu begründen sind, haben den logischen Status »mittlerer« moralischer Grundsätze, die mit Blick auf spezifische Fragen der Anwendung allgemeinster Moralprinzipien oder ethischer Modelle auf neue Herausforderungen an unser Handeln gefunden und begründet werden müssen, damit die Ansprüche des moralisch richtigen Handelns auch in den erweiterten Handlungsräumen der Gegenwart nicht scheitern. Genau diese Herausforderung steht im Mittelpunkt der neueren *angewandten Ethik*.

4.2. Ethik im Zeitalter der Pluralisierung von Moral

Die Aufgabe der *angewandten Ethik* reagiert auf die methodischen Grenzen des Programms der Kasuistik und die Einsicht, dass es nicht möglich ist, alle irgendwie möglichen oder denkbaren Fälle menschlichen Handelns dadurch ethisch eindeutig zu qualifizieren, dass sie auf ein System von (wohl begründeten) Prinzipien, Regeln oder Gesetzen zurückgeführt werden. Das logische Problem der Anwendung allgemeiner Regeln auf die moralischen Einzelfälle des Alltags verschärft sich in der Gegenwart durch eine Reihe weiterer Entwicklungen:

(1) Hier ist zunächst auf den Umstand hinzuweisen, dass der faktische Pluralismus moralischer Überzeugungen in den Lebenswelten der Moderne sich auch in einer Vielfalt ethischer Prinzipien und Begründungsvorschläge für die Antwort auf die Frage nach dem moralisch Guten oder Richtigen artikuliert. Anders als im System des Rechts erweist es sich in einer pluralistischen Gesellschaft als ausgesprochen schwierig, moralische Konflikte im Alltag unseres Handelns durch Rekurs auf allgemein geteilte ethische Prinzipien zu lösen.

(2) Unsere Handlungen sind in weiten Bereichen unserer Lebenswelt durch die unterschiedlichen Handlungslogiken geprägt, die in den gesellschaftlichen Subsystemen des Rechts und der Wirtschaft, der Wissenschaft und der Technik, der Politik und des Privatlebens, der Künste und der Religionen vielfach eine ganz eigenständige und auch funktional eigenwillige Rationalität annehmen.

(3) Die dynamischen Prozesse der wissenschaftlich-technischen Revolutionen der Gegenwart und der Globalisierung haben die in den überlieferten sittlichen Regeln und Überzeugungen eingebrachten Erfahrungen im Umgang mit moralischen Konflikten grundlegend verändert.

Angesichts dieser Veränderungen stehen wir in unserem Handeln vor moralischen Entscheidungen und Konflikten, die nicht ohne weiteres im Rekurs auf die überlieferten ethischen Prinzipien und moralphilosophischen Modelle gelöst werden können. Die angewandte Ethik versucht nun, die mit diesen Veränderungen einhergehenden sachlich-methodischen Herausforderungen für die philosophische Ethik aufzunehmen.

Angesichts dieser Entwicklungen sieht sich die angewandte Ethik vor eine komplexe Aufgabe gestellt: Sie muss ausgehend von einer möglichst präzisen Analyse der jeweiligen moralischen Konflikte und sittlichen Herausforderungen, die sich in den unterschiedlichen Handlungsfeldern unserer Lebenswelten einstellen, diejenigen obersten praktischen Prinzipien, allgemeinen Grundsätze oder Normen herausarbeiten, die – zumindest prima facie – dafür geeignet zu sein scheinen, die analysierten Konflikte und Herausforderungen auf begründete Weise zu lösen, und Antworten auf die Frage nach dem moralisch richtigen oder guten Handeln erlauben. Diese notwendigerweise sehr allgemeinen moralischen Prinzipien oder Normen müssen aber, um in den unterschiedlichen Handlungssituationen tatsächlich eine moralische Orientierung zu bieten und handlungsmotivierende Kraft zu entfalten, durch spezifischere Grundsätze, Regeln oder Normen ergänzt und erweitert werden, die dem jeweiligen Handlungsraum und Sachkontext angemessen sind. Die angewandte Ethik spricht hier von *mittleren* und *sachbezogenen Grundsätzen*, die die allgemeinsten Prinzipien mit den Realitäten und Imperativen des Handelns in besonderen Situationen oder Bereichen vermitteln. Diese mittleren Prinzipien sind zumeist in den klassischen ethischen Theorien so (noch) nicht herausgearbeitet, vorgelegt oder begründet worden; sie sind vielmehr das Resultat einer vielstimmigen ethischen Deliberation (das heißt einer die Sache »hin und her bewegenden« Abwägung) in der Gegenwart ganz im Sinne einer praktischen Erkenntnisleistung der von Kant sogenannten »reflektierenden Urteilskraft«. In diesem Erkenntnisprozess werden von den ethisch reflektierenden Personen situationstypische Analysen, handlungsbereichsspezifische Imperative, normative Postulate und persönliche moralische Intuitionen oder Überzeugungen derartig miteinander verbunden, dass das Resultat dieser Überlegungen einerseits eine praktische Anwendung des ethischen Diskurses und eine Bewährung der gefundenen moralischen Einsichten im besonderen

Einzelfall erlaubt, andererseits zugleich auf einen moralisch begründeten, auch pragmatisch wichtigen Konsens unter den Handlungsbeteiligten und -betroffenen zielt. Die meisten der in der Gegenwart offenen moralischen Fragen sind das Resultat einer unumkehrbaren Pluralisierung unserer Lebenswelten, einer Ausdifferenzierung von Handlungslogiken in den Teilsystemen unserer Gesellschaften, einer – im Vergleich zu früheren Handlungsmöglichkeiten – unermesslichen Steigerung der Handlungsoptionen durch die wissenschaftlich-technischen Revolutionen sowie einer weltweiten Interdependenz von Handlungswelten im Prozess der Globalisierung. Dies macht es notwendig, dass die mit den offenen Fragen der Moralität befasste Ethik sich als angewandte Ethik formal und material als ethische Reflexion und Deliberation im Hinblick auf spezifische Teilbereiche unseres Handelns organisiert. So kommt es zur Entwicklung von sogenannten Bereichsethiken wie der biomedizinischen Ethik im Gefolge der neuesten Entwicklung der Lebenswissenschaften, einer ökologischen Ethik und einer speziellen Tierethik, einer Ethik der Menschenrechte sowie einer Rechts- und Wirtschaftsethik, einer feministischen Ethik, einer Wissenschaftsethik oder einer Technikethik.

4.3. Die »mittleren« Prinzipien der angewandten Ethik

Die Bedeutung der Bereichsethiken für die Begründung und Anwendung ethischer Prinzipien, Grundsätze, Normen oder einfach nur überzeugender Argumente bei der Suche nach dem moralisch Richtigen im Handeln ist eng verknüpft mit der Auswahl und der Funktion der »mittleren« Prinzipien oder Grundsätze. Deren Rolle und Funktion soll nun anhand einiger ausgewählter Beiträge aus den genannten Bereichsethiken nachgegangen werden. Drei in der öffentlichen Debatte besonders hervorgetretene Ethikbereiche bieten sich hierfür an: (1) die biomedizinische Ethik, (2) die Tierethik als Teil einer ökologischen Ethik und (3) die Ethik der Menschenrechte. Hierbei geht es nicht um einen ethischen Beitrag zur Debatte über die moralische Qualität einzelner Handlungsoptionen im Bereich der Medizin, im Umgang mit Tieren oder im Raum der Politik, sondern darum, die spezifische Rolle der genannten »mittleren« Grundsätze in der angewandten Ethik näher zu betrachten.

(1) Biomedizinische Ethik

Durch den beispiellosen Fortschritt der biomedizinischen Forschung in den vergangenen Jahrzehnten ist im klinischen Alltag eine Vielzahl therapeutischer Handlungsmöglichkeiten verfügbar, die alle hier unmittelbar Betroffenen vor neue, in der Tradition medizinisch-therapeutischen Handelns unbekannte moralische Probleme stellen. Ärzte und Pflegepersonal, Patienten und Angehörige, Klinikträger und Versicherungen müssen im Einzelfall Entscheidungen vornehmen, die auch nach neuen, spezifischeren moralischen Einsichten und Grundsätzen verlangen. In der Tradition ärztlichen Handelns genügten hier die beiden obersten Normen des hippokratischen Eids, um zusammen mit dem medizinischen Wissen und der therapeutischen Erfahrung die moralische Evidenz des ärztlichen Ethos sicherzustellen: An oberster Stelle stand hier, aus guten ethischen Gründen, das *unbedingte Verbot*, durch ärztliches Handeln irgendjemandem zu schaden (lat.: nemini noceri!), und erst an zweiter Stelle das *bedingte Gebot*, das Wohl des Patienten zu mehren.

Da sich infolge des enormen medizinischen Fortschritts erwiesen hat, dass diese beiden obersten Prinzipien für

moralisches Handeln von Therapeuten und Ärzten nicht
ausreichen, um in den besonderen Situationen des klinischen Alltags zu moralisch eindeutigen Handlungsent-
scheidungen zu gelangen, haben die Vertreter der biomedizinischen Ethik eine Reihe spezifischer Handlungre-
geln und mittlerer Grundsätze vorgeschlagen. So geht etwa
das »Prinzip der informierten Zustimmung« (engl.: principle of informed consent) des Patienten auf *John G. Malcolm* sowie *Tom L. Beauchamps* und *James F. Childress*
zurück. Aus diesem mittleren Grundsatz folgen weitere
normative Handlungskriterien, nämlich dass der Patient
(1) informiert und über alle Aspekte der Erkrankung und
vorgeschlagenen Therapie aufgeklärt werden muss, dass er
(2) die Information verstehen können soll, dass seine Entscheidung (3) freiwillig sein soll, dass er (4) die Kompetenz zur Entscheidung besitzen soll und dass er (5) seine
Zustimmung zur Behandlung geben und den Arzt bzw.
die Therapeuten hierzu autorisieren soll. An diesen Postulaten wird deutlich, welche Konsequenzen aus dem mittleren Grundsatz des »informed consent« für moralisch gerechtfertigtes Handeln im Raum der Klinik abgeleitet
werden. Umgekehrt kann aufgewiesen werden, dass der
mittlere Grundsatz des »informed consent« seinerseits
Ausdruck eines höheren moralischen Prinzips ist, nämlich
des Prinzips der Patientenautonomie; dieses Prinzip begründet erst den Grundsatz der informierten Zustimmung
unter Aufnahme weiterer Aspekte, die aus der Beschreibung der realen Handlungsoptionen resultieren. So entwickelt die praktische Deliberation der angewandten Ethik
schrittweise einen Kriterienkatalog für moralisch gerechtfertigtes Handeln in der Klinik, indem sie reflexiv Gründe
für die Rechtfertigung allgemeiner Prinzipien mit einer
Analyse spezifischer Handlungsoptionen vermittelt, um
auf diesem Weg zur begründeten Annahme vermittelnder
Grundsätze, Regeln und Normen zu gelangen, den sogenannten mittleren Prinzipien.

Hierbei ist jedoch zu beachten, dass diese mittleren Prinzipien stets in der *Mehrzahl* auftreten und angesichts der Vielfalt der besonderen Handlungssituationen und einzelnen Handlungsoptionen *niemals ohne Spannungen untereinander oder sogar Widersprüche* zu einer einfachen Anwendung gebracht werden können. So zeigt das Beispiel aus der biomedizinischen Ethik, dass in vielen therapeutischen Fällen die vom mittleren Grundsatz des »informed consent« geforderte Kompetenz des Patienten nicht, noch nicht oder auch nicht mehr gewährleistet ist. Gesetzt aber den Fall, dass ein Patient zu einer »informierten Zustimmung« nicht in der Lage ist, muss der Ethiker auf das höhere Prinzip der Patientenautonomie zurückgreifen und gegebenenfalls über die moralische Rolle eines für den inkompetenten Patienten stellvertretend tätig werdenden Vormunds nachdenken. Dann rückt an die Stelle des moralischen Grundsatzes der Patientenautonomie aber tendentiell die Frage nach dem Patientenwohl. Zieht man aus der Antwort auf diese Frage jedoch ein starkes normatives Argument oder ein Kriterium für therapeutisches Handeln, so wird sehr schnell deutlich, wie unterschiedlich der Begriff des Patientenwohls ethisch gefasst und ausgelegt werden kann. Ein ethischer Emotivist (vgl. 1.2.) wird hierunter etwas anderes verstehen als ein Aristoteliker (vgl. 2.1.), ein Utilitarist (vgl. 2.2.) wieder etwas anderes als ein Kantianer (vgl. 2.3.) oder Diskursethiker (vgl. 2.4.), und so spielen die hier diskutierten grundsätzlichen Fragen der Modelle der Ethik und ihrer ersten Moralprinzipien auch im Raum der angewandten Ethik eine konstitutive Rolle. Daraus wird ersichtlich, dass der Rekurs auf mittlere Prinzipien, wie sie uns in allen angewandten Ethiken begegnen – so notwendig und unabweisbar sie sind –, nicht ohne die Begründungsleistung erster, oberster und allgemeinster Prinzipien des moralisch Richtigen zur ethischen Erkenntnis im Einzelfall führt. Dies bedeutet im Fall der biomedizinischen Ethik,

dass die beiden genannten mittleren Prinzipien, das Prinzip der Patientenautonomie und der Grundsatz der informierten Zustimmung, aber nur dann zu einer ethisch
überzeugenden Erkenntnis führen, wenn die beiden ersten
Prinzipien, wie sie im Eid des Hippokrates ausgedrückt
sind, als oberste moralische Vorzugsregeln weiterhin Geltung haben, nämlich das unbedingte Verbot der Schädigung und das bedingte Gebot des Patientenwohls; denn
ohne Rekurs auf diese ersten Prinzipien ärztlichen Handelns bleibt schon im Ansatz normativ ungeklärt, was der
Arzt im Fall eines nicht zustimmungsfähigen Patienten
lassen soll oder tun darf.

Wir können aus diesem Befund auch den weiteren
Schluss ziehen, dass jeder moralphilosophische Versuch,
die Probleme des moralischen Handelns unter Rückgriff
auf nur *eine* Norm, *eine* Vorzugsregel oder *ein* praktisches
Erkenntnisprinzip zu lösen, ethisch unplausibel erscheint
und praktisch scheitern muss. Ein – heftig diskutiertes –
Beispiel hierfür ist der Vorschlag von *Peter Singer* im
Rahmen seines Konzepts einer »praktischen Ethik«. Singer diskutierte unter anderem Fragen des moralischen
Umgangs mit Behinderten, mit Säuglingen oder mit Ster-
benden. Er schlug vor, ein moralisches »Recht auf Leben«
nur denjenigen Lebewesen zuzusprechen, die in der Lage
sind, »Wünsche hinsichtlich ihrer eigenen Zukunft zu haben« (P. Singer, Praktische Ethik, Stuttgart 1984, S. 109).
Damit kündigte er explizit das moralische Verbot der Tötung oder Schädigung von Menschen; an dessen Stelle trat
bei ihm als moralisch oberste Norm das utilitaristische
Gebot einer unparteilichen Vermehrung der Lust bzw.
der Minderung der Unlust in Gestalt einer die jeweils artikulierten Präferenzen von Lebewesen achtenden Handl-
lungsnorm.

Die sich an seine Thesen anschließende moralphilosophische Debatte hat gezeigt, dass Singers Thesen nicht nur
in einer erheblichen Spannung zu einer Reihe bislang gel-

tender moralischer Überzeugungen stehen, wenn er zum
Beispiel die Tötung von Neugeborenen mit der Tötung
von Schnecken vergleicht und beides moralisch für ver-
tretbar hält, da beiden Lebewesen die Fähigkeit fehle,
Wünsche hinsichtlich ihres weiteren Lebens oder Präferenzen zu besitzen (vgl. ebd.). Seine Thesen belegen auch
die begründete Annahme, dass ethische Konzepte im Feld
der angewandten Ethik immer dann hoffnungslos unter-
komplex und somit zwangsläufig unangemessen sind,
wenn sie versuchen, die vielfältigen Probleme des Handelns moralphilosophisch auf *ein einziges* Axiom oder
Prinzip zur Beantwortung der Frage nach dem moralisch
Richtigen zurückzuführen, wie dies in der philosophischen Diskussion Singer auch oft vorgeworfen worden ist
(vgl. u. a. J. Nida-Rümelin, Angewandte Ethik, Stuttgart
2005, S. 69).

(2) Tierethik

Ein anderes Argument von Singer hat in der Debatte über
die Tierethik eine weitergehende Bedeutung erlangt. Es ist
das Argument des »Speziesismus« und besagt, dass die
von der überlieferten Moralphilosophie vertretene moralische Sonderstellung des Menschen ethisch nicht gerechtfertigt werden kann. Zeitgenössische Ethiken schließen an
diese Argumentation in unterschiedlicher Form an. Bereits in den Ansätzen zur Mitleidsethik des 18. und 19.
Jahrhunderts (vgl. 1.3.) oder im Zusammenhang des utilitaristischen Modells der Ethikbegründung (vgl. 2.2.) wurde die Überlegung vorbereitet, dass Tieren aufgrund ihrer
Leidensfähigkeit bereits eine moralische Anerkennung zukommen muss. Neuere Beiträge zur Tierethik wie die von
Jean-Claude Wolf oder von *Ursula Wolf* schlagen daher
vor, dass Tiere einen anderen moralischen Rang als Dinge
der Objektwelt und dementsprechend einen eigenständi-

gen Wert besitzen, der notwendigerweise zur Formulierung weiterer mittlerer Prinzipien in der angewandten Ethik führen muss. Analoge Einsichten legen uns zeitgenössische Beiträge zur ökologischen Ethik vor, die auf die Unabweisbarkeit des ethischen Prinzips der Nachhaltigkeit hinweisen und auf diesem Weg die gesamte belebte und unbelebte, die Menschen umgebende Natur auf eine spezifische Weise adressieren und in die Zuständigkeit der philosophischen Ethik einbeziehen, etwas, was so in den älteren Ethiken nicht begegnet.

(3) Ethik der Menschenrechte

Auch in den Debatten der neueren politischen Ethik bzw. der Rechtsethik stoßen wir auf ein normatives Prinzip, das die Funktion eines mittleren Grundsatzes für legitimes, also moralisch ausgezeichnetes Handeln einnimmt. Es ist der Rekurs auf die Menschenrechte, an denen nicht nur die Legitimität politischen Handelns, sondern auch die rechtsmoralische Qualität von politischen Verfassungen und rechtlichen Institutionen überprüft werden soll. Das Prinzip der Menschenrechte erfüllt hier zugleich die Funktion, normative Regeln für politisches und rechtliches Handeln weit über den Bereich einzelstaatlicher Aktivität und Zuständigkeit hinaus an die Hand zu geben. So reflektiert sich in ihnen auch die Tatsache, dass im Prozess der Globalisierung neue Akteure und politisch-rechtlich relevante Institutionen entstanden sind, die mit den klassischen Instrumenten einer politischen Theorie der Einzelstaaten und des internationalen Rechts im Sinne des überlieferten Völkerrechts nicht mehr angemessen beurteilt werden können.

Beim Blick auf diese Rolle der Menschenrechte als Prinzipien politischen und rechtlichen Handelns innerhalb und jenseits der Einzelstaaten fällt auf, dass ihre Bestimmungen im einzelnen in höchstem Maß auslegungsbedürftig sind und vom Kontext der politischen Kultur und der jeweiligen Situation nicht losgelöst angewandt werden können. Dies schmälert aber ihren normativen Anspruch auf unbedingte Geltung und Anerkennung nicht. Dass die Menschenrechte in der Tat diese Rolle eines mittleren Prinzips im Zusammenhang einer angewandten Ethik spielen, zeigt sich auch daran, dass sie sich selbst unterschiedlicher Begründung verdanken. So können die Menschenrechte mit einem ethischen Konzept im Anschluss an Kant oder die Diskursethik von Habermas, bei Annahme spezifischer Prämissen auch im Anschluss an das Modell des ethischen Utilitarismus und gegebenenfalls auch des Aristoteles oder der ethischen Vertragstheorie begründet werden. Diese unterschiedlichen Begründungsmodelle schlagen auf die eine oder andere Weise durchaus auf den Gehalt und/oder den Verbindlichkeitsgrad durch, den die angewandte Ethik jeweils den Menschenrechten zuschreibt. Doch dies wäre im Detail noch weiter zu erörtern. Wichtig ist für uns in diesem Zusammenhang lediglich die Feststellung, dass mittlere Prinzipien – wie zum Beispiel hier die Annahme von Menschenrechten in der politischen Ethik oder Rechtsethik – sich dazu eignen, mit ihnen zu einer Übereinstimmung in unserem politischen Handeln auch mit Akteuren höchst unterschiedlicher Provenienz und kultureller Prägung zu gelangen, und dies trotz der Möglichkeit, ja Unabweisbarkeit der Differenz in den ethischen Begründungen. So tragen die mittleren Prinzipien in den Bereichsethiken einerseits der Tatsache eines ethischen Pluralismus in den modernen Gesellschaften Rechnung; andererseits vermitteln sie nicht nur zwischen den ersten und allgemeinsten Prinzipien und der Praxis des Handelns bei der Erkenntnis des moralisch Richtigen, sondern führen auch in der Lebenswelt des konkreten Handelns unter Umständen zu einem hohen moralischen Konsens unter den Handlungsteilnehmern und Handlungsbetroffenen. Diese pragmatische Rolle der mittleren ethischen Prinzipien ist von erheblichem Gewicht; denn in dieser Rolle fußt ihre kognitive und handlungspraktisch unabweisbare Funktion, die sie in der modernen Ethikdebatte einnehmen.

13   Angewandte Ethik

Die philosophische Ethik verlangt neben einer Begründung oder Rechtfertigung allgemeiner Prinzipien, Grundsätze, Normen oder Regeln für moralisch richtiges Handeln auch nach der Erörterung ihrer Anwendung. Die Fragen der Anwendung der Prinzipien, Grundsätze, Normen oder Regeln lassen sich aber nicht einfach nach dem Muster einer logischen Deduktion beantworten. Vielmehr greifen die Fragen der praktischen Anwendung in die Fragen der Begründung ein, wie umgekehrt die allgemeine Ethik als praktische Theorie immer von den moralischen Problemen des konkreten Handelns ihren Ausgang nimmt.

Im Anschluss an eine Unterscheidung bei Kant kann man eine »bestimmende« praktische Urteilskraft von einer »reflektierenden« praktischen Urteilskraft unterscheiden: Während die bestimmende Urteilskraft gemäß allgemeinen, aber bereits formulierten Regeln zur praktischen Beurteilung einer Einzelhandlung sucht, muss die reflektierende Urteilskraft diese Regeln ihrerseits erst auffinden und eigens begründen. Die angewandte Ethik hat die Aufgabe, im Sinne der »reflektierenden« praktischen Urteilskraft mittlere moralische Prinzipien oder Grundsätze zu begründen, die zwischen den obersten Prinzipien und Regeln der Moralität und den Anforderungen einer an Moralität interessierten Praxis vermitteln. Damit reagiert die angewandte Ethik auf die Prozesse der Pluralisierung, Ausdifferenzierung und Modernisierung in den Handlungsräumen unserer Lebenswelt.

Die von den sogenannten Bereichsethiken formulierten mittleren normativen Prinzipien sind auf unterschiedliche Weise tatsächlich dafür geeignet, zwischen den ethischen Modellen zur Begründung des moralisch Richtigen und deren ersten Prinzipien einerseits und den Problemen der moralischen Praxis andererseits bereichstypisch zu vermitteln. Auf diese Weise leisten sie auch einen unverzichtbaren Beitrag zur Konsensbildung und moralischen Orientierung im Handeln, ohne den Pluralismus der Moral in der modernen Gesellschaft dabei in Frage stellen zu müssen.

Epilog: Warum moralisch sein?

»Warum soll ich überhaupt moralisch sein? Und warum soll ich moralisch handeln?« – Diese beiden Fragen zielen auf ein zentrales Problem. Sie stellen nämlich eine Voraussetzung in Frage, von der wir in unseren Überlegungen zur Ethik ausgegangen waren. Es handelt sich um die Annahme, dass wir uns in unserem Handeln immer schon moralisch orientiert verhalten und an Maßstäben des moralisch Richtigen interessiert sind. Bei der Analyse der unterschiedlichen Typen des Handelns (vgl. 3.1.) wurde deutlich, dass es tatsächlich diese Art des Handelns gibt, die sich von anderen Handlungstypen unterscheidet. Genau diese Einsicht wird von den genannten Fragen aber auf den Prüfstand gestellt: Stimmt es, dass wir von einer allgemeinen Orientierung am moralisch Richtigen im Handeln der Menschen ausgehen können? Und: Welche Gründe sprechen dafür, dass wir dies tun sollten?

Für eine philosophische Antwort auf diese Fragen ist es hilfreich, zunächst einmal zur Kenntnis zu nehmen, dass sie auf eine ganz unterschiedliche Weise verstanden werden können. Grundsätzlich können wir festhalten, dass die so gestellten Fragen alles andere als rhetorischer Natur sind oder der Neigung der Philosophen entspringen, alles und jedes in Frage zu stellen. Wir können den Fragen auch nicht so begegnen, dass wir einfach behaupten, dass derjenige, der so fragt, nicht weiß, wovon er spricht. So reagierte beispielsweise Aristoteles auf die anders gelagerte Frage, die etwa jemand aufwirft, der die Wahrheitsbindung unserer Aussagen grundsätzlich bestreitet. Die Fragen »Warum überhaupt moralisch sein?« und »Warum soll ich moralisch handeln?« begegnen uns immer wieder im Alltag, selbst in den unterschiedlichen Konstellationen unseres eigenen Lebens, im Privaten wie in der Politik, und daher sind sie auch ein immer wiederkehrendes Thema in der Literatur, im Theater oder im Film. Bezeichnend ist, und dies ist eine zweite allgemeine Beobachtung, dass die Frage nach der Moralität hier ganz *persönlich* gewendet wird. Es fragt *sich* hier *jemand* (vielleicht fragen wir uns, jeder einzelne, ja selbst), warum *er* überhaupt moralisch sein oder moralisch handeln soll. Dabei dürfen wir voraussetzen, dass der, der so fragt, ein erstes, hinreichendes Verständnis davon hat, was es heißt, moralisch zu sein oder moralisch zu handeln.

Verstehen wir die aufgeworfenen Fragen auf diese Weise, dann fällt auf, dass in ihnen nach Unterschiedlichem gefragt wird:

Im ersten Fall zielt die Frage auf die grundsätzliche Einstellung, Orientierung oder Haltung des Fragenden, denn er fragt sich letztlich, warum er ein moralischer Mensch *sein* soll oder sich zumindest darum bemühen soll, ein moralischer Mensch zu *werden*.

Im zweiten Fall geht es aber um die Frage, weshalb ein Handelnder (»ich«) in einer ganz bestimmten Handlungssituation konkret, hier und jetzt sein (»mein«) *Handeln* am allgemeinen Maßstab des moralisch Richtigen (worin er im Detail auch immer bestehen mag) *ausrichten soll*.

Beide Fragen sind also leicht auseinanderzuhalten. In ihnen reflektieren sich die zwei Aspekte, die der amerikanische Philosoph *Harry Frankfurt* bei seiner Diskussion der Frage der Willensfreiheit zu unterscheiden vorgeschlagen hat, nämlich »Was will ich *tun* – hier und jetzt?« und »Wer will ich *sein*?«.

Auf diesem Hintergrund schlage ich vor, *sechs mögliche Lesarten* der Frage »Warum moralisch sein?« voneinander zu unterscheiden:

In den ersten beiden Lesarten begegnet uns jemand, der seinem Selbstverständnis nach *außerhalb einer jeden* Moral steht, und er stellt in Frage, dass es so etwas wie Moral, moralisches Handeln oder die Orientierung am Gesichtspunkt der Moral überhaupt gibt oder dass wir so etwas wie Moral erkennen können. Wir können diese Einstellung die Position des *Amoralisten* nennen, der entweder behauptet, ganz genau zu wissen, dass es keine Moral gibt, oder der aus erkenntnistheoretischen Gründen bezweifelt, dass wir jemals so etwas wie moralische Richtigkeit überhaupt erkennen können. Im ersten Fall ist der Amoralist ein *fundamentaler Moralkritiker*, im zweiten Fall ein *erkenntniskritischer Moralskeptiker*. Die beiden Positionen unterscheiden sich also durch die Gründe, die ein Amoralist für seine Haltung angibt.

Eine dritte Lesart liegt dann vor, wenn jemand nicht jede Moral(-erkenntnis) wie in den beiden genannten Varianten des Amoralismus in Frage stellt, sondern grundsätzliche Einwände gegen die herrschende oder dominante Moral seiner Zeit, seiner Gesellschaft oder Kultur geltend macht. Er fragt sich in dieser Lesart, weshalb er moralisch sein soll im Sinne der Vorgaben oder Konventionen der ihm begegnenden Moral, die von ihm ein bestimmtes Handeln verlangt, zu dem er aber – aus welchen Gründen auch immer – nicht bereit ist. Wir können die Haltung einer *Opposition* gegen die Moral einer Zeit oder Gesellschaft in allen ihren Varianten als die Einstellung eines *Immoralisten* bezeichnen, der den gesamten vorherrschenden Moralvorstellungen seiner Epoche widerspricht und meint, nicht etwa einfach selbst jenseits von Gut und Böse zu stehen, sondern der dem Anspruch der Moral, die ihn in seiner Lebenswelt umgibt, auch widerspricht.

Eine vierte Lesart begegnet uns bei demjenigen, der die Regeln und Maßstäbe der Moral seiner Zeit und Gesellschaft sehr wohl kennt, aber der erklärt, er werde sich nach ihnen nur insoweit richten, als dies seinem privaten Vorteil dient. Damit nimmt in dieser Position der persönliche Vorteil die Stelle ein, die in der philosophischen Ethik auf rationalem Weg gesucht wird, nämlich das ethische Kriterium für das richtige Handeln. Diese Position wird hier mit dem Argument des ethischen Egoismus benannt, indem der ethische Egoist die Frage stellt, weshalb er denn moralisch im Sinne von nichtegoistisch handeln soll, wenn doch das vernünftige Handeln in Wahrheit das egoistische Handeln ist.

Eine andere Lesart der Frage nimmt derjenige vor, der die ethischen Kriterien für moralisches Handeln zwar auf der einen Seite irgendwie grundsätzlich anerkennt, sich aber doch in einem besonderen Fall (oder im Blick auf eine spezielle Regel) fragt, warum er ausgerechnet hier und jetzt sich in seinem konkreten Handeln nach diesen Kriterien richten soll. Derjenige, der fragt, weshalb das, was er grundsätzlich und für die meisten oder sogar alle Fälle als gültig anerkennt, jetzt unbedingt auch für ihn selbst gelten soll, reklamiert für sich in einem besonderen Fall so etwas wie eine *moralische Ausnahme*.

Wird die moralische Ausnahme von jemandem mit Gründen, die auf den Einzelfall des Handelns zielen, beansprucht, so zeigt sich eine fünfte Lesart, die Moralkritik. Sie tritt auf in Form einer *Kritik* an einer rigorosen Lesart des moralisch Richtigen, die keine Ausnahmen oder Modifikationen mit Blick auf den Einzelfall und das hier und jetzt moralisch Angemessene zulässt. Man könnte diese Position als die Haltung einer *Kritik am ethischen Universalismus* oder auch am Rigorismus bezeichnen.

Von dieser Einstellung ist noch einmal eine sechste Lesart zu unterscheiden. In ihr fragt jemand noch grundsätzlicher, weshalb er denn in seinem konkreten Handeln alltagspraktisch das beachten soll, was die Ethik zwar allgemein einleuchtend in ihrer Reflexion auf das Handeln als gut oder richtig begründet, aber eben nur theoretisch allgemein und nicht hinreichend motivierend für die alltägliche Praxis vorführt. Man könnte die hinter dieser Position stehende Einstellung die Haltung einer *motivationalen Schwäche* nennen.

Ungeachtet weiterer Möglichkeiten, wie wir die gestellte Frage »Weshalb moralisch sein?« noch verstehen können, soll im folgenden versucht werden, auf diese sechs Lesarten so zu antworten:

Die in den Lesarten drei, vier und fünf enthaltene *Kritik an der Moral* argumentiert auf unterschiedliche Weise gegen ein bestimmtes Verständnis des moralisch Richtigen. Die Ethik als eine praktische Theorie ist genau der Ort, um die Argumente im einzelnen zu bewerten und gegebenenfalls zu widerlegen. Das kann dem ethischen Diskurs überlassen werden. So reklamiert etwa die Lesart fünf eine Art ethischen Okkasionalismus (Lehre von den Gelegenheitsursachen), wie er uns beispielsweise in einem tugendethisch ansetzenden Modell begegnen könnte. Die Lesart vier vertritt die moralphilosophische Position des ethischen Egoismus, der auf die Suche der Ethik nach einem allgemein überzeugenden Kriterium des moralisch Richtigen mit dem Hinweis auf den Maßstab des privaten Vorteils antwortet. Und die von Lesart drei beanspruchte Position des Immoralismus begegnet uns in der Regel in der Form, dass hier die herrschende Moral mit einem Anspruch kritisiert wird, der aus einer vom Sprecher reklamierten Einsicht in eine höhere Moral oder bessere Moral folgt. Damit stellen alle diese Positionen also Kandidaten für eine *ethische Reflexion* und *Auseinandersetzung* dar. Diese Lesarten sind aber recht verstanden keine echten Kandidaten dafür, die Möglichkeit oder gar die Sinnhaftigkeit von Ethik und Moral grundsätzlich in Frage zu stellen.

Eine andere Position nimmt dagegen der Amoralist ein. In beiden Lesarten des Amoralismus wird die Moral grundsätzlich entweder als ein Irrtum oder als eine Verkennung der Natur des menschlichen Handelns charakterisiert. Dies sind theoretische bzw. epistemologische Positionen, die im einzelnen mit unterschiedlichen Argumenten vertreten werden. So ist eine Debatte mit dem Amoralismus auf eine *theoretische* Prüfung genau dieser Argumente anzulegen. Grundsätzlich aber darf vermutet werden, dass hier die Perspektive der Handelnden selbst, von der wir in unseren Überlegungen ausgegangen sind, also die Teilnehmerperspektive und die innere Logik des praktischen Diskurses, nicht angemessen berücksichtigt wird. Als ein Indiz für diese Annahme kann vermutet werden, dass selbst derjenige, der eine der beiden Varianten des Amoralismus vertritt, sich in der Praxis seines Argumentierens bereits auf eine Form des Handelns eingelassen hat, die als eine kommunikative Praxis mit normativen Implikationen (also mit moralisch relevanten Gesichtspunkten) bezeichnet werden kann. Dies deutet darauf hin, dass der Amoralist mit dem Problem eines performativen Selbstwiderspruchs zu kämpfen hat und in der Praxis seines eigenen Handelns zumindest stillschweigend bestimmte moralische Einsichten bereits beherzigt, ohne dass er dies ausdrücklich macht oder anerkennen will. Mit der Lesart sechs hat die Position des Amoralisten in beiden Varianten aber gemeinsam, dass allen drei Positionen ein *angemessenes* Verständnis der praktischen Selbstverpflichtung fehlt, die, wie die Analysen der Diskurstheorie gezeigt haben, in unser alltägliches Handeln eingeschrieben ist (vgl. 3.3.).

Übungen

Die nachfolgenden Übungsaufgaben folgen dem Aufbau des Textes und sind entsprechend kapitelweise angeordnet.

Übungen zu Kapitel 1.1.: Philosophische Ethik

1. Was bedeutet es, die philosophische Ethik als eine praktische Disziplin zu bezeichnen, die den »moral point of view« aufnimmt?
2. Welche Bedeutung besitzt die Teilnehmerperspektive für eine Grundlegung von Ethik?
3. Wie lassen sich Ethik und Moral voneinander unterscheiden und zugleich aufeinander beziehen?
4. Was ist mit der Aussage gemeint, dass die Ethik auf die Moralität der Moral bezogen ist?
5. Welche Gründe sprechen dafür, eine Ethik im Rückgriff auf ein Prinzip von moralischer Autonomie zu begründen?

Übungen zu Kapitel 1.2.: Metaethik

6. Wie lassen sich die Erkenntnisansprüche der Ethik und der Metaethik voneinander unterscheiden und zugleich aufeinander beziehen?
7. Welche Positionen vertreten der metaethische Nonkognitivismus bzw. der metaethische Kognitivismus? Diskutieren Sie insbesondere die Problematik des metaethischen Emotivismus.
8. Ist die Metaethik geeignet, philosophisch an die Stelle der Ethik zu treten und deren Aufgabe gewissermaßen abzulösen?

9. Ist das Argument gegen den sogenannten naturalistischen bzw. deskriptivistischen Fehlschluss überzeugend? Was folgt daraus für ein Verständnis von Ethik als praktischer Disziplin?

Übungen zu Kapitel 1.3.:
Methoden der Ethik

10. Welche moralischen Gründe lassen sich für die Rechtfertigung der Moralität des menschlichen Handelns anführen? Diskutieren Sie das Problem, ob und inwieweit diese moralischen Gründe als hinreichend zu bezeichnen sind.
11. Welche Rolle können die unterschiedlichen Methoden der Ethik bei der Grundlegung einer philosophischen Ethik spielen?

Übungen zu Kapitel 2.1.:
Die Tugendethik des Aristoteles

12. Welche epistemologischen Eigenschaften schreibt Aristoteles der Ethik als einer praktischen Theorie zu?
13. Analysieren Sie die Elemente des Handlungsbegriffs, die Aristoteles für die Grundlegung seiner Ethik heranzieht.
14. Was qualifiziert nach Aristoteles die Tugenden dazu, eine grundlegende Rolle für die Bestimmung der Ethik als praktischer Theorie übernehmen zu können?
15. Analysieren Sie die Stärken und Schwächen des aristotelischen Modells der Tugendethik.

·Übungen zu Kapitel 2.2.:
Der utilitaristische Konsequentialismus

16. Auf welche Prinzipien stützt John Stuart Mill sein ethisches Modell des utilitaristischen Konsequentialismus?

17. Analysieren Sie die Stärken und Schwächen, die Sie im millschen Modell des Utilitarismus identifizieren können.

18. Welche Begründungsprobleme des ethischen Modells des utilitaristischen Konsequentialismus können moderne Konzepte des Utilitarismus besser lösen als der Vorschlag von Mill?

Übungen zu Kapitel 2.3.:
Die deontologische Pflichtenethik Kants

19. Was versteht Kant unter dem »guten Willen«?

20. Wie definiert Kant den Begriff des moralischen Handelns?

21. Welches sind die beiden obersten ethischen Prinzipien, die Kant zur Grundlegung seines Modells der Ethik fordert?

22. Analysieren Sie die unterschiedlichen Fassungen des kategorischen Imperativs und deren Rolle für eine Grundlegung der Ethik bei Kant.

23. Analysieren Sie die Stärken und Schwächen der deontologischen Ethik bei Kant.

Übungen zu Kapitel 2.4.: Die Diskursethik

24. Was ist mit dem Anspruch der Diskursethik gemeint, der ethische Diskurs solle an die Stelle des seine Moralität reflektierenden Handlungssubjekts (vgl. Kant) treten?

25. Vergleichen Sie die beiden obersten ethischen Prinzipien bei Kant mit den beiden obersten Grundsätzen der Diskursethik.
26. Analysieren Sie die Stärken und Schwächen, die Sie beim Modell der Diskursethik identifizieren können.

Übungen zu Kapitel 3.1.: Handlungen

27. Analysieren und vergleichen Sie die von Aristoteles und Nicholas Rescher vorgelegten Elemente der Definition des Handlungsbegriffs.
28. Was steht im Zentrum einer Debatte über den Begriff der »basic action« und welche Argumente sind in dieser Debatte für Sie überzeugend?
29. Analysieren Sie die Bedeutung der Vorschläge von Jürgen Habermas für einen erweiterten Begriff der Handlung mit Blick auf die Aufgaben einer philosophischen Ethik.

Übungen zu Kapitel 3.2.: Tugenden

30. Welche Rolle spielt der Begriff der ethischen Tugend im Modell der aristotelischen Ethikbegründung?
31. Nehmen Sie Stellung zu der These, dass ein erweiterter Begriff der Tugend, wie er im Anschluss an die Stoa und Kant gefasst werden kann, für die Grundlegung einer Ethik philosophisch unverzichtbar erscheint.

Übungen zu Kapitel 3.3.: Das Gute, Richtige und Gerechte

32. Analysieren und vergleichen Sie die unterschiedlichen Bedeutungen des Begriffs des Guten in der Philosophie von Kant.

33. Welche neue Lesart schlägt Kant im Rahmen seines Modells der Ethik für den Begriff des Guten vor?
34. Nehmen Sie Stellung zu der hier vorgeschlagenen erweiterten und integrierten Lesart des Begriffs des Guten im Sinne des moralisch Richtigen.
35. Wie verhält sich der Begriff des Guten im Sinne des moralisch Richtigen zum Begriff des Gerechten?

Übungen zu Kapitel 3.4.:
Freiheit und Verantwortung

36. Analysieren Sie die unterschiedlichen Fassungen des Freiheitsbegriffs in den Debatten der neueren Philosophie.
37. Welchen Ertrag können wir für eine philosophische Ethik aus der Kontroverse zwischen den Vertretern des sogenannten Kompatibilismus und des sogenannten Inkompatibilismus ziehen?
38. Analysieren Sie die unterschiedliche Bedeutung der Begriffe »Zuschreibung«, »Zurechnung« und »Verantwortung« sowie deren Bedeutung für die Grundlegung einer philosophischen Ethik.

Übungen zu Kapitel 3.5.:
Praktische Vernunft

39. Analysieren und vergleichen Sie die Bestimmung des praktischen Begriffs der Vernunft bei Aristoteles und Kant.
40. Nehmen Sie Stellung zu der hier vorgeschlagenen erweiterten Lesart des Begriffs der praktischen Vernunft im Hinblick auf die Bestimmung der Aufgaben einer philosophischen Ethik.

Übungen zu Kapitel 4.1.: Begründung und Anwendung ethischer Grundsätze

41. Wie verhalten sich in der Ethik als praktischer Theorie Reflexion und Begründung allgemeiner Prinzipien zu deren Anwendung?
42. Nennen Sie die Gründe, weshalb die angewandte Ethik auch als eine Erkenntnis nach Art der »reflektierenden Urteilskraft« bezeichnet werden kann.

Übungen zu Kapitel 4.2.: Ethik im Zeitalter der Pluralisierung von Moral

43. Was ist die Aufgabe der kasuistischen Methode in Ethik und Rechtswissenschaft?
44. Inwiefern kann gesagt werden, dass die angewandte Ethik auf die Prozesse von Pluralisierung, Ausdifferenzierung und Modernisierung unserer Lebenswelten Bezug nimmt?

Übungen zu Kapitel 4.3.: Die »mittleren« Prinzipien der angewandten Ethik

45. Welche Rolle kommt den »mittleren« Prinzipien in der angewandten Ethik zu? Erläutern Sie Ihre Ausführungen unter Bezugnahme auf eines der hier entwickelten Beispiele eines »mittleren« Prinzips.

Literaturhinweise

Angegeben werden kapitelweise sortiert sowohl die wichtigsten Quellentexte als auch weiterführende Literatur.

Zu Kap. 1.1.: Philosophische Ethik

Honnefelder, Ludger / Krieger, Gerhard (Hg.), Philosophische Propädeutik, Band 2: Ethik, Paderborn 1996

Horster, Detlef, Ethik, Stuttgart 2011

Horster, Detlef (Hg.), Texte zur Ethik, Stuttgart 2012

Irrgang, Bernhard / Lutz-Bachmann, Matthias (Hg.), Begründung von Ethik, Würzburg 1990

Pauer-Studer, Herlinde, Einführung in die Ethik, Wien 2010

Pieper, Annemarie, Einführung in die Ethik, Tübingen 1994

Pieper, Annemarie, Ethik und Moral, München 1995

Quante, Michael, Einführung in die Allgemeine Ethik, Darmstadt 2003

Ricken, Friedo, Allgemeine Ethik, Stuttgart 1983

Spaemann, Robert / Schweidler, Walter (Hg.), Ethik. Lehr- und Lesebuch, Stuttgart 2006

Steinvorth, Ulrich, Klassische und moderne Ethik, Reinbek 1990

Taylor, Charles, Quellen des Selbst, Frankfurt/M. 1994

Tugendhat, Ernst, Vorlesung über Ethik, Frankfurt/M. 1993

Von der Pfordten, Dietmar, Normative Ethik, Berlin / New York 2010

Williams, Bernard, Der Begriff der Moral, Stuttgart 1978

Zu Kap. 1.2.: Metaethik

Ayer, Alfred J., Sprache, Wahrheit und Logik, Stuttgart 1970

Grewendorf, Günther / Meggle, Georg (Hg.), Seminar: Sprache und Ethik, Frankfurt/M. 1994

Halbig, Christoph, Praktische Gründe und die Realität der Moral, Frankfurt/M. 2007

Hare, Richard M., Die Sprache der Moral, Frankfurt/M. 1972

Moore, Georg E., Principia Ethica, Stuttgart 1996

Riedinger, Monika, Das Wort ›gut‹ in der angelsächsischen Metaethik, Freiburg/München 1984

Schaber, Peter, Moralischer Realismus, Freiburg/München 1997

Stevenson, Charles L., Ethics and language, New Haven 1944

Willaschek, Marcus (Hg.), Realismus, Paderborn 2000

Zu Kap. 1.3.: Methoden der Ethik

Anzenbacher, Arno, Einführung in die Ethik, Düsseldorf 1992

Broad, Charles D., Five types of ethical theory, London 1930

Foot, Philippa (Hg.), Theories of ethics, Oxford 1970

Frankena, William K., Analytische Ethik, München 1972

Hare, Richard M., Moralisches Denken: seine Ebenen, seine Methode, sein Witz, Frankfurt/M. 1992

Kutschera, Franz von, Einführung in die Logik der Werte, Normen und Entscheidungen, Freiburg/München 1973

Kutschera, Franz von, Grundlagen der Ethik, Berlin / New York
1982

Nida-Rümelin, Julian (Hg.), Angewandte Ethik, Stuttgart 2005

Ott, Konrad, Moralbegründungen zur Einführung, Hamburg 2001

Patzig, Günther, Ethik ohne Metaphysik, Göttingen 1971

Pieper, Annemarie (Hg.), Geschichte der neueren Ethik, 2 Bände,
Tübingen/Basel 1992

Schulz, Walter, Grundprobleme der Ethik, Pfullingen 1993

Sellars, Wilfrid / Hospers, John (Hg.), Reading in ethical theory,
New York 1970

Wimmer, Reiner, Universalisierung in der Ethik, Frankfurt/M.
1980

Zu Kap. 2.1.: Die Tugendethik des Aristoteles

Annas, Julia, The morality of happiness, Oxford 1993

Aristoteles, Nikomachische Ethik, übers. von Franz Dirlmeier,
Stuttgart 2004

Aubenque, Pierre, La prudence chez Aristote, Paris 1963

Barnes, Jonathan / Schofield, Malcolm / Sorabji, Richard (Hg.),
Articles on Aristotle, 2 Bände, Ethics and politics, New York
1978

Engstrom, Stephen / Whiting, Jennifer (Hg.), Aristotle, Kant and the Stoics, Cambridge 1996

Höffe, Otfried (Hg.), Aristoteles. Nikomachische Ethik, Reihe Klassiker Auslegen, Berlin 1995

Höffe, Otfried, Aristoteles, München 1999

Kenny, Anthony, The Aristotelian ethics, Oxford 1978

Kraut, Richard, Aristotle on the human good, New Jersey 1989

Rorty, Amelie O. (Hg.), Essays on Aristotle's ethics, Berkeley / Los Angeles / London 1980

Sherman, Nancy (Hg.), Aristotle's ethics. Critical essays, New York / Oxford 1999

Sherman, Nancy, The fabric of character. Aristotle's theory of virtue, Oxford 1989

Wolf, Ursula, Aristoteles' »Nikomachische Ethik«, Darmstadt 2002

Zu Kap. 2.2.: Der utilitaristische Konsequentialismus

Bentham, Jeremy, An introduction to the principles of morals and legislation, Oxford 1996

Gähde, Ulrich / Schrader, Wolfgang, Der klassische Utilitarismus, Berlin 1992

Hoerster, Norbert, Utilitaristische Ethik und Verallgemeinerung, Frankfurt/M. 1977

Höffe, Otfried (Hg.), Einführung in die utilitaristische Ethik, Tübingen 1992

Lutz-Bachmann, Matthias, Herausgeforderte Menschenwürde: Peter Singers Präferenz-Utilitarismus in der Diskussion, in: Brose, Thomas / Lutz-Bachmann, Matthias, Umstrittene Menschenwürde, Berlin 1994, S. 199–215

Mill, John Stuart, Utilitarianism / Der Utilitarismus, Stuttgart 2008

Rawls, John, Eine Theorie der Gerechtigkeit, Frankfurt/M. 1975

Sidgwick, Henry, The methods of ethics, Indianapolis/Oxford 1981

Singer, Peter, Praktische Ethik, 3. Aufl., Stuttgart 2013

Smart, John J.C. / Williams, Bernard (Hg.), Utilitarianism for and against, Cambridge 1973

Wolf, Jean-Claude, John Stuart Mills »Utilitarismus«, Freiburg/ München 1972

Zu Kap. 2.3.: Die deontologische Pflichtenethik Kants

Ameriks, Karl, Kant and the fate of autonomy, Cambridge 2000

Beck, Lewis W., Kants »Kritik der praktischen Vernunft«. Ein Kommentar, München 1974

Forschner, Maximilian, Gesetz und Freiheit. Zum Problem der Autonomie bei Kant, München/Salzburg 1994

Höffe, Otfried (Hg.), Grundlegung zur Metaphysik der Sitten. Ein kooperativer Kommentar, Frankfurt/M. 1989

Höffe, Otfried (Hg.), Kant. Kritik der praktischen Vernunft, Reihe Klassiker Auslegen, Berlin 2002

Höffe, Otfried, Immanuel Kant, München 2000

Kant, Immanuel, Die Metaphysik der Sitten, Stuttgart 2011

Kant, Immanuel, Grundlegung zur Metaphysik der Sitten, Stuttgart 2011

Kant, Immanuel, Kritik der praktischen Vernunft, Stuttgart 2010

Kaulbach, Friedrich, Immanuel Kants »Grundlegung zur Metaphysik der Sitten«. Interpretation und Kommentar, Darmstadt 1989

Korsgaard, Christine M., Creating a kingdom of ends, Cambridge 1996

Nisters, Thomas, Kants kategorischer Imperativ als Leitfaden humaner Praxis, Freiburg/München 1989

O'Neill, Onora, Constructions of reason. Explorations of Kant's practical Philosophy, Cambridge 1989

Paton, Herbert J., Der kategorische Imperativ, Berlin 1962

Prauss, Gerold, Kant über Freiheit als Autonomie, Frankfurt/M. 1983

Schönecker, Dieter / Wood, Allen (Hg.), Kants »Grundlegung zur Metaphysik der Sitten«, Paderborn 2002

Steigleder, Klaus, Kants Moralphilosophie, Stuttgart/Weimar 2002

Sullivan, Roger J., Immanuel Kant's moral theory, Cambridge 1989

Sullivan, Roger J., An introduction to Kant's ethics, Cambridge 1997

Wood, Allen, Kant's ethical thought, Cambridge 1999

Zu Kap. 2.4.: Die Diskursethik

Apel, Karl-Otto, Diskursethik als Verantwortungsethik, in: Schönrich, Gerhard / Kato, Yasushi (Hg.), Kant in der Diskussion der Moderne, Frankfurt/M. 1996, S. 326–359

Apel, Karl-Otto, Fallibilismus, Konsenstheorie der Wahrheit und Letztbegründung, in: Philosophie und Begründung, hg. vom Forum für Philosophie, Frankfurt/M. 1987, S. 116–211

Apel, Karl-Otto, Transformation der Philosophie, 2 Bände, Frankfurt/M. 1976

Böhler, Dietrich, Verbindlichkeit aus dem Diskurs, Freiburg 2008

Habermas, Jürgen, Erläuterungen zur Diskursethik, Frankfurt/M. 1991

Habermas, Moralbewußtsein und kommunikatives Handeln, Frankfurt/M. 1983

Habermas, Jürgen, Theorie des kommunikativen Handelns, 2 Bände, Frankfurt/M. 1981

Kuhlmann, Wolfgang (Hg.), Moralität und Sittlichkeit, Frankfurt/M. 1986

Kuhlmann, Wolfgang, Beiträge zur Diskursethik, Würzburg 2006

Zu Kap. 3.1.: Handlungen

Anscombe, G.E.M., Absicht, Freiburg/München 1986

Beckermann, Ansgar (Hg.), Analytische Handlungstheorie, Band 2, Frankfurt/M. 1977

Birnbacher, Dieter, Tun und Unterlassen, Stuttgart 1995

Davidson, Donald, Essays on actions and events, Oxford 1980

Keil, Geert, Handeln und Verursachen, Frankfurt/M. 2000

Leist, Anton, Die gute Handlung, Berlin 2000

Meggle, Georg (Hg.), Analytische Handlungstheorie, Band 1, Frankfurt/M. 1985

O'Connor, Timothy (Hg.), Agents, causes, and events, New York 1995

Runggaldier, Edmund, Was sind Handlungen?, Stuttgart 1996

Stoecker, Ralf, Handlungen und Handlungsgründe, Paderborn 2002

Zu Kap. 3.2.: Tugenden

Crisp, Roger / Slote, Michael (Hg.), Virtue Ethics, Oxford 1997

Foot, Philippa, Virtues and vices and other essays in moral philosophy, Oxford 1978

Geach, Peter, The virtues, Cambridge 1972

Hursthouse, Rosalind, On virtue ethics, Oxford 1999

MacIntyre, Alasdair, Der Verlust der Tugend, Frankfurt/M. 1995

Müller, Jörn, Was taugt die Tugend? Elemente einer Ethik des guten Lebens, Stuttgart/Berlin/Köln 1998

O'Neill, Onora, Towards justice and virtue, New York 1996

Rippe, Klaus Peter / Schaber, Peter (Hg.), Tugendethik, Stuttgart 1978

Sherman, Nancy, Making a necessity of virtue, Cambridge 1997

Wolf, Ursula, Die Philosophie und die Frage nach dem guten Leben, Reinbek 1999

Wolf, Ursula, Die Suche nach dem guten Leben, Reinbek 1996

Zu Kap. 3.3.: Das Gute, Richtige und Gerechte

Foot, Philippa, Die Natur des Guten, Frankfurt/M. 2004

Foot, Philippa, Die Wirklichkeit des Guten, Frankfurt/M. 1997

Geach, Peter, Good and Evil, in: Analysis 17 (1956), S. 33–42

Griffin, James, Well-Being, Oxford 1986

Kluxen, Wolfgang, Philosophische Ethik bei Thomas von Aquin, Hamburg 1980

Lutz-Bachmann, Matthias, Das Verhältnis von Ethik und Recht. Der Rekurs auf die Menschenwürde, in: Frank, Günter / Hallacker, Anja / Lalla, Sebastian (Hg.), Erzählende Vernunft, Berlin 2006, S. 367–375

Murdoch, Iris, The sovereignty of good, London 1970

Ross, William D., The right and the good, Oxford 1930

Szaif, Jan / Lutz-Bachmann, Matthias (Hg.), Was ist das für den Menschen Gute?, Berlin / New York 2004

Talbott, William J., Human rights and human well-being, Oxford 2010

Von Wright, Peter, The Varieties of Goodness, London 1963

Zu Kap. 3.4.: Freiheit und Verantwortung

Bayertz, Kurt (Hg.), Verantwortung: Prinzip oder Problem?, Darmstadt 1995

Fischer, John Martin, The metaphysics of free will, Oxford 1994

Frankfurt, Harry, Alternate possibilities and moral responsibility, in: The Journal of Philosophy 64 (1969), S. 828–839

Hare, Richard D., Freiheit und Vernunft, Frankfurt/M. 1973

Höffe, Otfried, Moral als Preis der Moderne, Frankfurt/M. 1993

Honnefelder, Ludger / Schmidt, Matthias C. (Hg.), Naturalismus als Paradigma. Wie weit reicht die naturwissenschaftliche Erklärung des Menschen?, Berlin 2007

Honnefelder, Ludger / Schmidt, Matthias C. (Hg.), Was heißt heute Verantwortung?, Paderborn 2008

Jonas, Hans, Das Prinzip Verantwortung, Frankfurt/M. 1984

Kane, Robert (Hg.), The Oxford handbook of the free will, New York 2002

Kane, Robert, The significance of the free will, Oxford 1992

Kenny, Anthony, Will, freedom and power, Oxford 1975

Krings, Hermann, System und Freiheit, Freiburg/München 1980

Lutz-Bachmann, Matthias (Hg.), Freiheit und Verantwortung, Berlin 1991

Nida-Rümelin, Julian, Verantwortung, Stuttgart 2012

Pauen, Michael, Freiheit: Eine Minimalkonzeption, in: Hermanni, Friedrich / Koslowski, Peter (Hg.), Der freie und der unfreie Wille, München 2004, S. 79–112

Pauen, Michael, Illusion Freiheit? Mögliche und unmögliche Konsequenzen aus der Hirnforschung, Frankfurt/M. 2004

Pettit, Philip, Republicanism. A Theory of Freedom and Government, Oxford 1997

Pothast, Ulrich (Hg.), Seminar: Freies Handeln und Determinismus, Frankfurt/M. 1978

Van Inwagen, Peter, An essay on free will, Oxford 1995

Zu Kap. 3.5.: Praktische Vernunft

Höffe, Otfried, Kants Idee der reinen Vernunft, München 2003

Honnefelder, Ludger (Hg.), Sittliche Lebensform und praktische Vernunft, Paderborn 1992

Honnefelder, Ludger, Was soll ich tun, wer will ich sein? Vernunft und Verantwortung, Gewissen und Schuld, Berlin 2007

Korff, Wilhelm, Norm und Sittlichkeit, Freiburg/München 1985

Nida-Rümelin, Julian (Hg.), Praktische Rationalität, Berlin / New York 1994

Pauer-Studer, Herlinde (Hg.), Konstruktionen praktischer Vernunft, Frankfurt/M. 2000

Willaschek, Marcus, Praktische Vernunft. Handlungstheorie und Moralbegründung bei Kant, Stuttgart 1992

Zu Kap. 4.1.: Begründung und Anwendung
ethischer Grundsätze

Ach, Johann S. / Runtenberg, Christa (Hg.), Bioethik: Disziplin und Diskurs. Zur Selbstaufklärung angewandter Ethik, Frankfurt/M. / New York 2002

Bayertz, Kurt (Hg.), Praktische Philosophie. Grundorientierung angewandter Ethik, Reinbek 1991

Nida-Rümelin, Julian (Hg.), Angewandte Ethik. Die Bereichsethiken und ihre theoretische Fundierung. Ein Handbuch, Stuttgart 2005

Pieper, Annemarie / Thurnherr, Urs (Hg.), Angewandte Ethik, München 1998

Thurnherr, Urs, Angewandte Ethik zur Einführung, Hamburg 2000

Zu Kap. 4.2.: Ethik im Zeitalter der Pluralisierung
von Moral

Debatin, Bernhard / Funiok, Rüdiger (Hg.), Kommunikations- und Medienethik, Konstanz 2003

Haller, Michael / Holzhey, Helmut (Hg.), Medien-Ethik, Opladen 1992

Hengsbach, Friedhelm, Wirtschaftsethik, Freiburg 1991

Höffe, Otfried, Kategorische Rechtsprinzipien, 2. Aufl., Frankfurt/M. 1995

Homann, Karl (Hg.), Aktuelle Probleme der Wirtschaftsethik, Berlin 1992

Homann, Karl / Blome-Drees, Franz, Wirtschafts- und Unternehmensethik, Göttingen 1987

Hubig, Christoph, Technik- und Wissenschaftsethik. Ein Leitfaden, 2. Aufl., Berlin 1995

Korff, Wilhelm u. a. (Hg.), Handbuch der Wirtschaftsethik, 4 Bände, 2. Aufl., Berlin 2009

Korff, Wilhelm / Beck, Lutwin / Mikat, Paul (Hg.), Lexikon der Bioethik, 3 Bände, Gütersloh 2000

Koslowski, Peter (Hg.), Neuere Entwicklungen in der Wirtschaftsethik und Wirtschaftsphilosophie, Berlin 1992

Lenk, Hans, Wissenschaft und Ethik, Stuttgart 1991

Lenk, Hans / Ropohl, Günter (Hg.), Technik und Ethik, 2. Aufl., Stuttgart 1993

Maier, Hans (Hg.), Ethik der Kommunikation, Fribourg 1989

Nagl-Docekal, Herta / Pauer-Studer, Herlinde (Hg.), Jenseits der Geschlechtermoral, Frankfurt/M. 1993

Nunner-Winkler, Gertrud (Hg.), Weibliche Moral. Die Kontroverse um eine geschlechtsspezifische Ethik, Frankfurt/M. 1991

Wiegerling, Klaus, Medienethik, Stuttgart/Weimar 1998

Wieland, Josef (Hg.), Wirtschaftsethik und Theorie der Gesellschaft, Frankfurt/M. 1993

Zimmerli, Walther Ch., Ethik in der Praxis. Wege zur Realisierung einer Technikethik, Hannover 1998

Zu Kap. 4.3.: Die »mittleren« Prinzipien der angewandten Ethik

Beauchamps, Tom L. (Hg.), Case Studies in Business, Society and Ethics, 4. Aufl., Englewood Cliffs, New Jersey 1998

Beauchamps, Tom L. / Childress, James F., Principles of Biomedical Ethics, 5. Aufl., New York / London 2001

Birnbacher, Dieter (Hg.), Ökologie und Ethik, Stuttgart 2001

Brose, Thomas / Lutz-Bachmann, Matthias (Hg.), Umstrittene Menschenwürde. Beiträge zur ethischen Debatte der Gegenwart, Hildesheim 1994

Düwell, Marcus / Steigleder, Klaus (Hg.), Bioethik. Eine Einführung, Frankfurt/M. 2003

Honnefelder, Ludger / Rager, Günther (Hg.), Ärztliches Urteilen und Handeln. Zur Grundlegung einer medizinischen Ethik, Frankfurt/M. / Leipzig 1994

Hursthouse, Rosalind, Ethics, Humans and Other Animals, London 2000

Irrgang, Bernhard, Einführung in die Bioethik, München 2005

Krebs, Angelika (Hg.), Naturethik, Frankfurt/M. 1997

Malcolm, James G., Treatment choices and informed consent, Springfield 1988

Ott, Konrad, Ökologie und Ethik, 2. Aufl., Tübingen 1994

Regan, Tom, Defending Animal Rights, Illinois 2001

Regan, Tom / Singer, Peter (Hg.), Animal Rights and Human Obligations, Englewood Cliffs, New Jersey 1976

Singer, Peter, Befreiung der Tiere. Eine neue Ethik zur Behandlung der Tiere, München 1982

Singer, Peter, Practical Ethics, Cambridge 1982; deutsche Ausgabe: Praktische Ethik, 3. Aufl., Stuttgart 2013.

Von der Pfordten, Dietmar, Ökologische Ethik, Reinbek 1996

Von der Pfordten, Dietmar, Rechtsethik, 2. Aufl., München 2011

Wolf, Jean-Claude, Tierethik, Freiburg 1992

Wolf, Ursula, »Verpflichtungen gegen Tiere«, in: Zeitschrift für Philosophische Forschung 42 (1988), S. 222–246

Wolf, Ursula, Das Tier in der Moral, Frankfurt/M. 1990

Wolf, Ursula: Texte zur Tierethik, Stuttgart 2008

Register

Namensregister

Sachregister